PSYCHO-PASS

サイコパス　OFFICIAL PROFILING 2

INTRODUCTIO

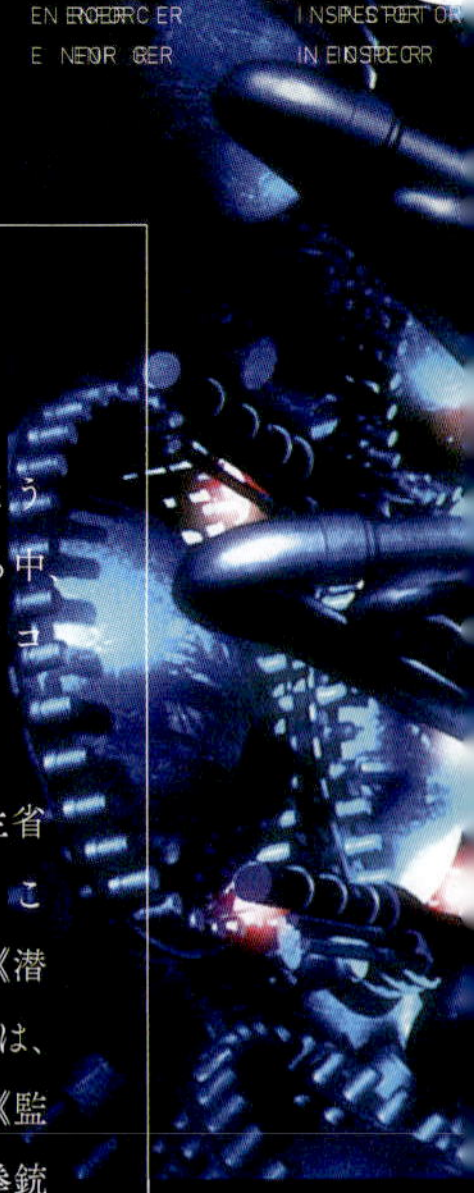

INTRODUCTION

正義は進化し、拡散する。

人間の心理状態や性格的傾向を計測し、数値化できるようになった世界。あらゆる心理傾向が全て記録・管理される中、個人の魂の判定基準となったこの計測値を人々は「サイコパス（PSYCHO-PASS）」の俗称で呼び習わした。

その数値をもとに市民の最適幸福を実現するのは、厚生省の包括的生涯福祉支援システム――シビュラシステム。このシステムの算出した犯罪係数が規定値を超えた人物は《潜在犯》として隔離、または排除される。その者を追うのは、犯罪者と同じ感覚を持つ猟犬《執行官》と彼らを従える《監視官》。彼らはシビュラシステムと接続されている特殊拳銃《ドミネーター》を使い、人々の治安を守るために事件を未然に防いでいた。

2114年――常守朱が厚生省公安局刑事課一係に配属されて2年。彼女の前に姿の見えない犯罪者が現れた。その透明人間はシビュラシステムに反抗を企てる。やがてそのシステムはひとつの進化を遂げる。

そして2116年――日本に武装した密入国者が侵入する。彼らはシビュラシステムが輸出されたSEAUn（東南アジア連合）からやって来ていた。その密入国者を導いていたと思われる人物、それは朱のかつての仲間だった。

システムは拡大し、拡散し、世界を覆いつくそうとしている。価値観が変容する世界で、人の正義の在処が問われる。

WHAT IS
WHAT IS

This is the wor
dispositions ar
Even values re
and criminals
The detectives
and they're go

TION

INTRODUCTION

e people's mental states and personal
rical values and superintended by the government.
re measured,
to their "Crime Coefficients."
e in charge of maintaining the new world order,
out what they do isn't always good for them.

ENFORCER
INSPECTOR

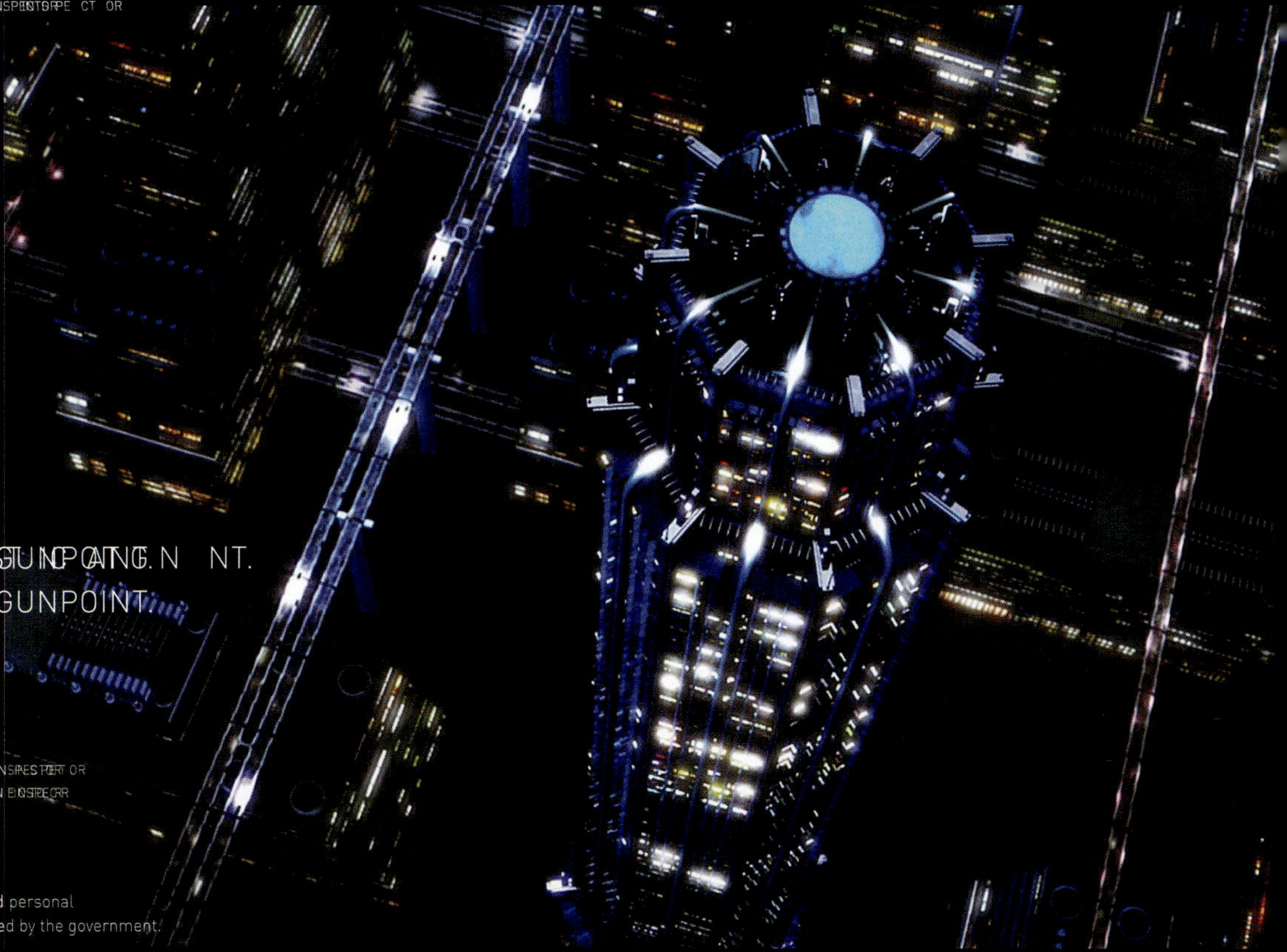

OS JUSTICE AT GUNPOINT.

ENFORCER
INSPECTOR

re people's mental states and personal
rical values and superintended by the government.
re measured,
to their "Crime Coefficients."
e in charge of maintaining the new world order,
out what they do isn't always good for them.

E JUSTICE?

ENFORCER
INSPECTOR

re people's mental states and personal
rical values and superintended by the government.
re measured,

INTRODU

CONTENTS

WHAT IS THE TRUE JUSTICE?
WHAT ISWTHHAET TRSUE JHUE STIECJ S?T I E?

PAGE PSYCHO-PASS サイコパス OFFICIAL PROFILING 2
CONTENTS

ENFORCER INSPECTOR

ENFORCER INSPECTOR

This is the world of the future, where people's mental states and personal
dispositions are all assigned numerical values and superintended by the governm

>>

2112, 2114, 2116
1st Season, 2nd Season, The Movie

PSYCHO-PASS WORLD CHRONICLE

PSYCHO-PASS WORLD
CHRONICLE

Date

Year	Month	Event
2002	10.25	泉宮寺豊久、誕生。
2020		世界恐慌はじまる。
2021		「新自由主義経済」の崩壊。デモと暴動の時代に突入。鎖国政策を開始。
		壊滅状態であった国内経済を再興するため企業の国営化を推進。
–30		失業者就職支援のためマークシート式「職業適性考査」を導入。
2030		泉宮寺、支援先の戦地で右腕と左足を欠損、義手義足となる。
2031		全国民に「職業適性考査」義務化。その後、サイマティックスキャン技術の
		導入と膨大なデータを演算処理するスーパーコンピュータの開発。(「シ
		ビュラシステム」の萌芽)により、「職業適性考査」がサイコパス測定に一
–50		本化される。教育改革スタート。
2034	02.19	東金美沙子、誕生。
2051		「職業適性考査」による日本経済の安定。
–60		鎖国政策の推進。
2058		泉宮寺、脳と神経以外のサイボーグ化に成功。
	06.27	征陸智己、誕生。
2061		「包括的生涯福祉支援システム」としての「シビュラシステム」が確立。大
		規模な省庁編成の実施。遺伝子組み換え麦「ハイパーオーツ」および善玉
		植物ウィルス「ウカノミタマ」開発に伴い、食料自給率１００％達成。鎖
–70		国政策の完了。人口が21世紀の1/10程度に激減。
2070	10.29	チェ・グソン、誕生。
2071		10年あまりにわたる省庁編成・行政改革などシステムの導入期を経て、
–80		「包括的生涯福祉支援システム」=「シビュラシステム」が施行。
2073	06.06	東金朔夜、誕生。
2080	04	朔夜、私立榊原学園小学校ホームスクーリング制度入学。
2081		シビュラシステムによる安定期。経済成長。文化的円熟期。精神医療技術
–90		の飛躍的進歩。大学制度の廃止。
2081	03.26	佐々山光留、誕生。
2083	06	朔夜、母・美沙子を襲い免罪体質でなくなる。財団法人東金病院に入院。
2084	08.16	狡噛慎也、誕生。
	11.21	宜野座伸元、誕生。
2085	05.25	唐之杜志恩、誕生。
2088	10	朔夜、中等教育卒業程度学力認定試験合格。
2090	05.22	須郷徹平、誕生。
	09.28	六合塚弥生、誕生。
	12.03	滕秀星、誕生。
2091		「犯罪係数」による「潜在犯」制度の施行。シビュラシステムによる潜在犯

>>

Year	Month	Event
		捜査を開始。
	04	征陸、警察制度廃止に伴い厚生省公安局へ異動。
	06	朔夜、サイコパス検診にて犯罪係数７６９を記録。潜在犯認定。多摩区立
		矯正施設光の園入所。
	07.23	鹿矛囲桐斗、誕生。
	08	朔夜、高等教育卒業程度学力認定試験合格。
2092	04.01	常守朱、誕生。
2093	02	朔夜、第1級セラピスト資格取得。
	03	征陸、サイコパス悪化により退局。足立区立サイコパス矯正医療センター
		入所。
	08	征陸、足立区立サイコパス矯正医療センター退所。
	09	征陸、公安局刑事課三係に執行官として配属。
		宜野座、庭園デザイナー検定1級取得。
2094	10.07	王陵璃華子、誕生。
	12.26	雛河翔、誕生。
2096	02.14	霜月美佳、誕生。
	04	滕、厚生省5歳児検診にて潜在犯認定、八王子矯正施設健精館入所。
	07	朔夜、多摩区立矯正施設光の園退所。
	09	朔夜、公安局刑事課一係に執行官として配属。
	10	朔夜、潜在犯化した担当監視官をエリミネーターで執行(1人目)。
2097	03	佐々山、東京都立緑川記念中学校普通科卒業。
		朔夜、普通自動車第一種運転免許取得。
	04	佐々山、東京都立高等専門学校科学工学科入学。
		朔夜、潜在犯化した担当監視官をエリミネーターで執行(2人目)。
2098	02	朔夜、潜在犯化した担当監視官をエリミネーターで執行(3人目)。
	10	佐々山、危険物取扱者甲種取得。
	11	藤間幸三郎、神奈川県立川崎市扇島廃坑内にて保護。
		朔夜、潜在犯化した担当監視官をエリミネーターで執行(4人目)。
2099	07	朔夜、潜在犯化した担当監視官をエリミネーターで執行(5人目)。
	08	佐々山、普通自動車第一種運転免許取得。
		朔夜、執行官を免職。多摩区立矯正施設光の園入所。
	09.10	日空航空３２１便墜落事故発生。
2100	03	佐々山、東京都立高等専門学校科学工学科卒業。
		宜野座、東東京第2中学校普通科卒業。
		狡噛、神奈川県立神奈川東中学校普通科卒業。
	04	佐々山、サイコパス悪化のため所沢矯正保護センター入所。

<<

PSYCHO-PASS WORLD
CHRONICLE

Date

Year	Month	Event
	—	宜野座、日東学院高等教育課程法学部法律学科入学。
	—	狡噛、日東学院高等教育課程社会科学部社会心理学科入学。
	08	狡噛、普通自動車第一種運転免許取得。
2101	03	唐之杜、学術院付属中学校普通科卒業。
	04	唐之杜、戸山高等学校理工学部生命科学科入学。
	09	佐々山、所沢矯正保護センター退所。
	10	佐々山、刑事課一係に執行官として配属。
2102	06	狡噛、古語検定第一級取得。
	08	狡噛、大型二輪自動車第一種運転免許取得。
2103	03	縢、中等教育卒業程度学力認定試験合格。
	06	宜野座、国家法曹士Ⅰ種取得。
	08	宜野座、普通自動車第一種運転免許取得。
	10	狡噛、速読検定準１級取得。
2104	03	宜野座、日東学院高等教育課程 法学部 法律学科卒業。
	—	狡噛、高等教育課程社会科学教員免許取得。
	—	狡噛、日東学院高等教育課程 社会科学部 社会心理学科卒業。
	04	宜野座、厚生省公安局入局。公安局キャリア研修所入所。
	—	狡噛、厚生省公安局入局。公安局キャリア研修所入所。
	07	狡噛、大型特殊自動車第一種運転免許取得。
	09	宜野座、公安局キャリア研修所退所。
	—	狡噛、公安局キャリア研修所退所。
	10	宜野座、刑事課一係に監視官として配属。
	—	狡噛、刑事課三係に監視官として配属。
2105	03	藤間、新宿区立特別児童養護施設藤間学園特別教育カリキュラム修了。
	—	唐之杜、戸山高等学校理工学部生命科学科卒業。
	04	藤間、日東学院高等教育課程政治経済学部政治学科入学。
	—	唐之杜、東京医学校入学。
2106	02	唐之杜、医師免許取得。
	03	六合塚、普通自動車第一種運転免許取得。
	—	六合塚、成城学院中学校芸術コース卒業。
	04	六合塚、シビュラ公認芸術家認定。
	05	宜野座、ドッグセラピスト資格取得。
	—	六合塚、福祉公司オリエンタルワールドよりアマルガムとしてデビュー。
	—	征陸、刑事課三係から一係に転属。
	—	狡噛、刑事課三係から一係に転属。
	06	唐之杜、東京医学校中退。多摩区立矯正施設光の園入所。

Year	Month	Event
	07	唐之杜、多摩区立矯正施設光の園退所。
	08	唐之杜、厚生省公安局総合分析室に分析官として配属。
2107	03	須郷、江戸川区立第二中学校卒業。
	04	須郷、東京都立中野高等学校情報工学部通信学科入学。
2108	03	常守、東京都立新本郷中学校普通科卒業。
	04	常守、東京都立新本郷高等学校 自然科学部 心理学科入学。
	09	六合塚、サイコパス悪化により公認芸術家より除名。
	10	六合塚、多摩区立サイコパス矯正施設光の園入所。
2109	—	美沙子、死亡。
	02	藤間、高等教育課程社会科学教員免許取得。
	03	藤間、日東学院高等教育課程 政治経済学部 政治学科 卒業。
	04	藤間、私立桜霜学園高等教育課程 社会科教諭として採用。
	—	六合塚、多摩区立サイコパス矯正施設光の園退所。
	06	六合塚、厚生省公安局刑事課一係に執行官として配属。
	11.05	公安局広域重要指定事件１０２、通称・標本事件、発生。
2110	01	佐々山、殉職。
	02	狡噛、サイコパス悪化により退局。足立区立サイコパス矯正医療センター入所。
	03	狡噛、足立区立サイコパス矯正医療センター退所。
	03.31	広域重要指定事件１０２捜査本部解散。未解決事件となる。
	04	狡噛、厚生省公安局刑事課一係に執行官として配属。
	08	縢、八王子矯正施設健精館退所。
	10	縢、厚生省公安局刑事課一係に執行官として配属。
2111	03	霜月、私立桜霜学園中学教育課程卒業。
	—	須郷、普通自動車第一種運転免許取得。
	—	須郷、東京都立中野高等学校情報工学部通信学科卒業。
	—	雛河、中野区立第三中学校卒業。
	04	霜月、私立桜霜学園高等教育課程入学。
	—	須郷、国防省入省、国境防衛システム海軍ドローン部隊配属。
	—	雛河、中野区立富士高等学校入学。
	09	雛河、ホロデザイナー１級取得。学業の傍らフリーのホロデザイナーとして活動開始。
	10	須郷、軍事ドローンMOS資格大型特殊免許、情報セキュリティスペシャリスト資格取得。
2112	01	須郷、大型特殊自動車免許取得。
	02	雛河、メディカルハーブコーディネーター資格取得。

Date

2112, 2114, 2116
1st Season, 2nd Season, The Movie

PSYCHO-PASS WORLD
CHRONICLE

Year / Month / Event

03 須郷、甲種火薬類取扱保安責任者取得。
常守、普通自動車第一種運転免許取得。
常守、東京都立新本郷高等学校 自然科学部 心理学科卒業。
04 常守、厚生省公安局入局、公安局キャリア研修所入所。
06 雛河、プロフェッショナルホメオパシー資格取得。
10 常守、公安局キャリア研修所退所。
11 須郷、国境防衛システム海軍軍事ドローン研究開発部転属。

▼新編集版（第1期）PSYCHO-PASS Extended Edition <First Season>

▼新編集版第1話
11.04 常守、刑事課一係に監視官として配属。
廃棄区画立て籠もり事件、発生。
▼新編集版第2話
11.05 エリアストレス上昇未遂事件、発生。
11.16 八王子自立機公司ドローン暴走殺人事件、発生。
▼新編集版第3話
11.25 アバター乗っ取り連続殺人事件、発生。
12.05 アバター乗っ取り連続殺人事件、解決。
▼新編集版第4話
12.17 公安局広域重要指定事件104・桜霜学園女生徒連続殺害事件、発生。
▼新編集版第5話
12.20 桜霜学園女生徒連続殺人事件の重要参考人・王陵璃華子、行方不明。
12.21-23 常守、雑賀譲二と接触。
▼新編集版第6話
12.24 狡噛、廃棄区画にて泉宮寺と交戦。
泉宮司、狡噛によりエリミネーターで執行される。
常守、槙島聖護と接触。槙島、船原ゆきを殺害。

Year 2113

日本政府、SEAUnへの「シビュラシステム輸出政策」を発表。
▼新編集版第7話
01.02 公安局、船原ゆき殺害の重要参考人・槙島の顔を特定。
02.03 サイコパス偽装ヘルメット男による連続凶行事件、発生。
▼新編集版第8話
02.05 サイコパス偽装ヘルメット集団による暴動事件、発生。
槙島とチェ・グソン、ノナタワーに侵入。
02.06 常守および狡噛、槙島とノナタワーで交戦。常守、槙島を逮捕。
縢、逃亡。依然行方不明。
▼新編集版第9話
二係執行官・神月凌吾、逃亡。二係監視官・青柳璃彩がエリミネーターで執行。
槙島、輸送機での護送中に逃亡。
02.08 狡噛、公安局から逃亡。
▼新編集版第10話
02.09 狡噛、雑賀と接触。
02.10 常守、ノナタワーにて禾生壌宗局長から特命を受ける。
管巻宣昭教授殺害事件、発生。公安局、槙島のバイオテロ計画を捕捉。
▼新編集版第11話
02.11 征陸、殉職。
狡噛、槙島を殺害。その後逃亡。
02 宜野座、サイコパス悪化により退局。足立区立サイコパス矯正医療センター入所。
03 宜野座、足立区立サイコパス矯正医療センター退所。
霜月、私立桜霜学園高等教育課程卒業。普通自動車第一種運転免許取得。
04 宜野座、刑事課一係に執行官として配属。
霜月、厚生省公安局入局。刑事課一係に監視官として配属。
05 須郷、サイコパス悪化により退省。足立区立サイコパス矯正医療センター入所。
11 須郷、足立区立サイコパス矯正医療センター退所。
12 須郷、刑事課二係に執行官として配属。

Year 2114

01 雛河、不適合薬物事件の犯人として二係に確保される。中野区立富士高等学校中退。八王子矯正施設健精館入所。
08 雛河、八王子矯正施設健精館退所。
08.10 内古閑俊二、オープンドアデータAAに接触。
09 朔夜、多摩区立矯正施設光の園退所。
雛河、普通自動車第一種運転免許取得。
公安局広域重要指定事件107・新宿爆破事件、発生。
10 朔夜、刑事課一係に執行官として配属。
雛河、刑事課一係に執行官として配属。
10.05 公安局広域重要指定事件107・六本木爆破事件、発生。
10.13 公安局広域重要指定事件107・渋谷爆破事件、発生。

Year	Month	Event
		▶ 第2期 PSYCHO-PASS Second Season
		▼ 第2期第1話「正義の天秤 <299 / 300>」
2114	10.20	公安局広域重要指定事件107・池袋爆破事件、発生。
		二係監視官・酒々井水絵失踪、単独捜査を開始。
		二係執行官・山門屋晃、酒々井によりエリミネーターで執行。ドミネーターは酒々井が回収。
		失踪場所にて「WC?」のメッセージ発見。
		▼ 第2期第2話「忍び寄る虚実」
	10.21	常守、自室にて「WC?」のメッセージ発見。
		公安局広域重要指定事件107実行犯・喜汰沢旭、移送中に逃亡。青柳がエリミネーターで執行。
		▼ 第2期第3話「悪魔の証明」
	10.22	常守、潜在犯隔離施設にて雑賀に面会。
	11.08	増田幸徳代議士の色相悪化を検知、公安局内施設での治療のため移送。
		メンタルケア施設立て籠もり事件、発生。
		▼ 第2期第4話「ヨブの救済」
		青柳、事件対応中にサイコパス悪化。須郷が試作段階の強襲型ドミネーターで執行。
		酒々井、青柳の使用していたドミネーターを回収。
		事件現場にて「WC?」のメッセージ発見。
		▼ 第2期第5話「禁じられない遊び」
	11.15	雑賀、刑事課預かりの臨時分析官として配属。
		二係執行官・蓮池楓と須郷が一係に、波多野紘一が三係に異動。
		増田の端末よりカムイの居場所を特定。潜伏先である軍事ドローン研究施設を一係、三係にて立入調査。施設敷地内建物地下室にて「WC?」のメッセージを発見。
		ドローン乗っ取り無差別殺傷事件、発生。
		雑賀、増田の過去の演説から目の前の人間が入れ替わった別人であり、カムイのメッセンジャーであることを見抜く。
		▼ 第2期第6話「石を擲つ人々」
		ドローン乗っ取り無差別殺傷事件、都市圏に拡大。
		酒々井、5挺のドミネーターを回収。
		常守および朔夜、重要参考人・カムイを目視。
		▼ 第2期第7話「見つからない子供たち」
		増田代議士、色相改善から解放、直後に自殺。
	11.21	公安局、15年前の航空機事故唯一の生存者に鹿矛囲桐斗の名を確認。
		鹿矛囲の命を救った執刀医・枡嵜葉平を重要参考人として任意同行。
	11.24	雑賀、枡嵜を聴取。航空機事故被害者185人全員が鹿矛囲のまとうホロであることが判明。
		▼ 第2期第8話「巫女の懐胎 <AA>」
		枡嵜の証言により鹿矛囲が透明人間である理由が判明。
		霜月、経済省特許局にて鹿矛囲桐斗の治療記録を調査。
		鹿矛囲潜伏先に残された臓器から密入国者と各界重要人物が入れ替わっていることが判明。
	11.27	霜月、禾生に鹿矛囲事件についての報告書を提出。
	12.02	霜月、禾生と面会、機密事項を打ち明けられる。
		▼ 第2期第9話「全能者のパラドクス」
	12.03	枡嵜、公安局内にて何者かにエリミネーターで執行される。
	12.07	酒々井、国交省役人・薬島浩一主催の会合で複数の官僚をエリミネーターで執行。
		薬島、常守の祖母・常守葵を拉致。
		公安局、薬島を鹿矛囲の協力者として任意同行。
		▼ 第2期第10話「魂の基準」
		地下鉄立て籠もり事件、発生。一係、三係出動。
		公安局、常守葵の死亡を確認。
		常守、局長命令を無視し独走。鹿矛囲と連絡をとり地下へ。
		▼ 第2期第11話「WHAT COLOR?」
		常守、監視官権限剥奪。後に再付与。
		鹿矛囲、朔夜によりエリミネーターで執行される。
		朔夜、公安局を脱走し死亡。
		酒々井、事件現場にて保護される。サイコパス悪化のため潜在犯隔離施設入所。
2115	01	雑賀、所沢矯正保護センター入所。
		▶ 劇場版 PSYCHO-PASS The Movie
2116		SEAUn からの密入国者によるテロ未遂事件、発生。
	07.19	常守、テロ未遂事件捜査のため SEAUn に向かう。
		常守、逃亡中の狡噛と接触。
		SEAUn・シャンバラフロートにてサイコパス偽証事件、発生。
		狡噛、サイコパス偽証事件鎮圧中に逃亡。

今の私たちの処理能力では、
まだ本当の意味での集合的サイコパスは成立しえない。
だからこそ私たちの進化を望むあなたが必要なのです。
常守朱監視官。　私たちは今後もあなたが社会に貢献し、
健やかに生きることを推奨します。

PHASE 01

PSYCHO-PASS 2, PSYCHO-PASS MOVIE

DEPARTMENT OF PUBLIC SAFETY

Scene : The Movie

[WORDS]

社会が必ず正しいわけじゃない。だからこそ私たちは、正しく生きなければならない

2nd Season
at2114

The Movie
at2116

> CHARACTER PROFILE

厚生省公安局刑事課一係　監視官

常守朱

AKANE TSUNEMORI
CODE NAME　SHEPHERD 1

厚生省公安局刑事課一係に所属する女性監視官。教育課程修了時の職業適性判定では13省庁6公司からオールAの適性判定を受け、シビュラシステム運営下においては珍しく「職業を自由に選択する」ことができた人材でもある。同期500人以上の学生の中で自分だけに適性判定が出た公安局に「自分にしかできない何かがある」と信じて入局した彼女は、「刑事」として生きることを選んだ執行官・狡噛慎也と出会い、多大な影響を受けながら、槙島聖護による数々の事件をともに追い続けた。童顔の可愛らしさを感じさせる外見とは裏腹に、芯が強くくじけない根性を持ち、苦難に直面した時もあきらめることなくベストの結果を求めて奮闘する。その頑強な精神はサイコパス汚染に対する強力な耐性としても現れており、目前で槙島により親友が殺害された際にもすぐに健康な色相を取り戻すほどだった。槙島事件の末に、免罪体質者の存在とシビュラの正体を知った彼女は、公安局から脱走した狡噛とは違う方法で自らの信じる正義を貫く生き方を選び取り、「シビュラの正体を知るもの」としてシビュラからも認められている。槙島事件で大きな成長を遂げたのちは、一係のリーダー役として鹿矛囲桐斗が関係する新たな事件にも果敢に対応。東金朔夜執行官による愛する祖母の殺害などショッキングな出来事が彼女に降りかかったが、自らを見失うことなく事件の解決に奔走した。結果、シビュラシステムに対し「自らを含む集合体を裁けるか」という選択を迫り、事件の解決だけでなくシステムに驚くべき変革をもたらすことに成功する。なお、この事件の2年後、SEAUnからの密入国者によるテロ事件で関与を疑われた狡噛を捜索するため、初の海外捜査へ。再会した狡噛を逮捕しようとするも逆に命を助けられつつ、世界に拡散しようと画策するシビュラシステムに対し「民主主義選挙による選択の自由」を提示。シビュラにその意志を飲ませてみせた。

CV：花澤香菜

00475-AECJ-30157-1

ID	00475-AECJ-30157-1
フリガナ／氏名	常《ツネ》守《モリ》 朱《アカネ》
所属	厚生省公安局刑事課一係
職種	監視官
生年月日	2092.04.01
年齢	24
血液型	A
現住所	東京都江東区新豊洲2丁目 5-5301
緊急連絡先	千葉県千葉市新美浜区磯辺 1032-t 常守 祥一（続柄：父）
健康診断	所見なし

> 経歴 CAREER

2108年3月	東京都立新本郷中学校普通科　卒業
4月	東京都立新本郷高等学校 自然科学部 心理学科　入学
2112年3月	東京都立新本郷高等学校 自然科学部 心理学科　卒業
4月	厚生省公安局　入局
	公安局キャリア研修所　入所
10月	同研修所　退所
11月	刑事課一係に監視官として配属

> 免許・資格 LICENSE and QUALIFICATION

2112年3月	普通自動車第一種運転免許　取得

> 備考 REMARKS

	なし

※年齢は2116年8月時点を掲載（P010-033）

PERSONAL DATA

> 出身

千葉県

> 身長

163cm

> 体重

49kg

> 視力

両目ともに2.0

> 最近の趣味／余暇の過ごし方

捜査資料を読むこと、護身術や逮捕術の鍛錬

> 新居のお気に入り

スパーリングプログラムのあるトレーニングルーム、テラスからの眺め

> いま欲しいもの

最新のお掃除ドローン

> いまの睡眠時間

5時間ぐらい

> いまのモットー

信じるものを守り抜く

> 祖母との一番の思い出

学校から帰った後に一緒に図書館に行って色んな作品のリファレンスをしてくれたこと

> 最近始めたこと

自分でコーヒーを淹れること、泳ぐ練習

> 好きな香り

最近復刻された花椿堂ビューティケアのBlue

> 好きな男性のタイプ

特に考えたことがない

> 結婚観（結婚願望があるかないか）

素敵な人がいれば

> 長期休暇が取れたらしたいこと

資格の取得

> 学生時代にやっていた部活／サークル活動

陸上部

> 毎日必ず持ち歩くもの

キャンディのストラップ

[WORDS]

私、シビュラを信じます！
私、この社会が大好きですから！

Scene : 2nd Season

2nd Season
at2114

The Movie
at2116

> CHARACTER PROFILE

厚生省公安局刑事課一係　監視官

霜月美佳

MIKA SHIMOTSUKI
CODE NAME SHEPHERD 2

若き純白の監視官。かつて私立桜霜学園高等課程に在籍し、同校女学生連続殺人事件で親友を失っている。宜野座伸元が執行官に堕ちたことで、監視官の補充を考えた公安局はまだ18歳でありながらシビュラの職業適性が出た美佳を最年少監視官として抜擢。直感力に優れ、かつて親友を殺害された経験から、犯罪を未然に防ぐのがシビュラの意義であり、何より追い求めねばならない正義であると信じる。そのため、潜在犯の排除に対してためらいはない。朱よりも色相がクリアで、どんな事件に遭遇しようとも自身のサイコパスの清らかさには強い自信を持っている。一方で、大胆な推察に基づく捜査を行いながらもシビュラに厚遇されている朱に対して反感を抱き、朱がいつか自分のサイコパスを濁らせるのではと危惧。朱の行動をレポートにまとめ、禾生壌宗局長に進言し朱の失墜を画策する。その過程で禾生から、免罪体質者たる犯罪者の脳がシビュラの一部を構成しているという真実を知らされるも、シビュラを心から信奉するため「素晴らしい犯罪者の有効活用」とみなしあっさり受け入れる。そのため、シビュラにとって美佳はただの「理想的な市民の完成形」であり、さして重要な分析対象ではないとみなされた。そして東金朔夜の異常性を知りつつ、朱を堕とすために協調路線を取るようになる。朱に反感を抱きながらも「先輩」と呼ぶように、組織の上下関係にはきちんと線引きをする一面があるが、かつて親友が殺された事件で自分を慰めてくれた六合塚には甘えたり、優遇する場面も見られる。鹿矛囲を巡る事件では、朱の祖母・葵を殺害した朔夜を自らの手で裁こうとするが、朔夜が先に絶命し叶わず、自らの色相をクリアに保つため、再びシビュラへの忠誠を強く誓った。以降も、一係の監視官として活躍。シャンバラフロート・サイコパス偽証事件では、朱が海外捜査に向かわされた理由に「シビュラの裏の意志」を感じとり、先輩である朱を諫める一幕もあった。

CV：佐倉綾音

00475-AEFG-34875-1

ID	00475-AEFG-34875-1
フリガナ 氏名	霜月《シモツキ》 美佳《ミカ》
所属	厚生省公安局刑事課一係
職種	監視官
生年月日	2096.02.14
年齢	20
血液型	B
現住所	東京都杉並区浜田山1丁目B-6 ハイツ浜田山 3902
緊急連絡先	東京都三鷹市下連雀1丁目55 霜月 穣治(続柄:父)
健康診断	所見なし

> 経歴 CAREER

2111年3月	私立桜霜学園中学教育課程　卒業
4月	私立桜霜学園高等教育課程　入学
2113年3月	私立桜霜学園高等教育課程　卒業
4月	厚生省公安局　入局
	刑事課一係に監視官として配属

> 免許・資格 LICENSE and QUALIFICATION

2113年3月	普通自動車第一種運転免許　取得

> 備考 REMARKS

	なし

PERSONAL DATA

> 出身

東京都三鷹市

> 身長

160cm

> 体重

48kg

> 視力

両目ともに2.0

> 50m走のタイム

8.9秒

> 得意なスポーツ

水泳

> 趣味／余暇の過ごし方

プールでのんびり泳ぐこと

> 好きな言葉

自分が自分を嫌いになってはいけない

> 部屋にあるお気に入り

Loli+PopのコラボVRゴーグル&グローブ

> 好きな食べ物

エリンギのアヒージョ

> 嫌いな食べ物

マシュマロ

> 強み

純潔なサイコパス

> 弱点

特になし

> 欲しいもの

バラの香りの香水

> 睡眠時間

6時間ぐらい

> モットー

我思う、ゆえに我あり

> 好きな作家

電子書籍でベストセラーや専門誌を読む程度で特になし。ただし松浦理英子には最近少し興味がある

> その作家に興味がある理由

……ノーコメント

> 学生時代の得意科目

現代社会

> キャリアアップしたらしたいこと

シビュラによる完全な秩序体制を維持していくこと

[WORDS]

目の前の現象を事実として受け入れろ。
それが大人になる近道だぞ、お嬢さん

Scene : The Movie

2nd Season
at2114

The Movie
at2116

> CHARACTER PROFILE

厚生省公安局刑事課一係　執行官

宜野座伸元

NOBUCHIKA GINOZA
CODE NAME　HOUND 1

刑事課一係の執行官。頭脳明晰で鋭い観察眼を持つ。元は刑事課一係の監視官で、父親は一係の執行官だった征陸智己。ベテラン刑事であった父の征陸が潜在犯に認定されたことがきっかけで、彼と母親まで潜在犯であるかのような差別的な扱いを受けた。成人後は母方の姓の宜野座を名乗り、父を含むすべての犯罪適性傾向者を憎悪し、彼らを社会から駆逐したいという一念で監視官へのキャリアを歩む。当時は、シビュラシステムが下す判定に従って粛々と任務を遂行し、「刑事の勘」や「プロファイリング」を否定していた。また、同期で入局した狡噛慎也が犯罪係数を上昇させ執行官へと降格されたことも、彼のシビュラ信仰を強固にした理由のひとつだ。「槙島事件」の捜査中、公安局上層部と槙島聖護を追う現場との板挟みにあい、相次ぐ難事件を前に犯罪係数がじわじわと上昇。槙島のバイオテロ事件で左手と父を失い、犯罪係数が140まで上昇し監視官の職も失った。そして、宜野座は父と同じように一係の執行官として、朱の下で第2の人生を送る決意を固める。それから1年半、鹿矛囲が関わる一連の事件では「透明人間」を追う朱のサポートに徹する。その傍ら、当時、未成年だった監視官の霜月美佳に以前の自分自身を重ね、「理解を超えたものから目を逸らして否定するだけじゃ、いつか後悔することになる」と諭した。メンタルケア施設立て籠もり事件では、青柳璃彩監視官を執行した須郷徹平執行官に対して、感情をあらわにする場面も。捜査への情熱は狡噛や父・征陸にも劣らず、朱と共に鹿矛囲を追いつめ、鹿矛囲に洗脳された酒々井監視官の奪還に尽力した。シャンバラフロート・サイコパス偽証事件では、SEAUnに捕らえられた朱を救うべく、ヘリから強襲型ドミネーターでニコラス・ウォンを狙撃。一係と共に現場へ突入した後に、狡噛と異国の地で3年半ぶりに再会を果たす。宜野座は「槙島の件で借りがある」として狡噛を逃がしつつ、彼の頬に強烈な拳を叩きこんだ。

CV：野島健児

ID	00475-AEAJ-39875-2
フリガナ / 氏名	宜《ギ》野《ノ》座《ザ》 伸《ノブ》元《チカ》
所属	厚生省公安局刑事課一係
職種	執行官
生年月日	2084.11.21
年齢	31
血液型	O
現住所	東京都新千代田区霞が関2丁目1-B 厚生省公安局
緊急連絡先	東京都足立区千住アサヒ6-23c 宜野座 亜紀穂(続柄:祖母)
健康診断	所見なし

経歴 CAREER

2100年3月	東東京第2中学校普通科　卒業
4月	日東学院高等教育課程 法学部 法律学科　入学
2104年3月	日東学院高等教育課程 法学部 法律学科　卒業
4月	厚生省公安局　入局
	公安局キャリア研修所　入所
9月	同研修所　退所
10月	刑事課一係に監視官として配属
2113年2月	サイコパス悪化により退局
	足立区立サイコパス矯正医療センター　入所
3月	足立区立サイコパス矯正医療センター　退所
4月	刑事課一係に執行官として配属

免許・資格 LICENSE and QUALIFICATION

2093年9月	庭園デザイナー検定1級　取得
2103年6月	国家法曹士Ⅰ種　取得
8月	普通自動車第一種運転免許　取得
2106年5月	ドッグセラピスト資格　取得

備考 REMARKS

	左腕義手

PERSONAL DATA

出身

東京都

身長

183cm

体重

62kg

視力

両目ともに1.2

最近の趣味/余暇の過ごし方

ダイムとの室内散歩、観葉植物の世話

いまのモットー

信じる

愛犬ダイムとの散歩コース

VRウォーキングマシーンの世界の絶景シリーズ

征陸の墓参りのペース

命日ごと

征陸に聞いてみたかったこと

特にない

恋人いない歴の最新版

24年

ガーデニングで最近育てているもの

マーシュマロウ

力を入れているトレーニング

柔道や空手などの近接格闘術

メガネをかけるのをやめてから言われるようになったこと

見えてます?

髪を伸ばした理由

特に……

執行官になって気づいたこと

外も中も変わらない

Scene : 2nd Season

[WORDS]

それだけですんでいれば、
執行官になることもなかったのに……

2nd Season
at2114
The Movie
at2116

> CHARACTER PROFILE

厚生省公安局刑事課一係　執行官

六合塚弥生

YAYOI KUNIZUKA
CODE NAME　HOUND 2

事件現場では寡黙に行動する刑事課一係の執行官。一係ではドローンやネットワーク機器のオペレーターなどを務めることが多い。レズビアンであり、分析官の唐之杜志恩と深い仲である。犯罪に対しては冷静だが、志恩日く「弥生はもっと激しくて情熱的なのがお好み」。もとはシビュラシステム公認芸術家で、バンド・アマルガムのギタリストとして音楽活動をしていた。だが、音楽活動により強い感情を抱いた結果、犯罪係数が上昇。潜在犯に認定され潜在犯隔離施設行きとなり、シビュラシステムにより執行官に選出された。当時、北沢周辺の街頭スキャナーを破壊する反社会的コミュニティーを検挙するために、監視官だった狡噛慎也の説得を受け、捜査に協力。友人の滝崎リナを救出するためにドミネーターを手にするも、すでに反シビュラ運動の活動に身をやつしていたリナは六合塚のもとから逃亡。リナを更生させられなかったことを嘆く六合塚は正式に執行官になることを決意し、潜在犯を取り締まる猟犬への道を選んだ。

CV：伊藤静

常守朱の就任当時は監視官としての能力に疑問を持っていたが、様々な経験を経てタフに成長した朱の姿を見て、槙島聖護によるバイオテロ事件では「命を預けられます」と言うほど強い信頼をおくようになる。同僚であった縢秀星が行方不明、征陸智己が殉職し、狡噛が失踪した後、体制が大幅に変更された一係のなかでも朱の方針を支持し、バックアップに徹する。未成年であった霜月美佳監視官の危うさを感じ、アドバイスを与える場面も。鹿矛囲関連の事件で朱の祖母が殺害されたことには強い憤りを感じていて、霜月を前に「誰であれ、許す気はない」と思いを語っている。SEAUnからの密入国者によるテロ事件では、兵器で武装した相手にひるむことなく応戦。逃走するテロリストたちの車をデコンポーザーで撃ちぬいた。シャンバラフロート・サイコパス偽証事件で朱がSEAUnに捕らえられた時は、一係のメンバーと共に現場へ突入。朱の命を守り抜いた。

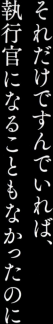

00475-AEST-17855-2

ID	00475-AEST-17855-2
フリガナ / 氏名	六合塚《クニヅカ》 弥生《ヤヨイ》
所属	厚生省公安局刑事課一係
職種	執行官
生年月日	2090.09.28
年齢	25
血液型	B
現住所	東京都新千代田区霞が関2丁目 1-B 厚生省公安局
緊急連絡先	東京都世田谷区北成城1-3-G 六合塚 森広(続柄:父)
健康診断	所見なし

> 経歴 CAREER

2106年3月	成城学院中学校芸術コース 卒業
4月	シビュラ公認芸術家認定
5月	福祉公司オリエンタルワールドよりアマルガムとしてデビュー
2108年9月	サイコパス悪化により公認芸術家より除名
10月	多摩区立矯正施設光の園 入所
2109年4月	多摩区立矯正施設光の園 退所
6月	刑事課一係に執行官として配属

> 免許・資格 LICENSE and QUALIFICATION

2106年3月	普通自動車第一種運転免許 取得

> 備考 REMARKS

なし

PERSONAL DATA

> 出身

東京都

> 身長

170cm

> 体重

52kg

> 視力

右1.5 左0.7

> 最近の趣味/余暇の過ごし方

音楽鑑賞

> いま欲しいもの

最新のSANSUIのスピーカーシステム

> いまの睡眠時間

7時間

> いまのモットー

他人に迷惑をかけない

> 好きなミュージシャン

ザ・クラッシュ、セックス・ピストルズ

> 好きな音楽のジャンル

パンク・ロック

> 一度はやってみたいヘアスタイル

モヒカン

> お気に入りのマニキュア

ANNA SHANGHAI

> 好きな香水

オンブル・ローズ

> 好きな女性のタイプ

インスピレーションを感じる人

> 唐之杜の好きなところ/嫌いなところ

あっさりしたところ/ねちっこいところ

> 普段、スカートをはくことはあるか

たまに

Scene : 2nd Season

［WORDS］

自分が死ぬだけです。損害とはいえない

> CHARACTER PROFILE

厚生省公安局刑事課一係　執行官

須郷徹平

TEPPEI SUGO
CODE NAME　HOUND3

元々は軍事ドローン研究施設の職員だったが、潜在犯として潜在犯隔離施設に入れられ、後に、公安局刑事課二係の執行官となる。一人称は「自分」。非常に真面目な性格で、明らかに年下の常守朱に対しても敬語で接する。フィジカルも強く、射撃の腕は公安局の上層部にも認められているほど。それ故か、メンタルケア施設立て籠もり事件では、シャッター越しに試作段階の強襲型ドミネーターを使用してみせた。対象を目視出来ない状況下において、犯罪係数だけを頼りに発砲し、結果としては犯罪係数が跳ね上がっていた青柳監視官を執行・殺害してしまう。この一件は「執行対象者に執行しただけ」として罪には問われなかったが、青柳と同期だった宜野座との間に、わだかまりができたのは無理からぬことだった。しかし、酒々井の失踪と青柳の死亡により、二係に監視官がいなくなったため須郷は一係に異動。朱の下で働くことに。異動早々、元の職場である軍事ドローン研究施設の事案に出動。一係、三係合同の作戦行動だったにも関わらず、不特定多数にゲーム感覚で操られ攻撃してくる軍事ドローンを前に刑事課側は大損害を被り、朱も危機的状況に陥る。しかし須郷は、「軍事ドローンは同士討ちを避けるため、一定の射角内に同機種が存在すると銃にロックがかかる」という知識を利用し、間一髪で朱を救う。さらに、動き回るドローンを一網打尽にする策を提案し、リスクを問う東金に「自分が死ぬだけです。損害とは言えない」と言い切った。須郷は重傷を負い、戦線を離脱。鹿矛囲との決戦で現場に戻り、再び強襲型ドミネーターの引き金を引くことになる。相手は、またも元上司の酒々井。しかし今回はパラライザーモードで狙撃、殺すことなく身柄を確保。「今回は間に合ったな」と宜野座に声を掛けられ、わだかまりも解けたようだ。その後発生したSEAUnからの密入国者によるテロ事件でも、激しい銃撃戦の中、フィジカルの強さを活かして先陣を切った。

CV：東地宏樹

00475-AESY-56982-2

ID	00475-AESY-56982-2	血液型	A
フリガナ 氏名	須《ス》郷《ゴウ》 徹《テツ》平《ペイ》	現住所	東京都新千代田区霞が関2丁目 1-B 厚生省公安局
所属	厚生省公安局刑事課一係	緊急連絡先	東京都文京区音羽三丁目4 須郷 真澄(続柄:姉)
職種	執行官	健康診断	所見なし
生年月日	2090.05.22		
年齢	26		

経歴 CAREER

2107年3月	江戸川区立第二中学校 卒業
4月	東京都立中野高等学校 情報工学部 通信学科 入学
2111年3月	東京都立中野高等学校 情報工学部 通信学科 卒業
4月	国防省 入省
	国境防衛システム海軍ドローン部隊 配属
2112年11月	同軍軍事ドローン研究開発部 転属
2113年5月	サイコパス悪化により退省

2113年5月	足立区立サイコパス矯正医療センター 入所
11月	足立区立サイコパス矯正医療センター 退所
12月	刑事課二係に執行官として配属
2114年11月	刑事課一係に執行官として転属

免許・資格 LICENSE and QUALIFICATION

2111年3月	普通自動車第一種運転免許 取得
10月	軍事ドローンMOS資格大型特殊免許 取得
	情報セキュリティスペシャリスト資格 取得

2112年1月	大型特殊自動車免許 取得
3月	甲種火薬類取扱保安責任者 取得

備考 REMARKS

	なし

PERSONAL DATA

出身
東京都文京区

身長
180cm

体重
68.8kg

視力
両目とも2.0

50m走のタイム
6秒50

得意なスポーツ
空手、サッカー

趣味/余暇の過ごし方
筋トレ、瞑想

好きな言葉
明鏡止水

部屋にあるお気に入り
本物の畳を敷いた和の一角

好きな食べ物
かつ丼

嫌いな食べ物
イクラ丼

強み
軍事知識

弱点
流行りもの情報

欲しいもの
新型人工筋肉素材のサンドバッグ

睡眠時間
6時間

モットー
堅忍不抜

好きな作家
司馬遼太郎

好きな本とその理由
『坂の上の雲』/秋山兄弟が好き

一係に対する印象
監視官には驚かされる

二係での思い出
山門屋との飲み比べ

Scene : 2nd Season

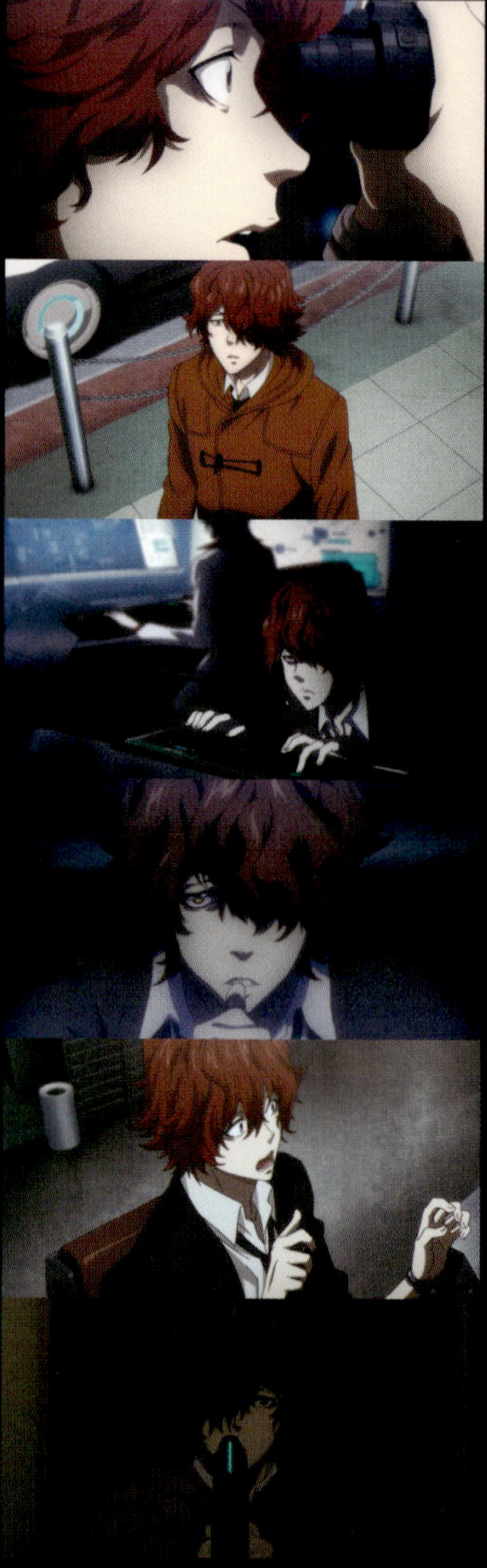

お姉ちゃん……助けなきゃ……！

> CHARACTER PROFILE

厚生省公安局刑事課一係　執行官

雛河翔

SHO HINAKAWA
CODE NAME　HOUND 4

公安局刑事課一係に所属する執行官。武骨な男が多い公安局刑事課内において、体も小さく、ふわふわと柔らかい雰囲気が異彩を放っている。もともと重度のうつ病で、不安を紛らわせるためのクスリを大量に摂取するようになり、半ば中毒化してしまう。またそれと同時に、自分を見下しているように感じられる周囲の視線を避けるため、ホロで身を守って生活していた。やがて、自分自身を装ってきたホロ技術に磨きをかけ、ホロデザイナーと学業を両立するように。学んだ薬の知識を活用し、ドラッグディーラーの活動を始めるも、調合の不具合により客が過失死。その結果、サイコパスを濁らせて潜在犯となり、執行官の任に就くこととなった。執行官になってからも、かつての経験を活かすセンスは健在で、メンタルケア施設立て籠もり事件では、いち早くホロをまとった鹿矛囲の存在を発見した。それだけではなく、一連の事件の源となった航空機事故犠牲者となった小学生の成長復元ホロをたった1人で作成し、捜査の進展に大きく貢献。また、捜査資料として提出された薬物のデータから鹿矛囲がすぐれた薬物調合の技術を有していることも見抜いてみせた。感受性が強く、従来の気の弱さも災いし、一係のなかでも同僚と積極的に関わりを持つことはないが、朱にだけは心を開いている模様。彼女をなぜか「お姉ちゃん」と呼び、慕っている。反対に、年下ながら高圧的で監視官としての立場を振りかざす霜月を苦手としており、メール送信などの報告も滞りがちのようである。一方、志恩や六合塚など職場の年上女性たちは、人と目を合わせられずにオドオドしている様子が「カワイイ」と感じられることが多いようで、女性からの人気は思いのほか高い。SEAUnからの密入国者によるテロ事件では、重武装の相手にひるむことなく応戦。エリミネーターでテロリストの1人を執行した。

00475-AEYT-12580-2

ID	00475-AEYT-12580-2
フリガナ / 氏名	雛《ヒナ》河《カワ》 翔《ショウ》
所属	厚生省公安局刑事課一係
職種	執行官
生年月日	2094.12.26
年齢	21
血液型	O
現住所	東京都新千代田区霞が関2丁目1-B 厚生省公安局
緊急連絡先	東京都中野区上高田3丁目2516 雛河 寿子(続柄:母)
健康診断	所見なし

経歴 CAREER

2107年10月	うつ病発症
2111年3月	中野区立第三中学校　卒業
4月	中野区立富士高等学校　入学
9月	ホロデザイナーとして活動開始
2113年9月	病気療養のため休学
	リサイクル・ドラッガーとして活動開始
2114年1月	不適合薬物事件の犯人(注1)として二係に確保される
2114年1月	中野区立富士高等学校　中退
	八王子矯正施設健精館　入所
8月	八王子矯正施設健精館　退所
10月	刑事課一係に執行官として配属

(注1)不適合薬物による死亡事件(事件No.2113_9825B参照)

免許・資格 LICENSE and QUALIFICATION

2111年9月	ホロデザイナー1級　取得
2112年2月	メディカルハーブコーディネーター資格　取得
6月	プロフェッショナルホメオパシー資格　取得
2114年9月	普通自動車第一種運転免許　取得

備考 REMARKS

なし

PERSONAL DATA

出身
東京都中野区

身長
175cm

体重
55kg

視力
左0.7　右0.9

50m走のタイム
10秒3

得意なスポーツ
VRホッケーゲーム

趣味/余暇の過ごし方
ドラッグティスティング、コレクション探し

好きな言葉
大丈夫

部屋にあるお気に入り
壁一面の収納棚を使った展示スペース

好きな食べ物
サプリメントかけごはん

嫌いな食べ物
葉っぱ

強み
ホロやドラッグの知識と技術

弱点
会話

欲しいもの
変身ヒーローバックルシリーズで手に入れていないもの

睡眠時間
2〜3時間

モットー
お姉ちゃんを守る

好きな作家・本
石丸元章『SPEED スピード』
中島らも『永遠も半ばを過ぎて』

その作家・本が好きな理由
前向きさに憧れて

常用している薬
オリジナルブレンドのドラッグハイ

好きなゲームのジャンル
カードゲーム、育成や開発シミュレーション系

Scene : The Movie

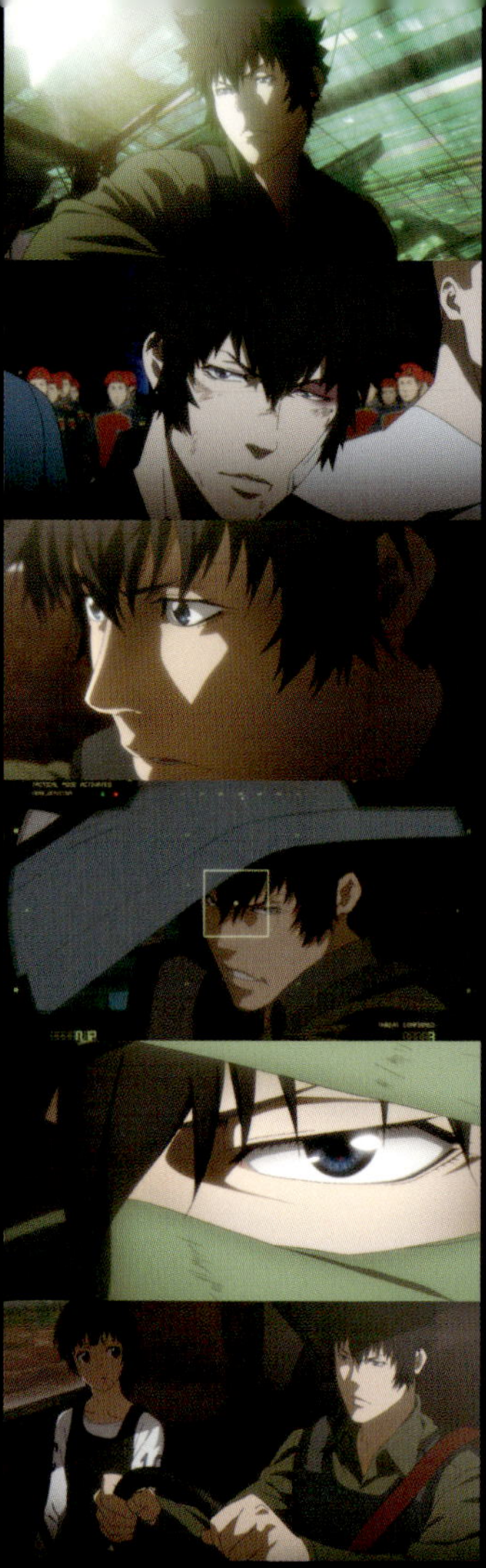

[WORDS]

法律で人は守れないなら俺が法の外に出るしかない

The Movie
at2116

> CHARACTER PROFILE

逃亡者

狡噛慎也

SHINYA KOGAMI
THE FUGITIVE

逃亡した元執行官。己の正義を貫き、頑固な刑事魂で捜査に向かう無頼漢。電子書籍ではなく紙の本を愛好する読書家でもある。シングルマザーのもとで育ち、教育課程の最終考査では、全国1位の721ポイントという成績を記録して公安局に入局。エリート監視官として一度は三係に配属されるものの、一係と三係の人員統合により一係に転属。同期の監視官・宜野座の相棒となり活躍していたが、公安局広域重要指定事件102 、通称「標本事件」の捜査中に部下の執行官・佐々山を失ったことがきっかけで、自らの犯罪係数が規定値を超過し執行官へと降格した。以来、佐々山を忘れぬために、彼が吸っていた銘柄の煙草を吸うようになり、自らを痛めつけるような格闘トレーニングを重ね、格闘技プンチャック・シラットの技を磨いた。そして、ホログラムを一切使わない質素な自室で独自に捜査資料を収集、迷宮入りした標本事件の黒幕を執拗に追いかけ続けた。冷静かつ厳格な性格で、周囲からも畏怖の念を抱かれていたが、常守朱が監視官として着任したことをきっかけに、「刑事としての本分」に改めて気づかされる。臨床心理学を専門とする雑賀譲二から学んだプロファイリングを駆使し、数々の難事件に挑み、刑事としての在り方を朱に教えていった。そして、ついに標本事件の黒幕・槙島聖護をあと一歩のところまで追い詰めるも、上層部の意思に阻まれてしまう。執行官の立場で槙島を追うことに限界を感じ、公安局から逃走。部下の仇でありながら脳内で想定問答ができるほどに思考パターンがシンクロしていた槙島を、拳銃で殺害する。その後、朱たちの前から姿を消した。あれから2年半、狡噛はSEAUnの民主化運動に対ドローン軍事顧問として参加していた。密入国者によるテロ未遂事件の容疑者として狡噛を追う朱と異国で再会。襲いかかる傭兵から朱を逃がし、「また俺を捕まえに来い」と告げる。

CV：関智一

—

ID	—
フリガナ / 氏名	狡《コウ》噛《ガミ》 慎《シン》也《ヤ》
所属	—
職種	—
生年月日	2084.08.16
年齢	31
血液型	B
現住所	—
緊急連絡先	神奈川県相模原市緑区麦ノ宮5-21-B 狡噛とも代(続柄:母)
健康診断	所見なし

> 経歴 CAREER

2100年3月	神奈川県立神奈川東中学校 普通科 卒業
4月	日東学院高等教育課程 社会科学部 社会心理学科 入学
2104年3月	日東学院高等教育課程 社会科学部 社会心理学科 卒業
4月	厚生省公安局 入局
	公安局キャリア研修所 入所
9月	同研修所 退所
10月	刑事課三係に監視官として配属
2106年5月	刑事課三係から一係に転属
2110年2月	サイコパス悪化により退局
	足立区立サイコパス矯正医療センター 入所
3月	足立区立サイコパス矯正医療センター 退所
4月	刑事課一係に執行官として配属
2113年2月	公安局から逃亡
2116年7月	密入国者テロ未遂事件捜査中に発見。後に逃亡

> 免許・資格 LICENSE and QUALIFICATION

2100年8月	普通自動車第一種運転免許 取得
2102年6月	古語検定第一級 取得
8月	大型二輪第一種運転免許 取得
2103年10月	速読検定準1級 取得
2104年3月	高等教育課程社会科学教員免許 取得
7月	大型特殊車両第一種運転免許 取得

> 備考 REMARKS

	なし

PERSONAL DATA

> 出身

神奈川県相模原市

> 身長

180cm

> 体重

66kg

> 視力

両目ともに1.5

> 最近の趣味/余暇の過ごし方

読書、体を鍛えること、
装備の手入れ、ロープワーク

> いま欲しいもの

新しい紙の本

> いまの睡眠時間

4時間ぐらい

> いまのモットー

他人に優しく、自分に厳しく

> 海外生活する上で最低限、必要なもの

知識と知恵と体力

> 最近読んだ本

都筑道夫
『黄色い部屋はいかに改装されたか?』
ウィリアム・ギブスン
『ZERO HISTORY』

> 最近夢に出てくること

……特に

> いまの1日のトレーニング時間

2〜3時間

> いまの1日の煙草の喫煙量

20本

> 好きな女性のタイプ

会話ができる相手

> 初恋の相手

覚えてない

> 後悔していること

あの時、撃たなかったこと

> 最近笑ったこと

SEAUnでの任意同行を求める
常守朱の発言

> これからやりたいこと

日々考え、実行す

> CHARACTER PROFILE

殉職者

征陸智己

TOMOMI MASAOKA
LINE OF DUTY DEATHS

常守朱が一係に配属された際、最初にバディを組んだ執行官。刑事課のメンバーから「とっつぁん」と呼ばれ親しまれた古参メンバーだが、2113年2月の槙島事件捜査中に殉職。柔道3段の腕前と、論理的な分析力により数々の難事件を解決してきた。10年勤めあげた警視庁はシビュラシステムの導入により解体。厚生省公安局に籍を移すも、ドミネーターの言いなりに人を拘束したり殺したりという捜査システムに疑問を抱かざるを得ず、犯罪係数が上昇。法の番人が、新たな秩序によって潜在犯と認定されることになった。なお猟犬の道を歩み続けたのは、それが結果的に妻や子供を守ることに繋がると思ったからか。暴走しがちな若者には「妥協」を勧める老兵だが、座右の銘は「武士は食わねど高楊枝」。酒と絵画を愛し、息子を抱いた妻の絵を最高傑作と呼ぶ男は、その眦の皺の奥に、多くの想いをしまい込んできた。「熱くなるな」と若者を諭しながら、捜査のために犯罪者の心理に寄り添うことでサイコパスを曇らせ、ただ愛する息子を救うために落命。人を愛し、真理を追う「刑事魂」は首尾一貫しており、「妥協」からは程遠い人生を全うした。

CV：有本欽隆

1st Season
at 2112

[WORDS]

良からぬことを考えてるヤツは、一目見ただけでピンとくるもんさ

ID　00475-AECI-00247-2

フリガナ	マサオカ トモミ		
氏名	征陸 智己	年齢	54（没）
所属	厚生省公安局刑事課一係	血液型	O
職種	執行官	健康診断	良好。ただし肝機能障害に要注意
生年月日	2058.06.27	緊急連絡先	東京都足立区千住アサヒ6-23c 宜野座 亜紀穂（保護観察者）

> 経歴　CAREER

2073年3月	東京都立立川中学校　卒業
4月	駒井高等学校普通科　入学
2076年3月	駒井高等学校普通科　卒業
4月	一橋大学 法学部 法律学科　入学
2080年3月	一橋大学 法学部 法律学科　卒業
4月	警視庁　入庁
11月	刑事部配属
2091年4月	警察制度廃止に伴い厚生省公安局へ異動
2093年3月	サイコパス悪化により退局
	足立区立サイコパス矯正医療センター　入所
8月	足立区立サイコパス矯正医療センター　退所
9月	刑事課三係に執行官として配属
2106年5月	刑事課三係から一係に転属
2113年2月	槙島事件捜査中に殉職

> 免許・資格　LICENSE and QUALIFICATION

2076年4月	普通自動車第一種運転免許　取得
2076年4月	大型二輪自動車第一種運転免許　取得

> CHARACTER PROFILE

行方不明

縢秀星

SHUSEI KAGARI
MISSING

2113年2月、槙島事件捜査中に行方不明となった執行官。わずか5歳の時に潜在犯に認定され、そのまま施設に隔離。まるで実験動物のようにセラピー、カウンセリング、ストレスケアの薬剤治療が繰り返されることにより、ますますストレスを溜める悪循環の日々。執行官になるつもりもなかったが、殉職した佐々山の後任としてシビュラに選ばれ、一係に配属される。「健康な市民を守る」という役目には虫唾が走ったが、刑事課一係の居心地はよく、いつしか自分の居場所になっていた。肉体は頑強。スポーツ、ゲーム、料理など、五感を揺さぶる趣味が多い。酒には飲まれ、感動特集の映像に弱いなど、感情移入しやすく、情に厚い性格。常に軽口を叩いているが、仲間を何よりも大切にしている。サイコパス偽装ヘルメット集団による暴動事件の際には、狡噛への義理を貫いてたったひとりで敵4人と渡り合った。シビュラに拒絶され続けた少年は、意図せずシビュラシステムの真相にたどり着き、人知れず姿を消した。一方、シビュラに愛された朱は、縢の行く末を思い涙する。そして、人生を自分で選びとっていくことの大切さを意識するようになる。

CV：石田彰

1st Season
at2112

[WORDS]

市民のためじゃない。
俺は……

ID 00475-AEQY-57889-2

フリガナ	カガリ シュウセイ		
氏名	縢 秀星	年齢	22(行方不明時)
所属	厚生省公安局刑事課一係	血液型	B
職種	執行官	健康診断	所見なし
生年月日	2090.12.03	緊急連絡先	東京都新宿区百人町B-5-14 縢政紀(続柄:父)

> 経歴 CAREER

2096年4月	厚生省5歳児検診にて潜在犯認定
	八王子矯正施設健精館　入所
2103年3月	中等教育卒業程度学力認定試験合格
2110年8月	八王子矯正施設健精館　退所
10月	刑事課一係に執行官として配属
2113年2月	サイコパス偽装ヘルメット集団による暴動事件
	捜査中に逃亡、行方不明

> 免許・資格 LICENSE and QUALIFICATION

	なし		

PERSONAL DATA

> 出身

東京都

> 体重

53kg

> 趣味／余暇の過ごし方

料理、自室のアナログゲームのメンテナンス

> 身長

165cm

> 視力

両目ともに2.0

> 好きな言葉

「人生なんて死ぬまでの暇つぶし」

Scene : 2nd Season

2nd Season
at2114

[WORDS]

全ては、あなたへの愛ゆえ。……母さん

> CHARACTER PROFILE

殉職者

東金朔夜

SAKUYA TOGANE
LINE OF DUTY DEATHS

公安局刑事課一係所属の執行官。かつて狡噛慎也が使用していたコールサイン「ハウンド3」を使用した。元セラピストの経験を活かした冷静な判断力と、大胆な決断力を兼ね備えた優秀な執行官で、同僚からも一目置かれる存在。だが、その正体は犯罪係数導入と同時に、史上最高となる犯罪係数769を叩き出した屈指の潜在犯。シビュラシステムの構成員のひとりである免罪体質者・東金美沙子を母に持ち、人工的な免罪体質者を生み出す研究の被験者としてこの世に生を受ける。人工的免罪体質者を生み出す研究における唯一の成功例として育つも、少年時代にシビュラの一部として脳を差し出すことになった母との別れを拒み、自らの手で母親を殺害しようとした。それをきっかけにサイコパスを漆黒に染め上げた。その後、執行官となるが、担当監視官の色相を次々と悪化させた後、自らの手で執行。一度は免職処分となるものの復職する。犯罪へ積極的に立ち向かいながらもサイコパスを濁らせない朱に強い興味を抱くとともに、生年月日を狡噛慎也に近い年齢となる2086年6月6日（28歳）と詐称して朱に取り入ろうとするなど、彼女の色相を黒く染め上げることを企む。これらの行動はすべて、母親を「最も清らかな存在」として維持するため。母親の色相を清く美しく保つため、それを汚す恐れのある者、そして母親より清い者を次々と排除してきたのだ。目的達成のためには他者の命を奪うことにも躊躇がなく、朱の祖母・葵を誘拐、撲殺。怒りに震えるであろう朱を想像し、幸悦の笑みを浮かべた。しかし、「シビュラの申し子」だったはずの朔夜は、シビュラが母・美沙子を排除した事実に絶望し、犯罪係数は899まで上昇。鹿矛囲桐斗とドミネーターで撃ち合った後、重傷を負いながら逃亡。朱を黒く染め上げるために利用してきた霜月美佳の殺意を受けながら「母さん、あなたも俺も結局は、シビュラの奴隷でしたね」と諦観の中、死亡する。

CV：藤原啓治（幼少期 井上麻里奈）

00475-AECE-45024-2

ID	00475-AECE-45024-2
フリガナ / 氏名	東金《トウガネ》 朔夜《サクヤ》
所属	厚生省公安局刑事課一係
職種	執行官
生年月日	2073.06.06
年齢	41(没)
血液型	AB
現住所	東京都新千代田区霞が関2丁目 1-B 厚生省公安局
緊急連絡先	東京都港区赤坂10丁目5-12 吾妻 比沙子(続柄:叔母)
健康診断	所見なし

経歴 CAREER

2080年4月	私立榊原学園小学校 ホームスクーリング制度 入学
2083年6月	財団法人東金病院 入院
2088年10月	中等教育卒業程度学力認定試験合格
2091年6月	サイコパス検診にて潜在犯認定
	多摩区立矯正施設光の園 入所
8月	高等教育卒業程度学力認定試験合格
2096年7月	多摩区立矯正施設光の園 退所
2096年9月	刑事課一係に執行官として配属
2099年8月	執行官を免職
	多摩区立矯正施設光の園 入所
2114年9月	多摩区立矯正施設光の園 退所
10月	刑事課一係に執行官として配属
2114年12月	鹿矛囲事件捜査中に逃亡、後に死亡を確認

免許・資格 LICENSE and QUALIFICATION

2093年2月	第1級セラピスト資格 取得
2097年3月	普通自動車第一種運転免許 取得

備考 REMARKS

	詳細はP086「What's sakuya?」に記載

PERSONAL DATA

出身
東京都千代田区

身長
180cm

体重
65kg

視力
両眼ともに1.5

50m走のタイム
6秒32

得意なスポーツ
レスリング、ボルダリング

趣味/余暇の過ごし方
生き物観察

好きな言葉
想像できることは、すべて現実なのだ。
(Everything you can imagine is real)

部屋にあるお気に入り
ティークリッパーのオブジェ

好きな食べ物
フォアグラソテー

嫌いな食べ物
カイワレ

強み
粘り強さ

弱点
母親

欲しいもの
母さんとの時間

睡眠時間
4〜5時間

モットー
全ては母さんのため

好きな作家
バートランド・ラッセル

好きな本とその理由
『心の分析』/ラッセルのパラドクスはとても興味深い

氏名	蓮池《ハスイケ》 楓《カエデ》	生年月日	2087.9.13
所属	厚生省公安局 刑事課一係	年齢	27(没)
職種	執行官		
現住所	東京都新千代田区霞が関2丁目1-B　厚生省公安局		
緊急連絡先	東京都目黒区碑文谷2丁目503 蓮池 紅葉(続柄:母)		

> 経歴 CAREER

2104年3月	目黒区立修学館中等教育学校　卒業
4月	目黒区立修学館高等教育学校　教育学部　総合科　入学
2108年3月	目黒区立修学館高等教育学校　教育学部　総合科　卒業
4月	私立富士高等学校　情報教育科教諭として採用
2112年12月	サイコパス悪化により退職
2112年12月	足立区立サイコパス矯正医療センター　入所
2113年3月	足立区立サイコパス矯正医療センター　退所
4月	刑事課二係に執行官として配属
2114年11月	刑事課一係に執行官として転属
11月15日	殉職

> 免許・資格 LICENSE and QUALIFICATION

2107年11月	情報セキュリティ資格　取得
2108年2月	高等教育課程情報教育科教員免許　取得
2108年3月	普通自動車第一種運転免許　取得

COLUMN

>> 呼称リスト(2114年)

氏名	常守	霜月	宜野座	六合塚	雛河	須郷	東金	唐之杜
常守	私	霜月さん	宜野座さん	六合塚さん	雛河くん	須郷さん	東金さん	唐之杜さん
霜月	先輩	私	執行官or宜野座さん	六合塚さん(たまに弥生さん)	雛河	須郷さん	東金執行官orあいつ	唐之杜分析官
宜野座	監視官or常守	霜月監視官	俺	六合塚	雛河	須郷執行官	東金	唐之杜
六合塚	監視官or常守さん	霜月監視官	宜野座さん	私	雛河	須郷	東金	志恩
雛河	お姉ちゃん	霜月監視官	宜野座執行官	六合塚執行官	僕	須郷執行官	東金執行官	せんせい
須郷	常守監視官	霜月監視官	宜野座執行官	六合塚執行官	雛河	自分	東金執行官	分析官
東金	常守監視官orあなた	霜月監視官	宜野座執行官	六合塚執行官	雛河	須郷執行官	俺	唐之杜分析官
唐之杜	朱ちゃん	美佳ちゃん	宜野座くん	弥生	翔くん	徹平くん	朔夜くん	私

Playback 2112

▼征陸・縢が一係に遺したもの

［引き継がれし魂］

刑事として、ひとりの父親として、その命を散らした征陸。縢に「ガミガミメガネ」と言わしめた息子の宜野座は、征陸から「妥協」を学び、丸い性格に。赤べこや本などの遺品を自身の机の周りに置いたり酒を嗜むようになるなど、父から受けた影響を隠すこともなくなった。狡噛にとっても征陸はよき「とっつぁん」であった。征陸から譲り受けたリボルバーを狡噛が現在も愛用していることからも、2人の関係性が見て取れる。劇場版の終盤、戦闘で狡噛の手を離れたそれを拾ったのは、宜野座だった。征陸の息子である彼から、再び狡噛へとリボルバーは受け渡されることになる。

［食の楽しみ］

悲運を笑い飛ばすように消え去った縢。そんな彼と親しくし、影響を受けているのが朱だ。監視官として着任間もない頃から、何度か部屋に招かれ、縢の手料理をごちそうになっていた。当初は「またアルコール摂取するの、縢くん?」と味気ないことを言っていた朱も、劇場版でシャンバラフロートの市場に出かけた際にひとりで瓶ビールを空けるなど、すっかり飲む楽しみを覚えた様子。また、ホロアバターのキャンディのおすすめに沿って食事をとっていたが、渡航前の自宅での食事は、オートサーバを使わないなど、システムに頼らないようにしている。

> CHARACTER PROFILE

厚生省公安局総合分析室　分析官

唐之杜志恩

SHION KARANOMORI　CODE NAME LABO

2nd Season
at2114

The Movie
at2116

公安局総合分析室の分析官。豊満な胸元、緩いウェーブのかかった金髪、真紅のツーピースにルージュ。白衣の分析官にミスマッチな風貌だが、「情報・分析の女神様」として、データ入手のために禁じられた厚生省のセキュリティのクラッキングまでもやり遂げる凄腕である。また、医師免許を保持し、執行官の健康管理なども行っている。優秀だった唐之杜は医学校1年時の医師試験に合格。しかし、かねてより不安定だったサイコパスを理由に医学校を中退。彼女を気にかけていた教師のすすめで公安局に入局した。執行官の中では分析・考察能力が高い六合塚と連携を取ることが多く、2人はベッドを共にするほど深い関係でもある。狡噛の逃亡の時には、解析中のヘルメットの持ち出しを黙認。状況によっては、シビュラに背いてでも仲間の手助けをする一面もある。ドローン乗っ取り無差別殺傷事件では、雑賀の助言により乗っ取られたサーバーを特定。雛河と力を合わせ、ホロプログラムの解除に成功し事件解決に大きく貢献した。シャンバラフロート・サイコパス偽証事件では、朱にマイクロドローンを持たせバックアップした。

CV：沢城みゆき

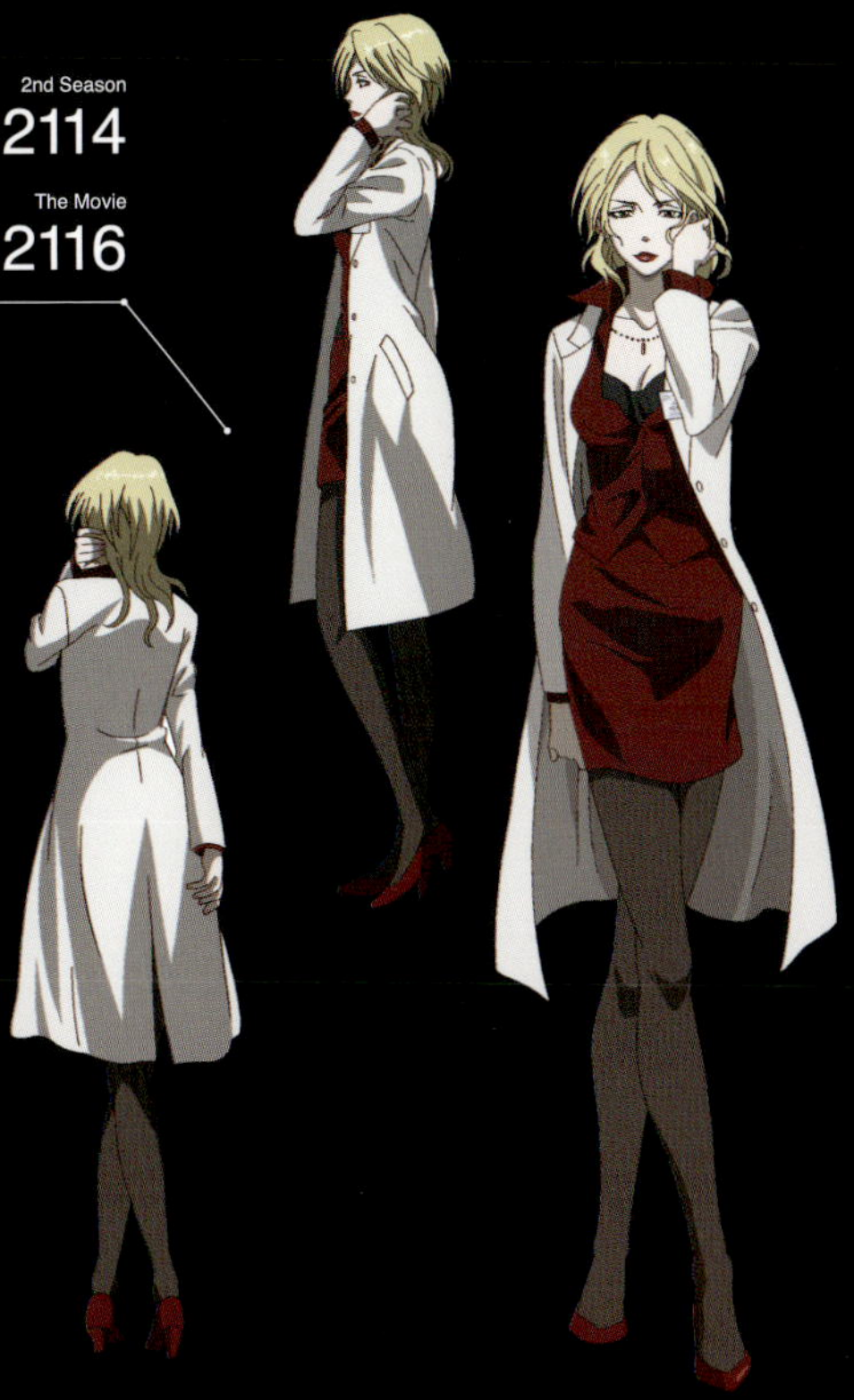

[WORDS]

はいはい、来ると思ってたわよ

ID　00475-AEUW-06859-3

フリガナ	カラ ノモリ シ オン		
氏名	唐之杜《カラノモリ》 志恩《シオン》	年齢	31
所属	厚生省公安局総合分析室	血液型	A
職種	分析官	健康診断	所見なし
生年月日	2085.05.25	緊急連絡先	東京都目黒区祐天寺南A-36-8 唐之杜拓真(続柄：兄)

> 経歴　CAREER

2101年3月	学術院付属中学校普通科　卒業
4月	戸山高等学校 理工学部 生命科学科　入学
2105年3月	戸山高等学校 理工学部 生命科学科　卒業
4月	東京医学校　入学
2106年6月	東京医学校　中退
	多摩区立矯正施設光の園　入所
7月	多摩区立矯正施設光の園　退所
8月	総合分析室に分析官として配属

> 免許・資格　LICENSE and QUALIFICATION

2106年2月	医師免許　取得

> 備考　REMARKS

医師免許所持者につき、局員に対する医療行為を許可する

PERSONAL DATA

> 出身

東京都

> 身長

168cm

> 体重

秘密

> 視力

右1.0　左0.7

> 最近の趣味／余暇の過ごし方

秘密

> いま欲しいもの

新しいランジェリーセット

> いまの睡眠時間

8時間

> いまのモットー

直感を信じる

> 好きなデザイナー／ブランド

あまりこだわりはない。気に入ったデザインであればブランド問わず。ただ気づいたら同じブランドだったことは多い

> 愛用の化粧品

花椿堂のスキンキャビアライン

> 六合塚の好きなところ／嫌いなところ

可愛いところ／自分より可愛いところ

ID 00475-AEUZ-06868-3

フリガナ / 氏名	雑賀《サイガ》 譲二《ジョウジ》
所属	厚生省公安局刑事課
職種	分析官
生年月日	2063.3.11
年齢	53
血液型	B
現住所	東京都新千代田区霞が関2丁目1-B 厚生省公安局
緊急連絡先	東京都大田区西糀谷3丁目18 綿石 杏(続柄:従妹)

経歴 CAREER

2078年3月	東京都立第一中学校 普通科 卒業
4月	国立第一高等学校 普通科 入学
2081年3月	国立第一高等学校 普通科 卒業
4月	東京大学 教養学部 理科一類 入学
2085年3月	東京大学 教養学部
	統合自然科学科 卒業
2087年3月	東京大学大学院 教育学研究科
	臨床心理学 修士課程 修了
2090年3月	東京大学大学院 教育学研究科
	臨床心理学 博士課程 修了
4月	東京大学大学院 教育学研究科
	臨床心理学 専任講師
2092年4月	東京大学大学院 教育学研究科
	臨床心理学 准教授
2098年4月	東京大学大学院 教育学研究科
	臨床心理学 教授
2105年3月	一身上の都合により退職
2113年2月	所沢矯正保護センター 入所
2114年11月	所沢矯正保護センター 退所
	刑事課預かり臨時分析官として配属
2115年1月	所沢矯正保護センター 再入所

免許・資格 LICENSE and QUALIFICATION

2088年3月	臨床心理士 取得
2090年3月	博士(臨床心理学) 取得

2nd Season
at2114

The Movie
at2116

[WORDS]
あいつの答えに期待してしまっている。俺も大概だな……

臨床心理学の元教授。かつては公安局の刑事に向けた犯罪心理学の特別講義を受け持ったが、受講生の犯罪係数が上昇し大きな問題となる。狡噛の行為に手を貸したことで潜在犯隔離施設に収監されていたが、鹿矛囲関連の事件捜査のため、一係に協力し臨時分析官に。事件解決後は、色相を濁らせない朱に依存する自分を予測し、分析官を辞めて自ら収監を選んだ。密入国者によるテロ未遂事件では、朱の相談に乗り狡噛の事件への関わり方について考察している。

CV:山路和弘

PERSONAL DATA

出身
三重県

身長
178㎝

体重
69.7kg

視力
左0.3 右0.2

趣味/余暇の過ごし方
読書、たまに常守朱に相談される事件についての考察

好きな言葉
人間であるとは責任を持つこと

モットー
知行合一

好きな作家
オスカー・ワイルド

好きな本とその理由
『ドリアングレイの肖像』/ワイルドの作品はわかりやすく濁りやすい

気になっている研究対象
常守朱

最近ウォッチしている掲示板
:-E掲示板

フリガナ
氏名 禾生《カセイ》 壌宗《ジョウシュウ》

公安局の局長。その実体は完全義体のサイボーグで、シビュラシステムとして並列化されている犯罪係数が特定できないイレギュラーな存在「免罪体質者」の生体脳がローテーションで担当し活動している。

CV:榊原良子

[WORDS]
外の世界ではどれほど平和というものが希少な価値を持つか、その目で確かめてくるといい

COLUMN 義体に入る免罪体質者によって異なる禾生の癖

▲2112年～「藤間幸三郎」

▲2114年～「東金美沙子」

折に触れ義体に入り行動する免罪体質者は、思考だけではなくそのふるまいもそれぞれの個性が現れる。たとえば藤間幸三郎は、手持ち無沙汰な時にルービックキューブをいじる。東金美沙子は、ツメにマニキュアを塗ったり見つめたりといった具合だ。

[WORDS]

今の私には
この仕事しかない。
しがみついてみせる

2nd Season
at2114

ID　00475-AEFD-98369-1

フリガナ 氏名	青柳《アオヤナギ》 璃彩《リサ》	血液型	A
所属	厚生省公安局刑事課二係	現住所	東京都江東区深川二丁目 103
職種	監視官	緊急連絡先	東京都国分寺市南町4丁目6 青柳 威（続柄：父）
生年月日	2084.12.9		
年齢	29（没）		

> 経歴　CAREER

2100年3月	東京都立第一中学校普通科　卒業
4月	私立稲田学園高等教育課程
	情報工学部　電子情報工学科　入学
2104年3月	私立稲田学園高等教育課程
	情報工学部　電子情報工学科　卒業
2104年4月	厚生省公安局　入局
	公安局キャリア研修所　入所
9月	同研修所　退所
	公安局キャリア研修所　入所
10月	刑事課二係に監視官として配属
2114年11月8日	殉職

> 免許・資格　LICENSE and QUALIFICATION

2104年3月	普通自動車第一種運転免許　取得
2107年12月	情報セキュリティスペシャリスト　取得

> 備考　REMARKS

2113年2月	公安局を逃亡した神月凌吾執行官を処分

刑事課二係の監視官。シビュラシステムに忠実に行動し、部下の神月凌吾執行官の逃亡時も、執行を躊躇せずに行った。鹿矛囲の一連の事件では後輩の監視官・酒々井の独走や透明人間の存在などシビュラシステム運営下ではありえない事態に直面。その矛盾からわき上がる疑念もあり、すでに厚生省へのキャリアアップはあきらめている様子。メンタルケア施設立てこもり事件に巻き込まれ、強襲型ドミネーターにより殺処分されてしまう。

CV：浅野真澄

2nd Season
at2114

[WORDS]

とても澄んだ気持ち。
サイコパスがクリアなままなのが自分でもわかる

ID　00475-AEDP-19356-1

フリガナ 氏名	酒々井《シスイ》 水絵《ミズエ》	血液型	A
所属	厚生省公安局刑事課二係	現住所	東京都新千代田区御茶ノ水 2-25-JE
職種	監視官	緊急連絡先	東京都世田谷区成城一丁目45 酒々井 匠（続柄：父）
生年月日	2090.10.18		
年齢	24 （2115年1月時点）		

> 経歴　CAREER

2107年3月	東京都立東京学芸中学校普通科　卒業
4月	東京都立東京学芸高等学校
	法学部　行政科　入学
2111年3月	東京都立東京学芸高等学校
	法学部　行政科　卒業
4月	厚生省医薬局　入局
2113年4月	同省公安局に異動
	公安局キャリア研修所　入所
10月	同研修所　退所
11月	刑事課二係に監視官として配属
2114年10月20日	公安局広域指定事件107捜査中に独自捜査開始
12月7日	地下鉄立て籠もり事件現場にて保護

> 免許・資格　LICENSE and QUALIFICATION

2109年4月	ビジネス実務法務検定1級　取得
2111年3月	普通自動車第一種運転免許　取得

> 備考　REMARKS

	両親ともに厚生省幹部級職員

刑事課二係の監視官。厚生省の官僚の両親の元で育った、育ちの良いお嬢様。無差別連続爆破事件の際に、鹿矛囲にドミネーターごと拉致される。監禁された酒々井は、ドミネーターを理解するための実験台にされ、鹿矛囲に移植するために右目を奪われてしまう。拉致監禁という極限状態において鹿矛囲の手によりサイコパスがクリアになったことで、ストックホルム症候群に陥り、鹿矛囲の犯行に協力。地下鉄立て籠もり事件で宜野座に保護される。

CV：井上麻里奈

氏名	山門屋《ヤマトヤ》 晃《アキラ》	生年月日	2088.3.6
所属	厚生省公安局 刑事課二係	年齢	26（没）
職種	執行官	現住所	東京都新千代田区霞が関2丁目 1-B　厚生省公安局
		緊急連絡先	東京都江東区森下5丁目49 橘 揺子（続柄：妹）

> 経歴　CAREER

2104年3月	東京都立江東中学校 普通科　卒業
4月	武道高等学校 体育学部 アスリート科　入学
2108年3月	武道高等学校 体育学部 アスリート科　卒業
4月	東京消防庁消防局　入局
11月	同局特別救助隊に異動
2111年2月	サイコパス悪化により退局
	所沢矯正保護センター　入所
2113年8月	所沢矯正保護センター　退所
9月	刑事課二係に執行官として配属
2114年10月20日	殉職

> 免許・資格　LICENSE and QUALIFICATION

2107年12月	トレーニング指導士　取得
2108年3月	アスレティックトレーナー資格　取得
2108年3月	普通自動車第一種運転免許　取得
2109年2月	酸素欠乏危険作業主任者　取得

氏名	堂本《ドウモト》 秀一郎《シュウイチロウ》	生年月日	2086.6.30
所属	厚生省公安局 刑事課三係	年齢	28（2115年1月時点）
職種	監視官	現住所	東京都新千代田区六番町 3-B2-JF
		緊急連絡先	東京都文京区本郷8丁目3A 堂本 鷹司（続柄：父）

> 経歴　CAREER

2102年3月	文京区立音羽中学校　卒業
4月	東京都立新本郷高等学校 法学部 政治学科　入学
2106年3月	東京都立新本郷高等学校 法学部 政治学科　卒業
4月	厚生省情報政策局　入局
2114年9月	同省公安局に異動
	公安局キャリア研修所　入所
10月	同研修所　退所
	刑事課三係に監視官として配属

> 免許・資格　LICENSE and QUALIFICATION

2106年3月	普通自動車第一種運転免許　取得

氏名	錫木《スズキ》 萌《モエ》	生年月日	2091.7.11
所属	厚生省公安局 刑事課三係	年齢	23（没）
職種	監視官	現住所	東京都新千代田区六番町 3-B3-CB
		緊急連絡先	東京都板橋区若木6丁目3-33 フラッツ板橋 A-4 錫木 花（続柄：妹）

> 経歴　CAREER

2107年3月	板橋区立第二中学校　卒業
4月	東京都立新千代田高等学校 IT学部 プログラム企画科 入学
7月	ゲーム専門VRコミュフィールド「ゲーセン塾」を開設
	学業の傍らフリーのゲームプレーヤーとして活躍する
2111年3月	東京都立新千代田高等学校　IT学部　プログラム企画科　卒業
4月	高等教育課程後もVRコミュフィールドの運営と
	フリーゲーマーの活動を続け、アフィリエイト収入で生活
2112年6月	情報処理能力をスカウトされ厚生省公安局　入局
	公安局キャリア研修所　入所
11月	同研修所　退所
12月	刑事課三係に監視官として配属
2114年11月15日	殉職

> 免許・資格　LICENSE and QUALIFICATION

2108年10月	情報処理スペシャリスト1級　取得
2110年2月	システム監査技術者　取得
2111年3月	普通自動車第一種運転免許　取得

氏名	芳賀《ハガ》 隆之《タカユキ》	生年月日	2086.4.25
所属	厚生省公安局 刑事課三係	年齢	28（2115年1月時点）
職種	執行官	現住所	東京都新千代田区霞が関2丁目 1-B　厚生省公安局
		緊急連絡先	東京都中野区新井3-1559 芳賀 多賀子（続柄：母）

> 経歴　CAREER

2103年3月	中野区立第二中学校　卒業
4月	都立新井薬師高等学校 社会学部ジャーナリズム科　入学
2107年3月	都立新井薬師高等学校 社会学部ジャーナリズム科　卒業
4月	「Web News」系のフリージャーナリストとして活動
2112年6月	サイコパス悪化
	所沢矯正保護センターに出頭　入所
12月	所沢矯正保護センター　退所
2113年1月	刑事課三係に執行官として配属

> 免許・資格　LICENSE and QUALIFICATION

2107年3月	普通自動車第一種運転免許　取得

氏名 波多野《ハ タ ノ》 紘一《コウイチ》
所属 厚生省公安局 刑事課三係
職種 執行官
生年月日 2085.2.13
年齢 29（2115年1月時点）
現住所 東京都新千代田区霞が関2丁目1-B 厚生省公安局
緊急連絡先 東京都大田区大森町大森北3-2 波多野 茉依（続柄：妹）

> 経歴 CAREER

2101年3月	大田区立柳中学校　卒業
4月	東京都立鳥居高等学校 情報工学部 通信学科　入学
2105年3月	東京都立鳥居高等学校 情報工学部 通信学科　卒業
4月	バーチャルコミニケーションズ入社 バーチャルデザイナーとして活躍
2111年6月	サイコパス悪化により退職
2111年6月	所沢矯正保護センター　入所
2112年1月	所沢矯正保護センター　退所
2月	刑事課二係に執行官として配属
2114年11月	刑事課三係に執行官として転属

> 免許・資格 LICENSE and QUALIFICATION

2105年3月	普通自動車第一種運転免許　取得

氏名 新庄《シンジョウ》 要《カナメ》
所属 厚生省公安局 刑事課三係
職種 執行官
生年月日 2090.9.22
年齢 24（没）
現住所 東京都新千代田区霞が関2丁目1-B 厚生省公安局
緊急連絡先 東京都江戸川区本一色6丁目199 新庄 美耶子（続柄：母）

> 経歴 CAREER

2106年3月	墨田区立第二中学校　卒業
4月	私立墨田実業高等学校 経済学部 社会システム学科　入学
2110年3月	私立墨田実業高等学校 経済学部 社会システム学科　卒業
4月	厚生省公安局　入局
	公安局キャリア研修所　入所
10月	同研修所　退所
2110年11月	刑事課二係に監視官として配属
2113年2月	サイコパス悪化により退職
	足立区立サイコパス矯正医療センター　入所
6月	足立区立サイコパス矯正医療センター　退所
7月	刑事課三係に執行官として配属
2114年11月15日	殉職

> 免許・資格 LICENSE and QUALIFICATION

2110年3月	普通自動車第一種運転免許　取得
2110年9月	第一種電気工事士　取得

氏名 兵頭《ヒョウドウ》 鉄弥《テツヤ》
所属 厚生省公安局 刑事課三係
職種 執行官
生年月日 2088.9.27
年齢 26（没）
現住所 東京都新千代田区霞が関2丁目1-B 厚生省公安局
緊急連絡先 東京都葛飾区鎌倉5丁目−4 兵頭 鋼弥（続柄：兄）

> 経歴 CAREER

2105年3月	葛飾区立第六中学校　卒業
4月	日本体育高等学校 体育学部 スポーツ科　入学
2109年3月	日本体育高等学校 体育学部 スポーツ科　卒業
4月	電子科学社　入社　陸上競技部配属
2113年12月	サイコパス悪化により退職
2113年12月	所沢矯正保護センター　入所
2114年6月	所沢矯正保護センター　退所
	刑事課三係に執行官として配属
12月7日	殉職

> 免許・資格 LICENSE and QUALIFICATION

2112年3月	普通自動車第一種運転免許 取得

氏名 會川《アイカワ》 椿《ツバキ》
所属 厚生省公安局 刑事課三係
職種 執行官
生年月日 2090.1.16
年齢 24（没）
現住所 東京都新千代田区霞が関2丁目1-B 厚生省公安局
緊急連絡先 東京都港区芝公園5丁目5-25 會川 桂（続柄：母）

> 経歴 CAREER

2106年3月	港区立品川中学校　卒業
4月	私立親和高等学校 農学部 微生物学科　入学
2110年3月	私立親和高等学校 農学部 微生物学科　卒業
4月	花椿堂ビューティケア入社　フロンティアサイエンス研究所配属
2112年10月	サイコパス悪化により退職
2112年10月	多摩区立矯正施設光の園　入所
2113年4月	多摩区立矯正施設光の園　退所
5月	刑事課三係に執行官として配属
2114年11月15日	殉職

> 免許・資格 LICENSE and QUALIFICATION

2109年10月	バイオ技術者認定初級　取得
2110年10月	バイオ技術者認定上級　取得
2111年3月	検査分析士上級　取得

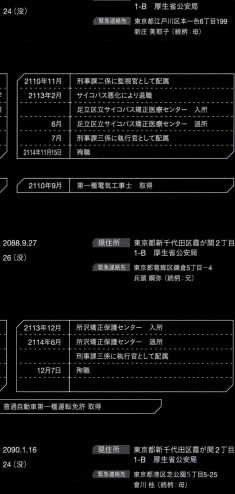

›› 第2期 キャラクター設定

常守 朱
Akane Tsunemori

ショートヘアはそのままに、少し大人びた表情も見せるようになった朱。コーディネートも襟付きシャツから、黄色がかったボートネックの落ち着いたトップスに。「第1期」を経て監視官として精神的にも成長したことが、ファッションからも窺える。

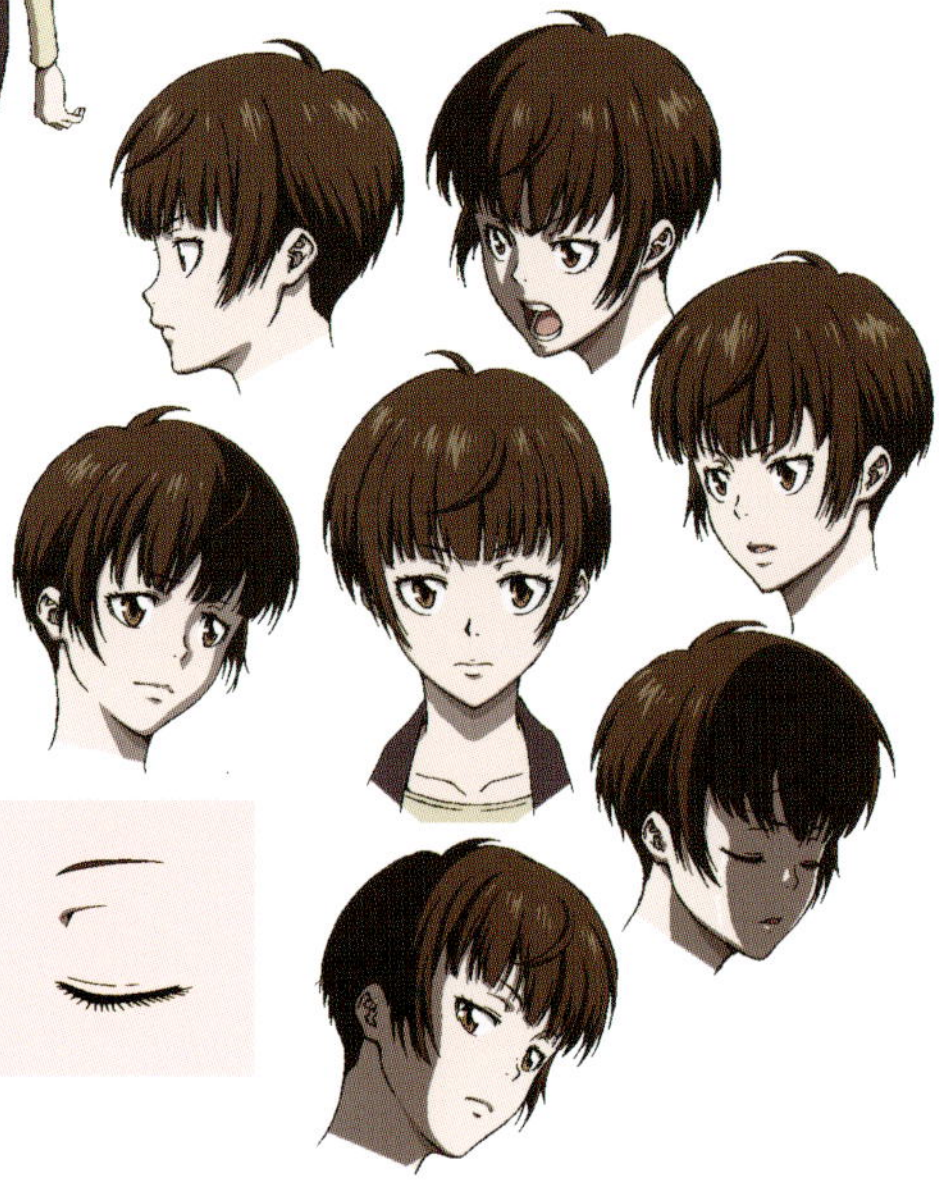

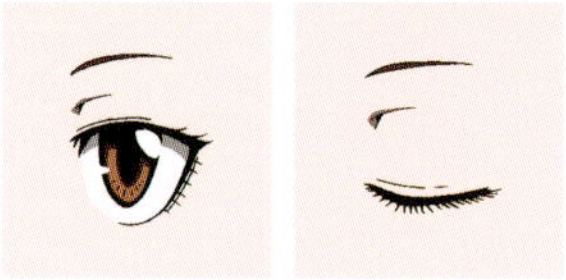

トレーニングウェア+シューズ ▼▶

◀ コート

膝が見えるショート丈のトレンチコート。ベーシックなデザインでありつつも、背面に入ったプリーツの効果で柔らかく広がる裾が特徴的。

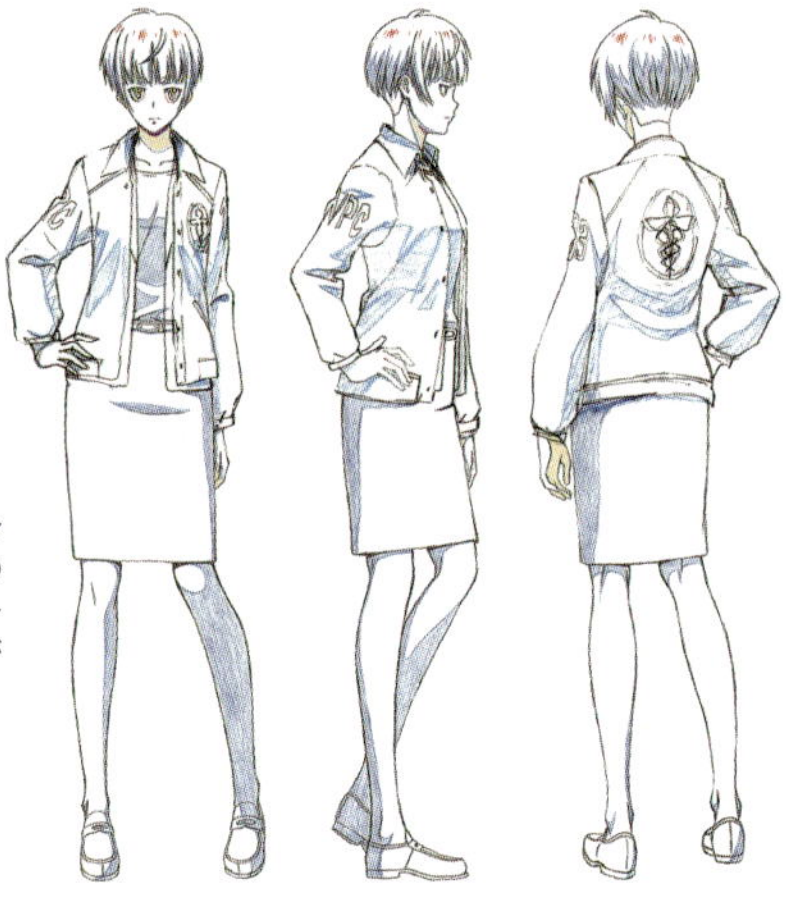

レイドジャケット ▶

犯行現場に向かう際に、監視官が身に着けるレイドジャケット。肩や裾のあたりにリフレクター（反射板）が。一係のレイドジャケットは103の番号が左袖に付いている。

◀▼ スマートフォン

マニュアル ▼▶

［机周りの小物］

黄色のボーダー柄マグカップや、ピンク色のスマートフォン。カバンはシンプルでありつつも、リボンがついているのがポイント。

▲ カバン

ブックエンド ▲

マグカップ ▼▶

［朱の部屋］

一見、きれいに整えられているが、ホロ解除を行うと生活感のある散らかり具合が見て取れる。タバコの煙をまるでお香のように燻らせるようになったため、灰皿を常備している。

▲ 風呂、洗面所

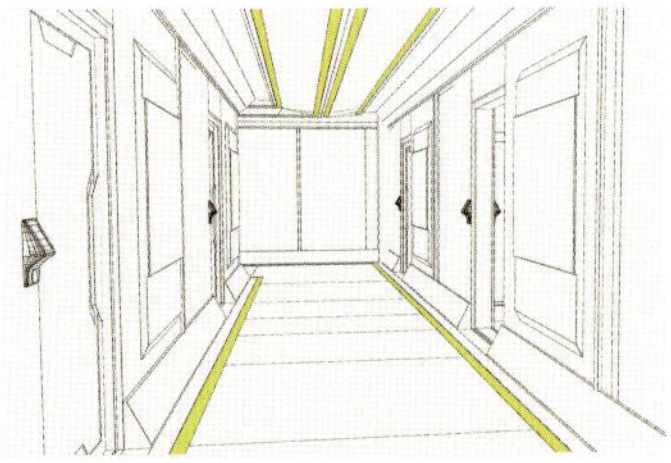

▲ 玄関外

▲ホロ使用時

ホロ解除時 ▲

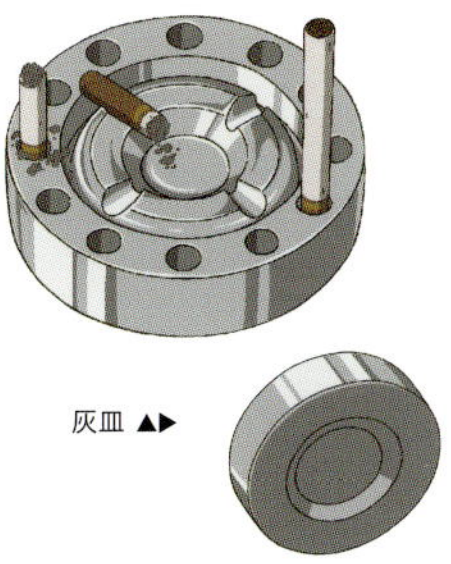

灰皿 ▲▶

霜月美佳

Mika Shimotsuki

合理的な性格でパンツスーツを好む霜月。ヒールがありつつも歩きやすさも兼ね備えたパンプスをはくことで、スタイルが良く見える効果も。長い髪は赤いシュシュで左サイドにまとめている。コートはフード付きのアーミーコートを愛用している。

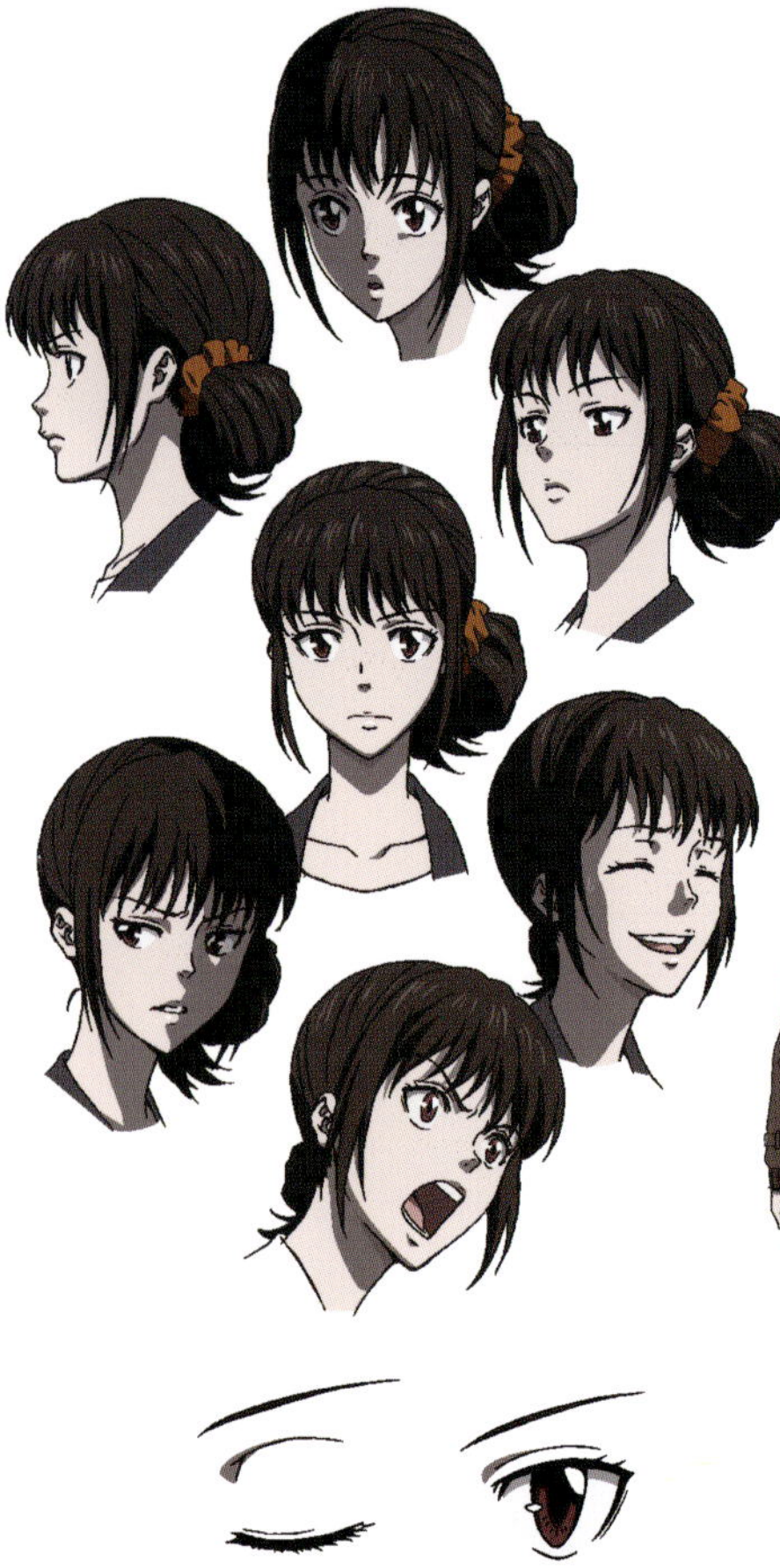

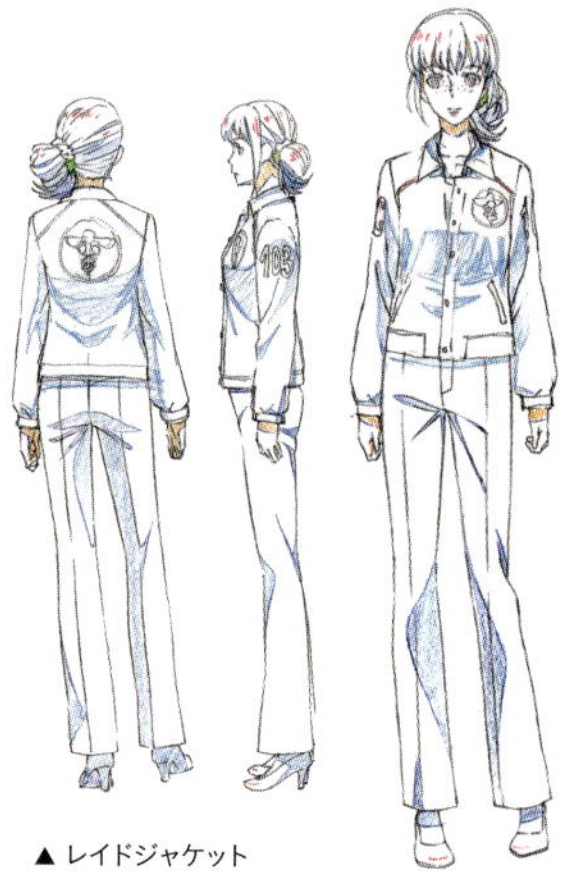

▲ レイドジャケット

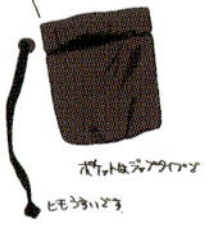

コート ▲

［机周りの小物］

業務に無関係な私物は一切置かない霜月の机。ゴミ箱などは支給品である。左脇の棚には、情報端末が複数配置されており、事件ごとに分類されている。

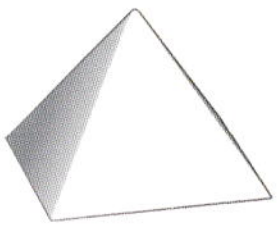

空気清浄器 ▲

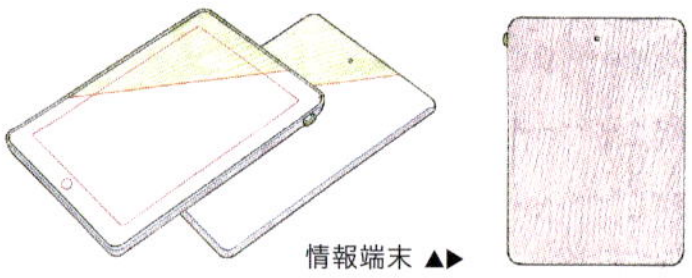

情報端末 ▲▶

ケース ▼

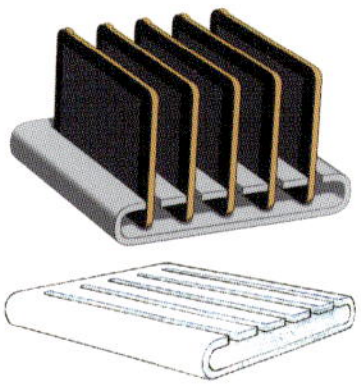

棚 ▲

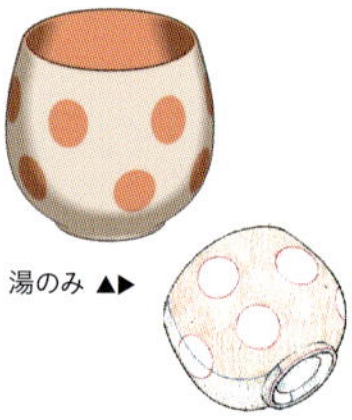

湯のみ ▲▶

［食べ物］

タピオカマンゴーには、コミッサ花子が。東金財団調査時にはカツカレーを食べていた。

▲ カツカレー

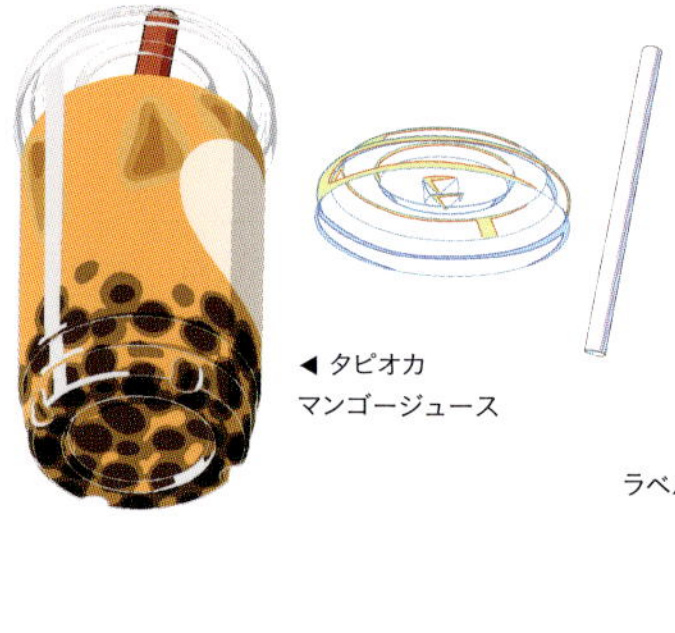

◀ タピオカ
マンゴージュース

ラベル ▶

宜野座伸元

Nobuchika Ginoza

監視官から執行官に降格した宜野座。かつて、愛用していた伊達眼鏡は外した。「第1期」に比べ、柔和な顔をするようになったのが、短くなった前髪の奥から見て取れる。左腕を失ったため、父・征陸と同じように義手を装着し、革の手袋をはめている。

コート ▶

［机周りの小物］

以前より育てていた観葉植物は相変わらず。モノトーンの小物を好んでいた監視官時代より机周りがラフに。赤べこなど征陸の形見も置かれている。

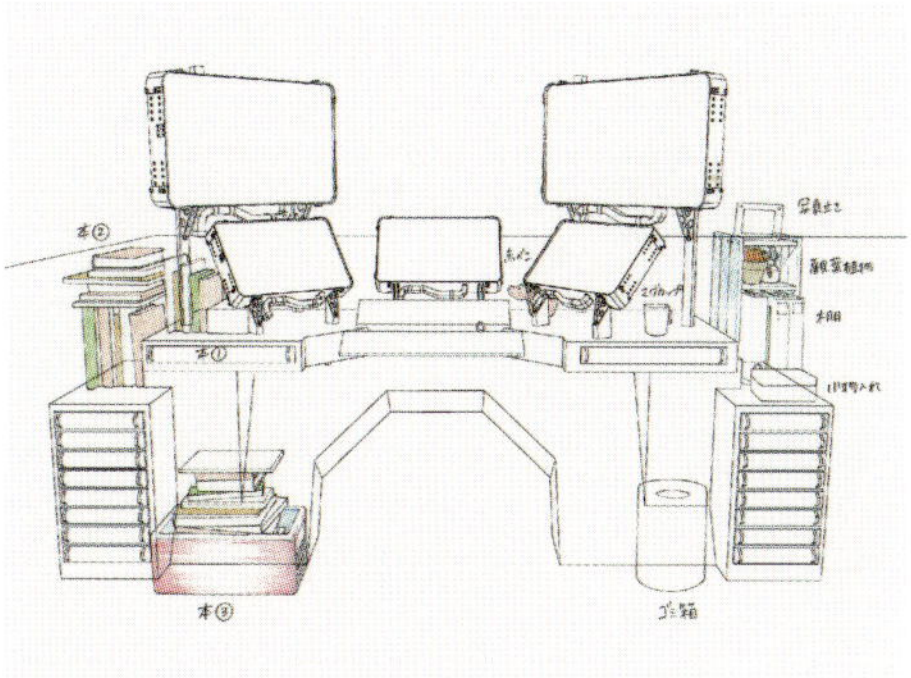

［宜野座の部屋］

家具や内装は宜野座の好みに合わせ、品良くまとめられている。トレーニング用品も完備。

［愛犬］

家族同然の存在である愛犬・ダイム。シベリアンハスキーの老犬で非常に賢い。

六合塚弥生

Yayoi Kunizuka

パンツスーツにネクタイを締め、しなやかな黒髪をひとつにまとめ、足元は動きやすいショートブーツ。みずからのスタイルを確立している六合塚は、ファッション的な面では「第1期」と大きな変化はない。凛とした瞳と「困り眉」も相変わらずの特徴。

[机周りの小物]

ティータイムを楽しむため、茶葉やポットなど細かなセットが揃っている。美に対し敏感な面もあり、化粧品や美容アイテムも充実。

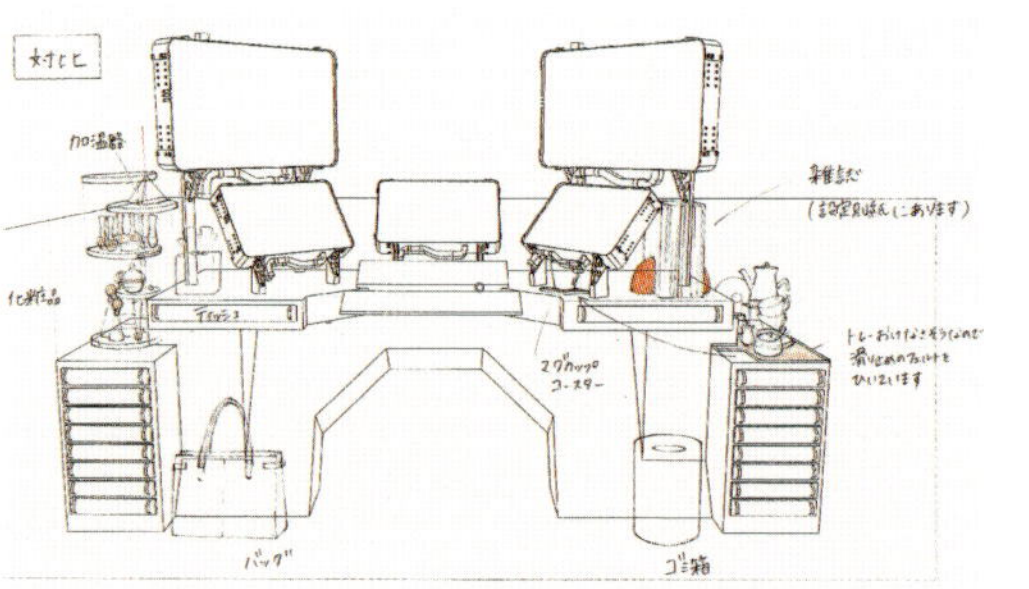

[六合塚の部屋]

女性らしいシンプルなインテリアで統一された六合塚の部屋。ソファや絨毯が差し色として効いている。

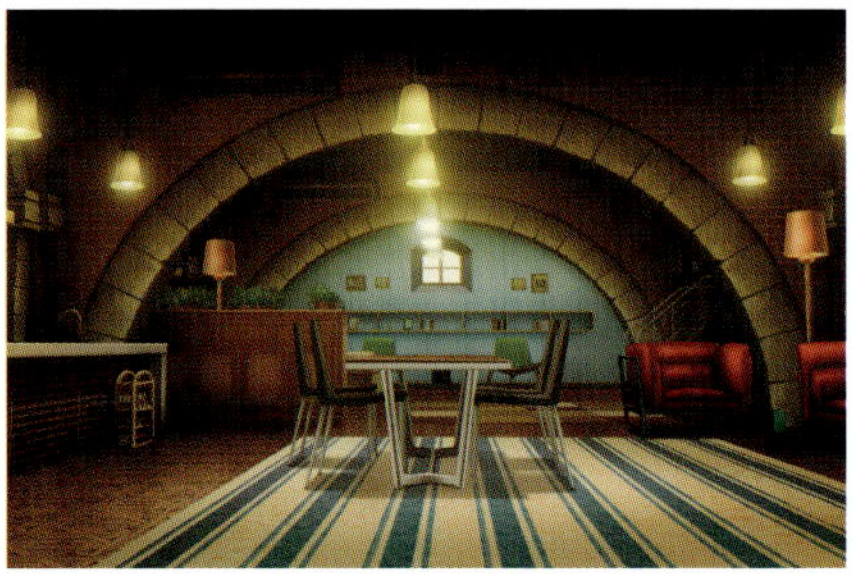

雛河 翔

Sho Hinakawa

重度の鬱症状からドラッグを愛用していた新米執行官。気弱で人付き合いが下手な性格が表情からも窺える。そんな中、ジャケットの裏地の鮮やかな紫色に、元ホロデザイナーのセンスが垣間見える。

コート▲

［机周りの小物］

モニュメントやクリスタルスカルなどアーティスティックな小物が多い、雛河のデスク。大量のサプリメントは、抗鬱作用のあるもの。

組み木パズル▶

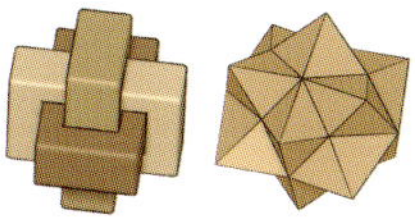

◀サプリメント

トランプタワー
型の棚▶

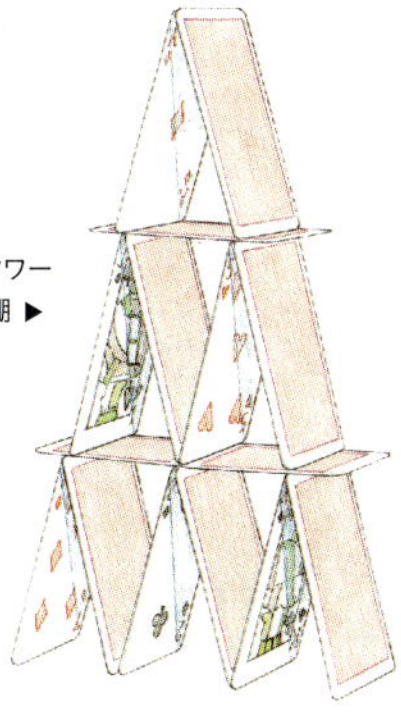

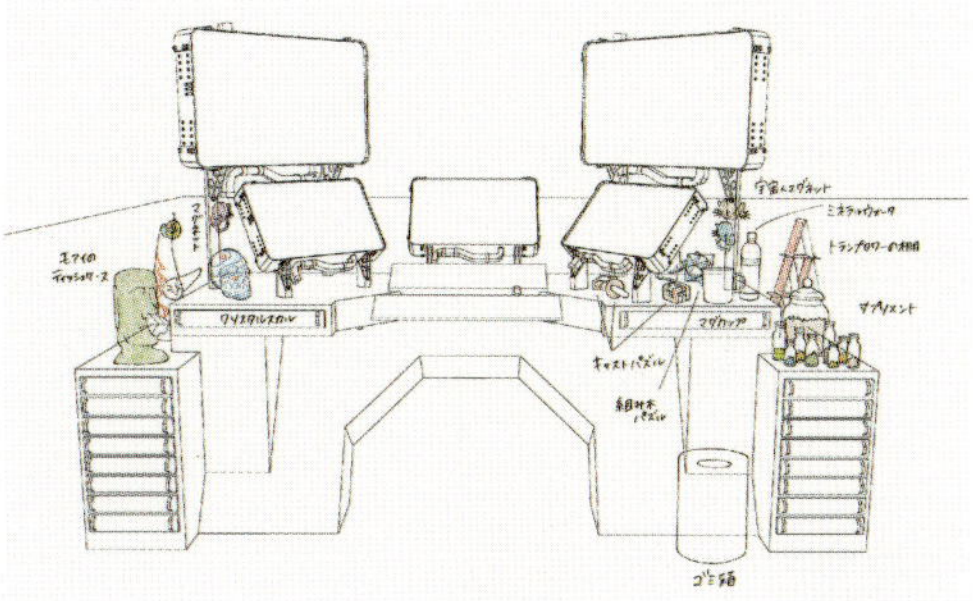

［サプリメントかけごはん］

通常の茶碗の2倍はあろう唐草模様の丼で、サプリメントを混ぜたご飯を食べるのが雛河流。

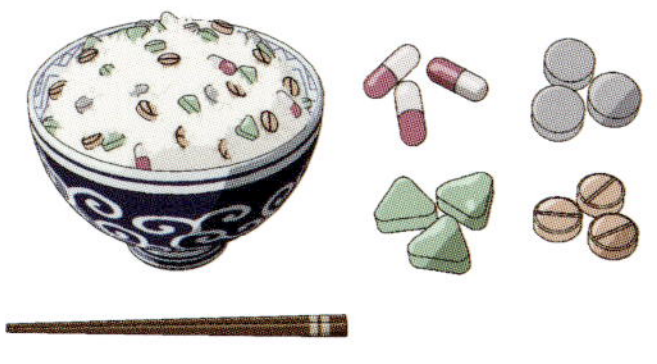

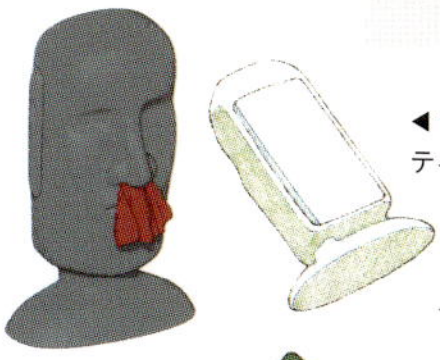

◀モアイの
ティッシュケース

フィギュア▶

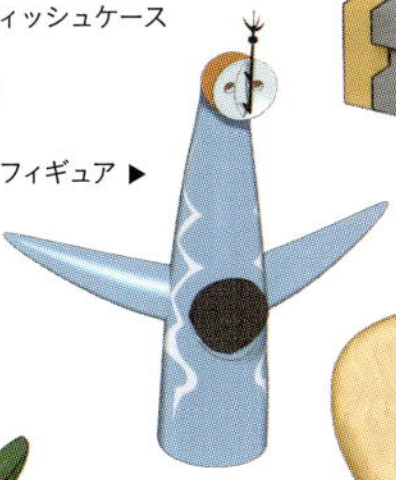

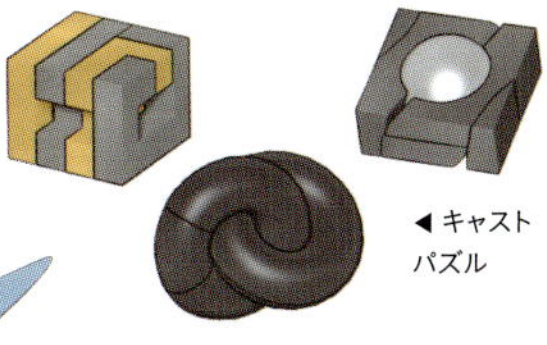

◀キャスト
パズル

宇宙人
マグネット▶

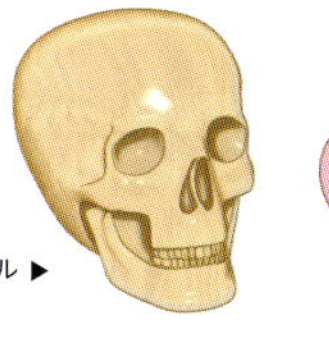

クリスタルスカル▶

▼マグカップ

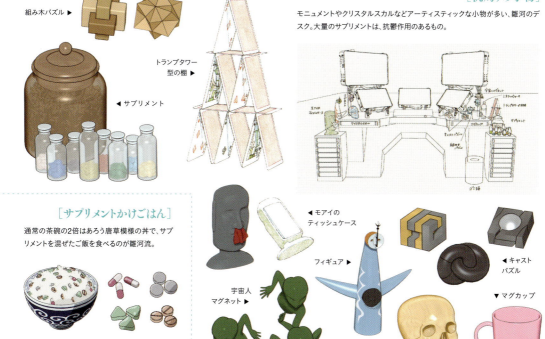

須郷徹平

Teppei Sugo

以前、国防省のドローン部隊や軍事ドローン研究開発部に所属していたためか、体格は屈強で胸板も厚い。髪は短髪のオールバックで、凜々しい眉毛と相まって実直で責任感の強い印象に。モスグリーンのフライトジャケットに付いているのは「アリ」のマーク。

ジャケット ▲

包帯 ▼

［机周りの小物］

無骨で飾り気のなさから須郷の内面を感じられる机周り。机の下には重さ違いの鉄アレイや古式ゆかしい青竹踏みがあり、フィジカルの管理に関心が強いようだ。

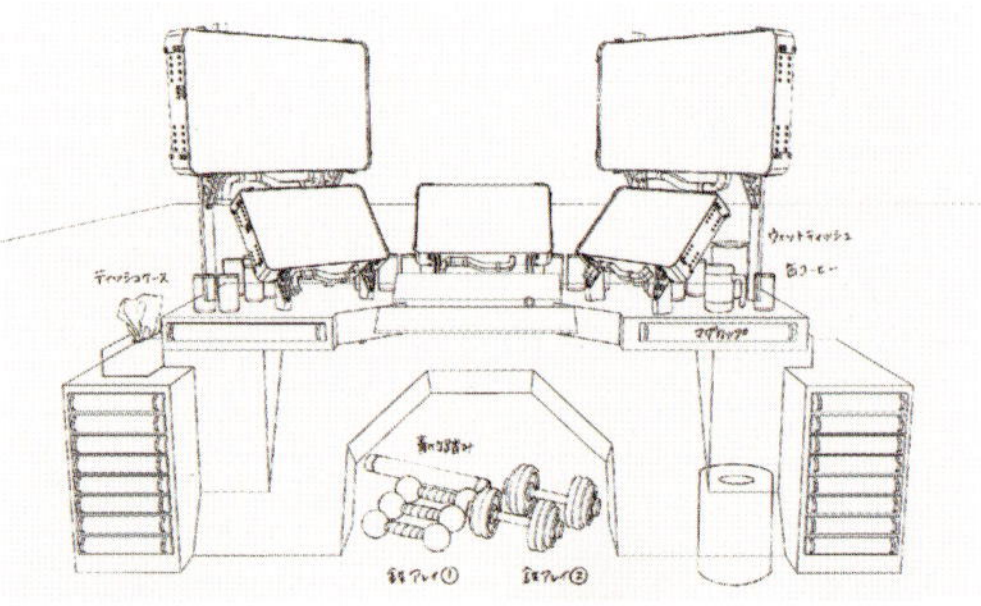

マグカップ ▼▶

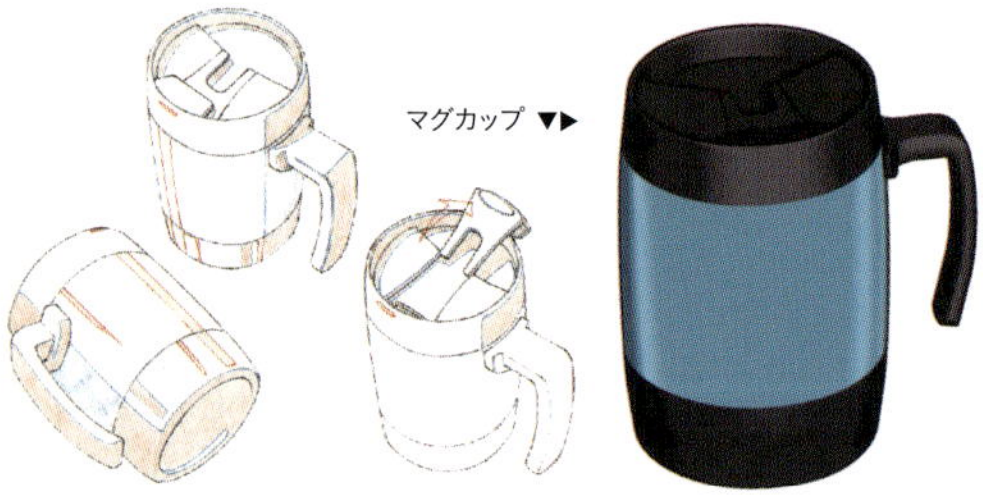

▲ 青竹踏み

ウェットティッシュ ▼

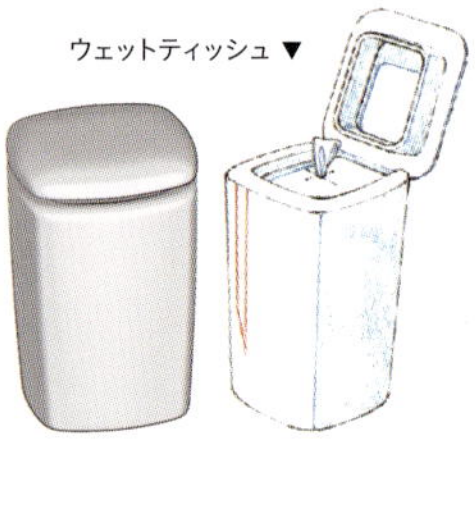

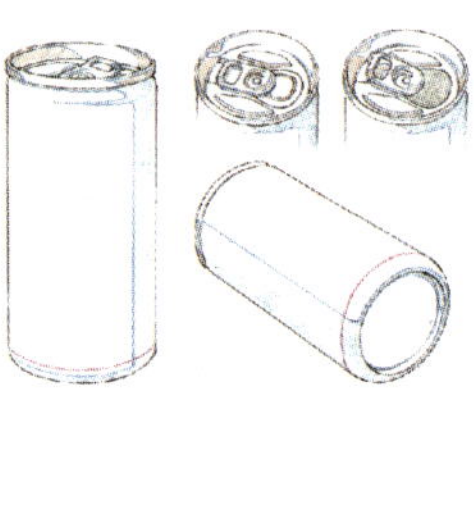

◀ 缶コーヒー

◀▲ 鉄アレイ

東金朔夜

Sakuya Togane

東金財団の縁者だけあり、服装はクラシカルでハイソサエティなもの。ベストに、ロングコート、靴はあえて白をセレクトしている。ヘアスタイルは地毛の緩やかなウェーブを活かしたもの。

［机周りの小物］

ジュークボックスや装飾に凝った万年筆など、懐古的な品々を好む東金。朱の精神的な支柱になるために、狡噛と同じ「SPINEL」という銘柄のタバコを作為的に吸っていた。

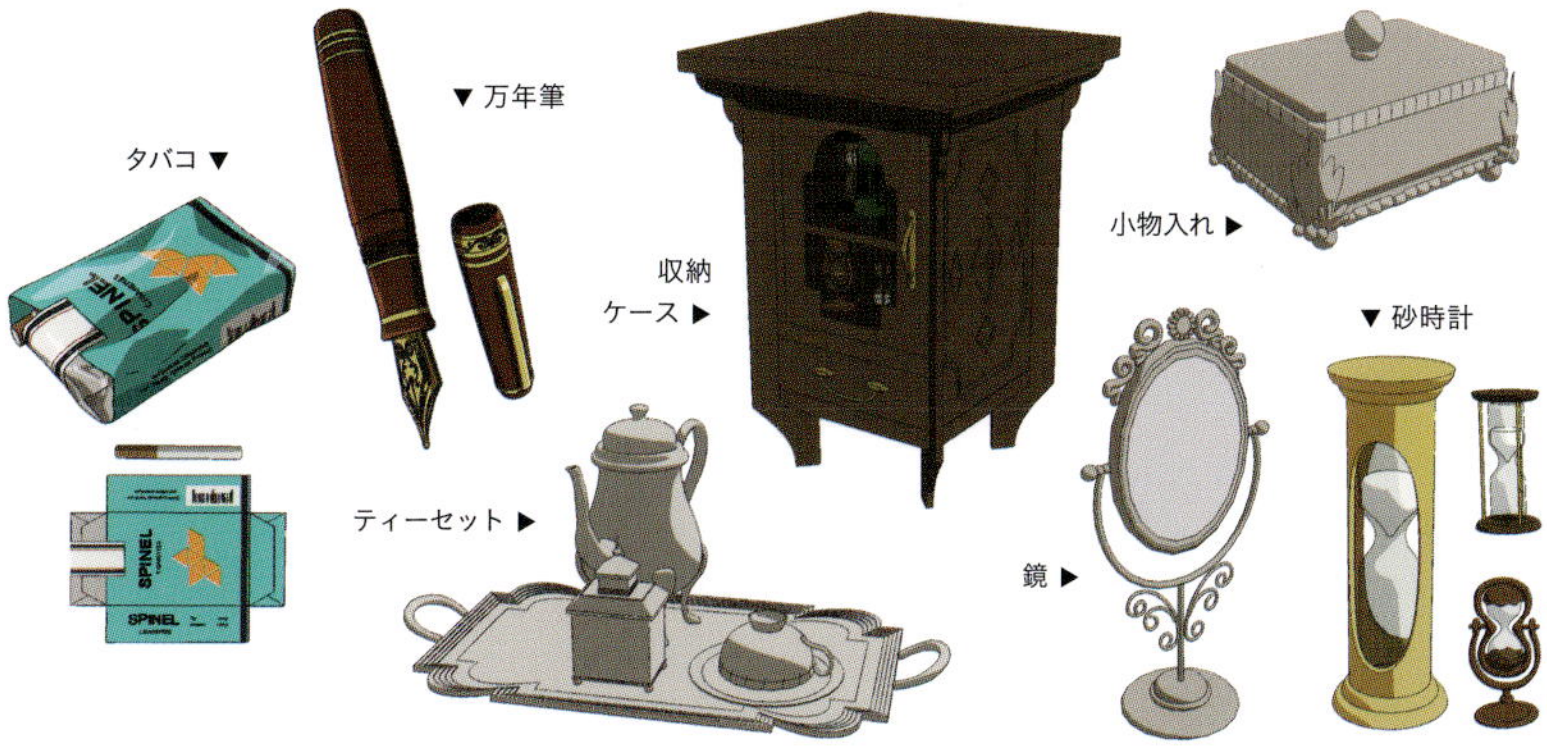

［東金の部屋］

ウッド調の、落ち着きと上質さを備えたインテリア。飾られているボトルシップには、監視官がその権限で自宅に侵入することを考慮して、監視カメラを潜ませていた。

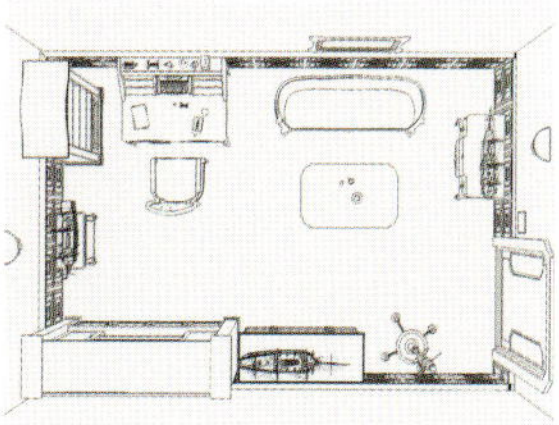

唐之杜志恩

Shion Karanomori

六合塚同様、志恩もファッションや持ち物の好みは「第1期」から変わらないようで、鮮やかな赤でまとめたルージュとスーツ、ハイヒールというスタイル。タバコは「FORTISSIMO」、携帯灰皿はワニ革のスライドタイプを愛用している。

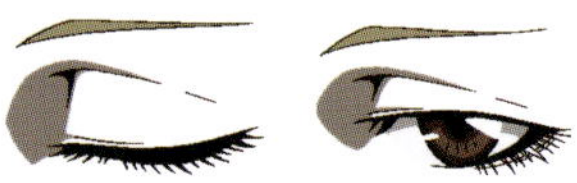

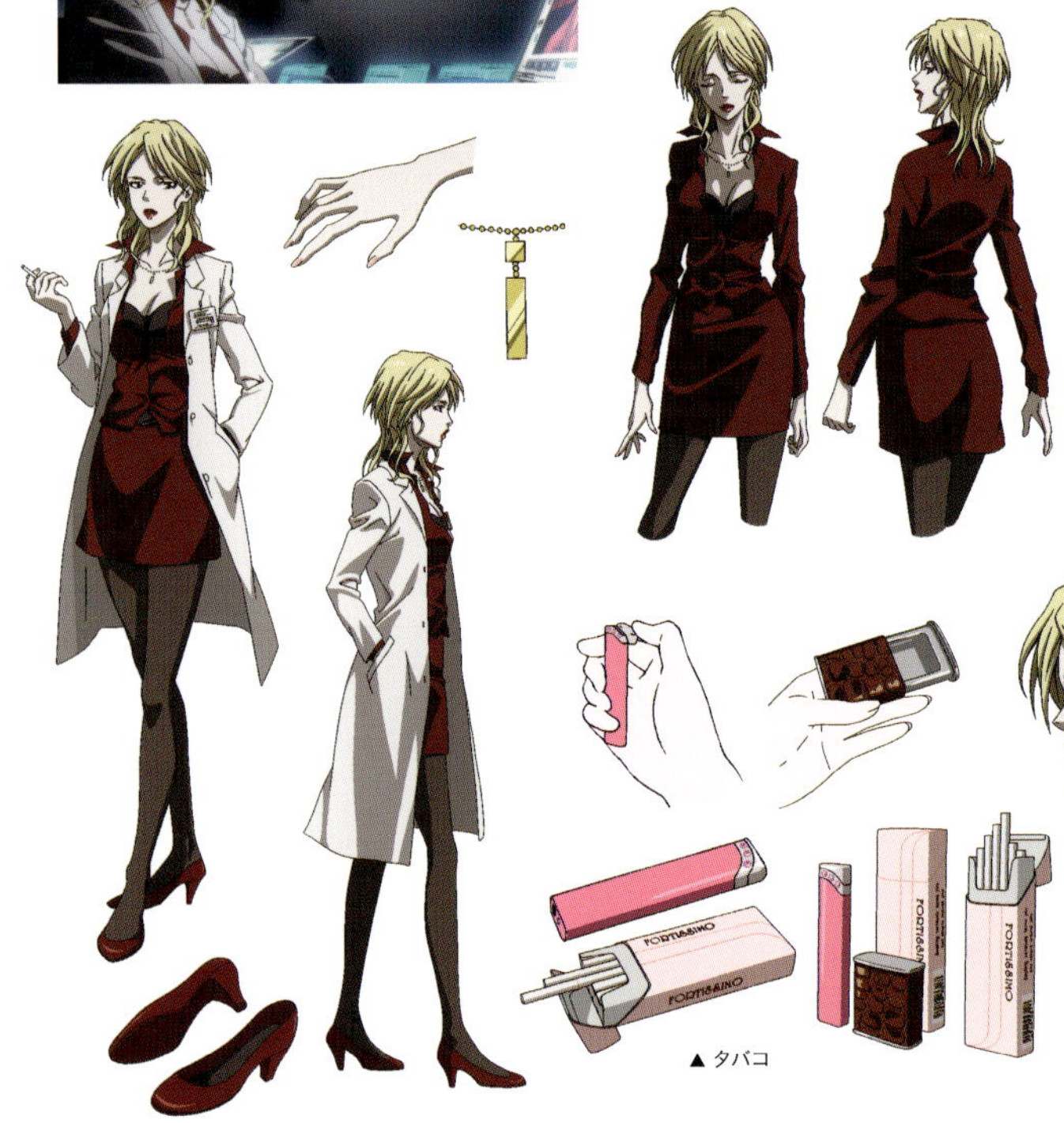

▲ タバコ

青柳璃彩

Risa Aoyanagi

女性監視官の中では年長者にあたり、胸元が大きく開いたシャツから赤いキャミソールを覗かせ、ジャケットを着こなしたスーツ姿が様になっている。

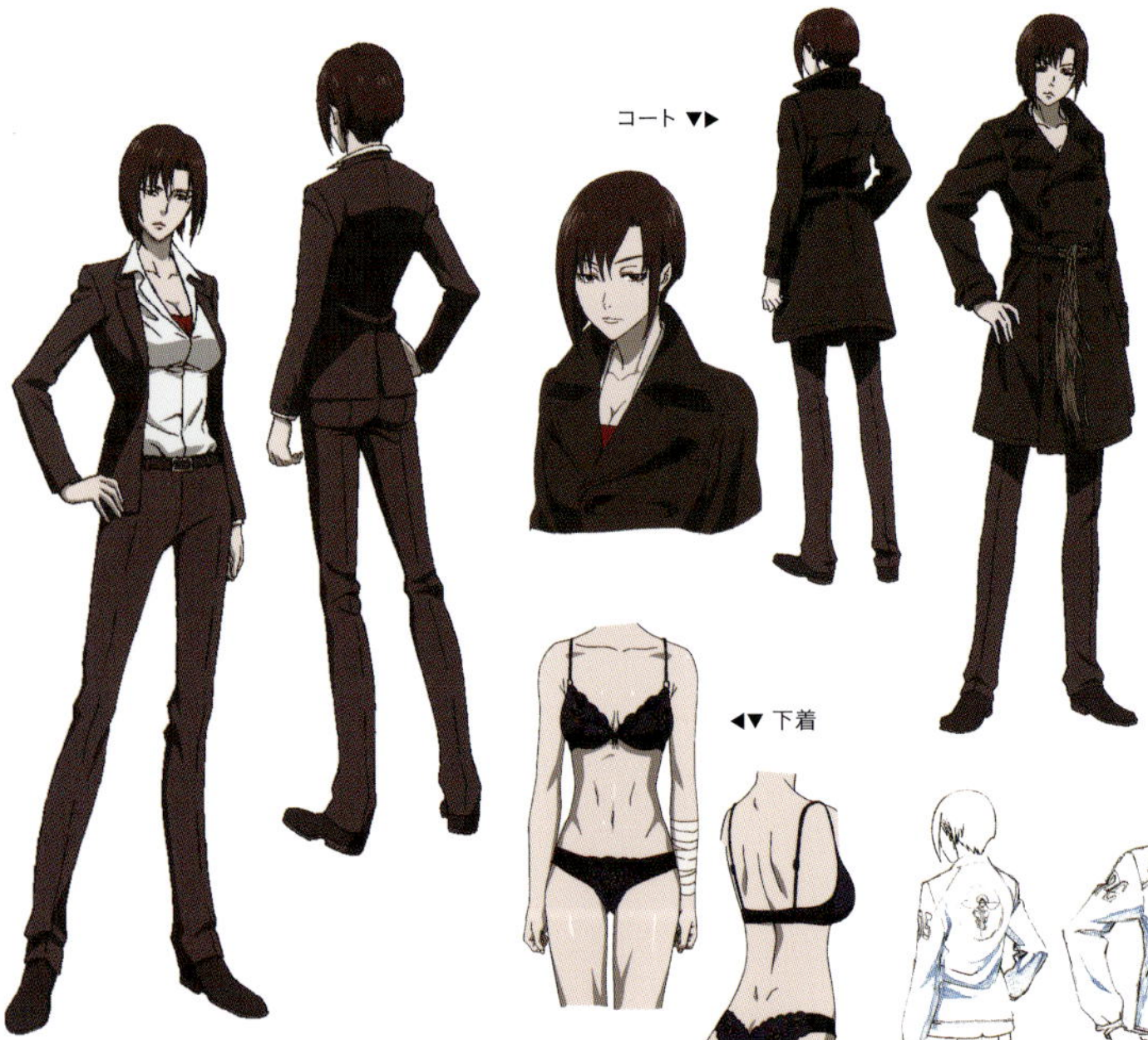

コート ▼▶

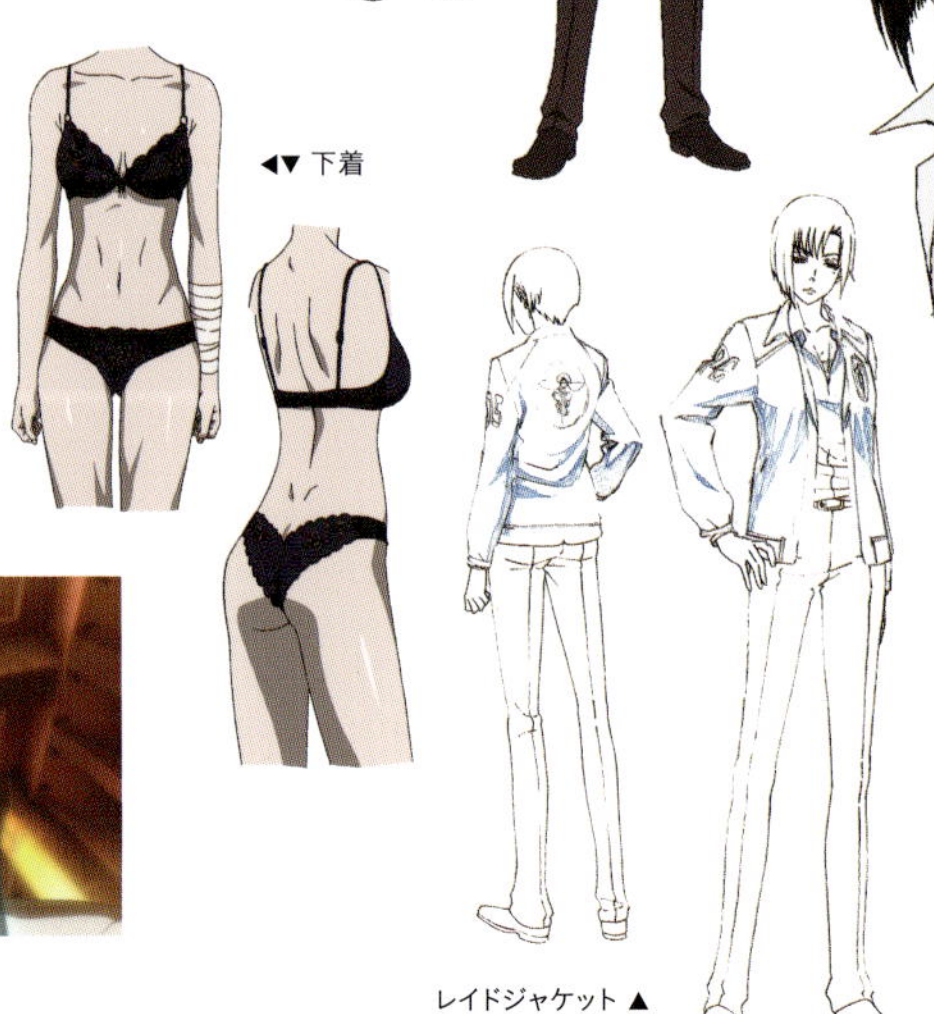

◀▼ 下着

レイドジャケット ▲

酒々井水絵

Mizue Shisui

厚生省官僚を親に持つためか、育ちの良さを感じさせる顔立ちと立ち居振る舞いで、外ハネのショートヘアが特徴。現場ではレイドジャケットを着用。左袖には105と描かれている。

レイドジャケット ▶

手術後の酒々井

Shisui After an Operation

鹿矛囲桐斗により、サイコパスを清らかに保ってもらえるようになった酒々井は、彼の熱烈なシンパに。肉眼を奪われて眼帯となり、深紅のライダースーツと相まってアナーキーな出で立ちとなった。武器のボウガンは連射式で15〜20発を内蔵。

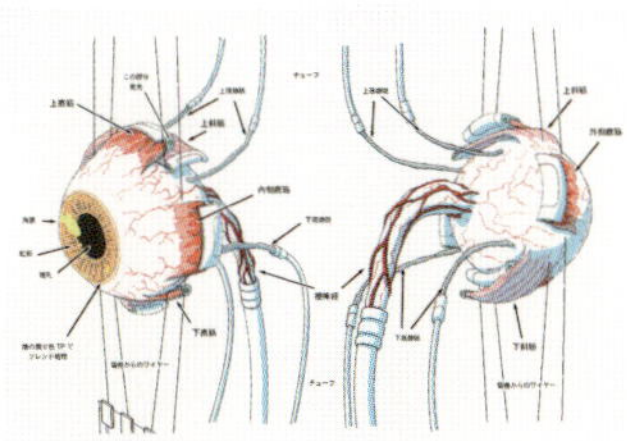

▲ 酒々井の右眼球

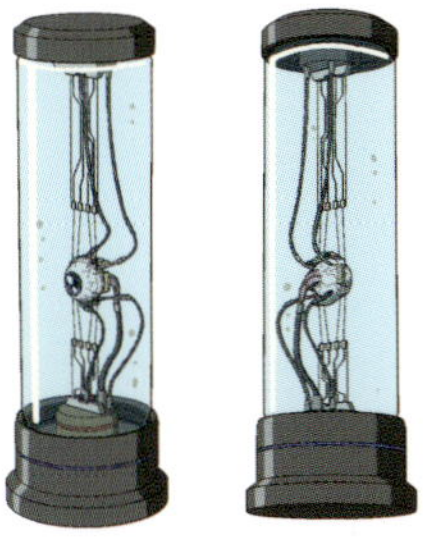

▲ 眼球保管カプセル

眼球検査機 ▼

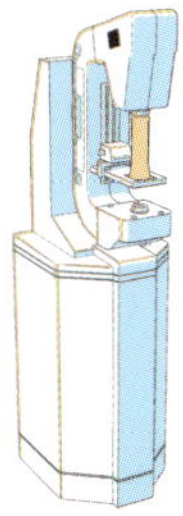

連射式ボウガン ▲

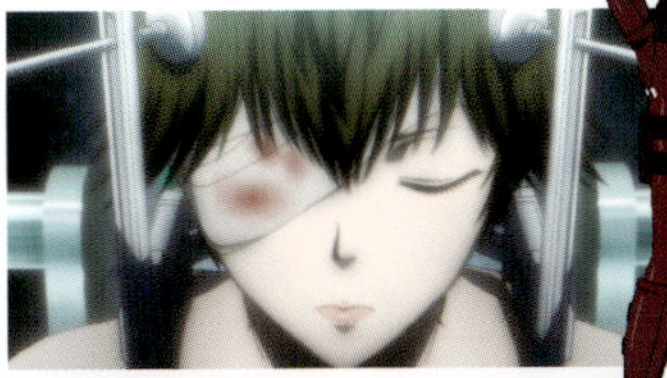

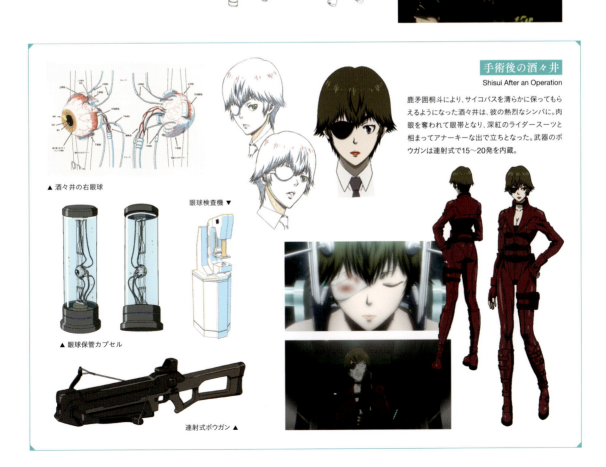

ノベライズ・コミカライズ作品

▼PSYCHO-PASS サイコパス（上・下）

著者：深見真
特装版：ニトロプラス／
本体（上）2,190円＋税、（下）2,477円＋税※
通常版：マッグガーデン／
本体（上）（下）とも1,300円＋税
文庫版：角川書店BC／本体（上）（下）とも640円＋税

TVアニメ版「第1期」の物語を上・下巻構成でノベライズ。アニメ版の物語を補完する追加シーンや登場人物たちの細かな心理描写により、「槙島事件」をより深く理解できる。刑事課メンバーの日常と内面を描き出す4篇のショートストーリーも収録。

▼PSYCHO-PASS サイコパス/ゼロ 名前のない怪物

著者：高羽彩
特装版：ニトロプラス／本体2,477円＋税※
通常版：マッグガーデン／本体1,200円＋税
文庫版：角川書店BC／本体640円＋税

2109年に発生した広域重要指定事件102。「第1期」の劇中で断片的にのみ語られた、通称"標本事件"の真相を、監視官・狡噛慎也と執行官・佐々山光留の視点から描いたスピンアウトノベル。

※『PSYCHO-PASS サイコパス（下）』&『PSYCHO-PASS サイコパス/ゼロ 名前のない怪物』の特装版はセット販売

▼PSYCHO-PASS ASYLUM 1

著者：吉上亮
早川書房／本体660円＋税

流浪のハッカー、チェ・グソンの過去をひもとく「無窮花」と、執行官・縢秀星の料理にまつわる過去の物語を描く「レストラン・ド・カンパーニュ」。2作品を収録したスピンアウトノベルシリーズ第1弾。

▼PSYCHO-PASS ASYLUM 2

著者：吉上亮
早川書房／本体660円＋税

未成年妊婦の拉致・惨殺事件を背景に、六合塚弥生と唐之杜志恩の深い絆を描く「About a Girl」、若き日の宜野座が経験した"動物の再導入"事件と彼の"正義"を描いた「別離」の2篇を収録。

▼PSYCHO-PASS LEGEND 追跡者 縢秀星

著者：桜井光
特装版：ニトロプラス／本体1,000円＋税
通常版：マッグガーデン／本体1,000円＋税

5歳にして潜在犯に認定され執行官となった縢秀星。"追跡者"となった彼が経験した謎めいた事件と、そこに見え隠れする謎の人物とのエピソードを通じ、縢の生き様を書き下ろした長編ノベル。

▼PSYCHO-PASS GENESIS 1

著者：吉上亮
早川書房／本体660円＋税

執行官・征陸智己が若かりし頃に経験した、ある事件から始まる物語。犯罪係数やドミネーターは如何に導入され、今に至るのか。シリーズの根幹を握るシステムの成り立ちに迫るノベライズシリーズ第1弾。

NOVEL

▼PSYCHO-PASS サイコパス 監視官 常守朱 1〜6

著者：三好輝
集英社／1〜2：本体438円＋税、3：本体457円＋税
4〜6：本体438円＋税

監視官・常守朱を主人公に、「第1期」のストーリーを6巻に渡ってコミカライズ。ノベライズ版で描かれた「失われたバレンタインデー」など、TVアニメにはなかったエピソードも収録する。

▼SYCHO-PASS サイコパス 監視官 狡噛慎也 1

著者：斎夏生
マッグガーデン／本体571円＋税
マッグガーデン／コミックガーデンで連載中

刑事課三係に監視官として着任した若き日の狡噛の姿を描くコミカライズ作品。人工臓器を巡る謎多き事件に、監視官の狡噛と和久善哉、執行官の征陸智己、香田尚人、天利陽名、花表翼らが挑む。

▼PSYCHO-PASS サイコパス 2

著者：橋野サル
マッグガーデン／コミックガーデンで連載中

"槙島事件"から2年後。監視官として成長し、刑事課一係を率いる常守朱と公安局刑事課メンバーが直面する、シビュラシステムの根幹を揺るがす事件とは――。鹿矛囲との攻防を描いた「第2期」のコミカライズ。

▼学園さいこぱす

著者：ソガシイナ
マッグガーデン／コミック ブレイドで連載中

シビュラによって統制された学校「さいこぱす学園」を舞台に、風紀委員となった刑事課一係が学園の風紀を乱す者たちに立ち向かう!? "ゆるゆるで、ほんのりしげきてき"な学園生活を描くスピンアウトコミック。

COMIC

※掲載の情報は2015年3月現在のものです

間違いを正したいという貴方の心も、
貴方の能力も、この社会には必要なものよ。
社会は一人一人が集まって作られるもの。
貴方が正しくあることが、
社会を正しくすることでもある。

PHASE 02

PSYCHO-PASS 2, PSYCHO-PASS MOVIE

THE WORLD

世界を裁く絶対的な「正義」

ドミネーター

Dominator

犯罪傾向の強い人間を排除するために、厚生省公安局が監視官と執行官に与える執行システム……それがドミネーターである。

日本全国民の精神衛生を管理するシビュラシステムに直接接続することで、対象の犯罪係数をサイマティックスキャンで測定。犯罪係数が規定値を超えていると自動的にセイフティが解除され、相手の数値にあわせて攻撃力を選択・変更するシステムが実装されている。そのため「免罪体質者」が犯罪を犯した場合、犯罪心理と測定値が一致しないため正確に作動しない。また数値自体が測定できない、複数人のパーツの集合体である鹿矛囲桐斗のような存在も射撃できない。後者の問題点は、シビュラが集合的サイコパスを執行対象とすることで改善した。ドミネーターの誕生により、潜在犯に対する即時量刑即時処刑が制度化。色相悪化によって初期段階で発見されなかった潜在犯にその場で即対処できるようになった。システムが確立してからも、超長距離から狙撃できる強襲型なども試験運用されており、その名が示す「支配者」としての力を、盤石なものとしているのである。

[DOMINATOR]

ドミネーター

SPEC

正式名称：
携帯型心理診断・鎮圧執行システム・ドミネーター
通称：ドミネーター
動力：電力
総弾数：フル充電時に、ノンリーサル・パラライザーは無制限、リーサル・エリミネーターで最大4発、デストロイ・デコンポーザーで最大3発撃つことが可能。（モード切替なしの場合に限る）

[DOMINATOR ASSAULT TYPE]

強襲型ドミネーター

SPEC

正式名称：
携帯型心理診断・鎮圧執行システム・ドミネーター アサルトタイプ
通称：強襲型ドミネーター
動力：電力
機能・特性：通常のドミネーターよりも射程が長く、一度に複数の標的の犯罪係数を計測でき、壁越しに射撃可能。ただしその反面、稼動に必要な電力、シビュラによる判定時間、再発砲の際のチャージ時間が増大している。なお強襲型は特殊武装であり、2114年時点ではプロトタイプとなっている。

ドミネーターの照準モニター
Sighting Device

シビュラシステムとドミネーター
Sibyl System & Dominator

▶ ドミネーターは所持者（ユーザー認証した者）にしか聞こえない指向性音声で語りかける。
▶ 全国民の精神衛生を一手に管理しているシビュラシステムは、常に大量の演算待ちタスクを抱えている。その中でもドミネーターは優先度が高い。割り込み処理を要請することでタイムラグなしで犯罪係数の測定が可能となる。
▶ シビュラシステムは、捉えた潜在犯を更生させるために必要なコスト（費用や期間、リスク）が公共の利益に見合わないほど多大になるなども加味して犯罪係数を解析し、300を超えた者に、「抹殺処分」を下すことになる。
▶ ドミネーター使用にあたっては、事前のID登録と監視官からシビュラシステムへの申請が必要とされ、許可が下りると装備搬送ドローンにより、ドミネーターが搬送される。
▶ シビュラのネットワーク圏外では、ドミネーターは起動することも引き金を引くこともできない。圏外では、外部アンテナと有線でつなぎ、ドミネーターを使用することになる。
▶ なお、執行官がドミネーターを監視官へ向けると、反逆行為として記録され、厚生省公安局本部へ報告される。

> 執行モード ノンリーサル

パラライザー ［麻痺銃］

犯罪係数が100を超える潜在犯を執行するための対人用非致死性モード。対象を神経麻痺で失神させ、鎮圧・確保する。向精神薬を服用している相手には効かないことがある。

> 執行モード リーサル

エリミネーター ［殺人銃］

犯罪係数が300を超える重篤潜在犯を捉えたときに変形する対人用致死性モード。対象の人体を瞬時に膨張させ、内部から全身を破壊する。

> 執行モード デストロイ

デコンポーザー ［分子分解銃］

完全排除すべき脅威度を持つ障害を捉えたときに変形する対物用分子分解モード。放たれた光が命中した範囲内の空間を分子レベルまで分解し、完全に消滅させてしまう。

強襲型ドミネーター変形シーケンス

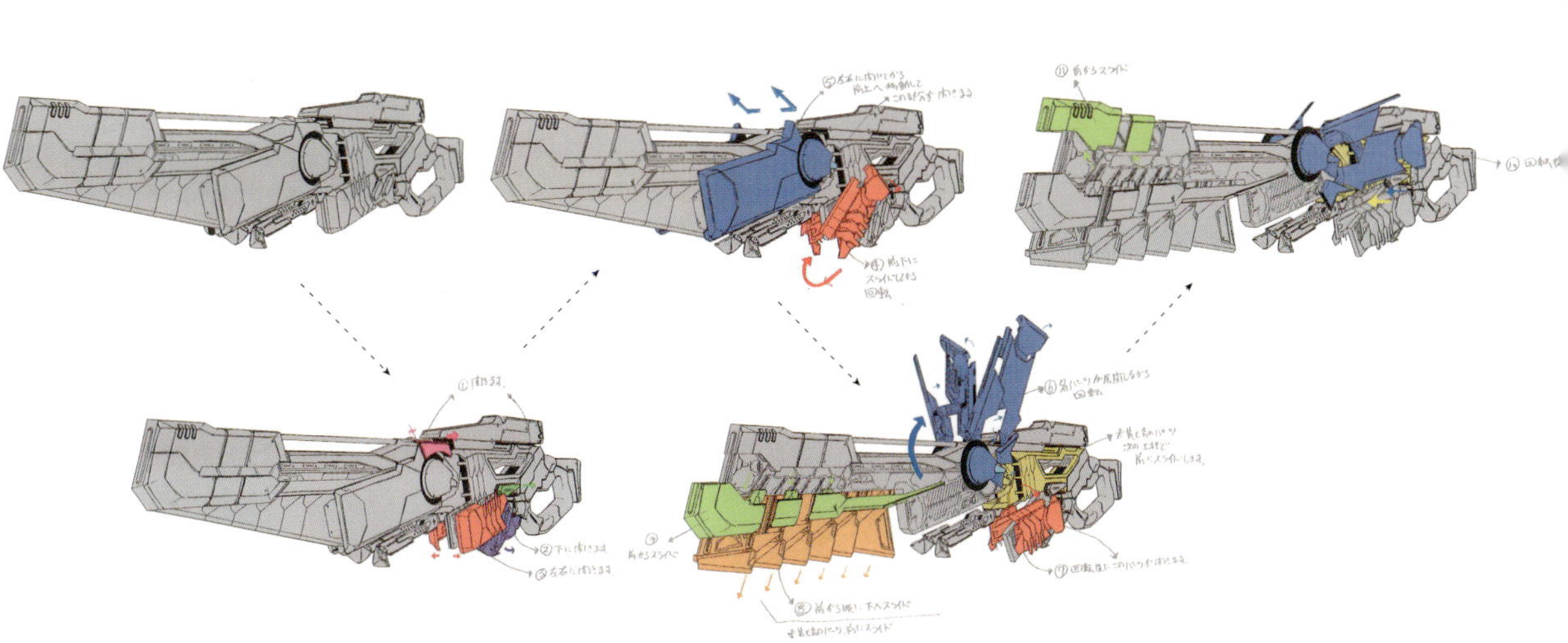

RECORD OF FIRE OFF DOMINATOR

2112

ドミネーター射撃履歴

廃棄区画立てこもり事件▼新編集版 EP01

01 EXECUTION

射手:縢秀星
標的:大倉信夫
モード:ノンリーサル・パラライザー

女性を人質にして廃棄区画に立てこもった大倉を縢が発見。監視官の宜野座に確認後、ドミネーターを向けると犯罪係数193。パラライザーを発射したが、大倉は気絶しなかった。

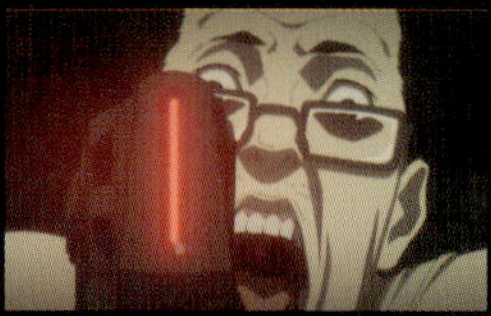

02 EXECUTION

射手:狡噛慎也
標的:大倉信夫
モード:リーサル・エリミネーター

パラライザーで撃たれたことにより大倉の犯罪係数はさらに上昇。脅威判定が更新され、エリミネーターの執行対象となる。大倉は人質を担いで逃げたが、狡噛により殺処分された。

03 EXECUTION

射手:常守朱
標的:狡噛慎也
モード:ノンリーサル・パラライザー

人質にされていた島津は、極限状態によるパニックから犯罪係数が上昇。狡噛が向けるドミネーターがエリミネーターに変化し執行対象となった瞬間、朱が狡噛をパラライザーで制止する。

04 EXECUTION

射手:宜野座伸元
標的:島津千香
モード:ノンリーサル・パラライザー

島津は犯罪係数が急上昇していたが、朱の説得により落ち着きを取り戻す。対象の脅威判定が更新された瞬間、朱の背後から宜野座がパラライザーで島津を気絶させた。

八王子自立機公司ドローン暴走殺人事件▼新編集版 EP02

05 EXECUTION

射手:狡噛慎也
標的:金原祐治
モード:ノンリーサル・パラライザー

狡噛の挑発により、金原はドローンを使い襲いかかる。狡噛がオンラインになったドミネーターを金原に向けると、犯罪係数が265で執行対象となったため、パラライザーで気絶させた。

06 EXECUTION

射手:狡噛慎也
標的:暴走ドローン
モード:デストロイ・デコンポーザー

金原はパラライザーで制圧されたが、暴走したドローンは止まらなかった。ドミネーターの脅威判定が更新されたため、狡噛はデコンポーザーでドローンを破壊し、鎮圧に成功する。

アバター乗っ取り連続殺人事件▼新編集版 EP02・03

07 EXECUTION

射手:征陸智己
標的:オフ会参加者
モード:ノンリーサル・パラライザー

アバター乗っ取り事件の捜査のため、オフ会に潜入した征陸たち。クラッキングにより参加者すべてのアバターが標的のタリスマンになったため、複数の執行対象者をパラライザーで気絶させた。

08 EXECUTION

射手:狡噛慎也
標的:御堂将剛
モード:リーサル・エリミネーター

御堂が違法ホログラムを使い逃走したため、ホログラムを停止させドミネーターを向ける。御堂の犯罪係数は335。エリミネーターで執行したが、狙いがはずれ、彼の腕だけが吹き飛ばされる。

09 EXECUTION

射手:宜野座伸元、縢秀星、六合塚弥生
標的:御堂将剛
モード:リーサル・エリミネーター

腕を吹き飛ばされた状態で、御堂は慌てて自分の部屋へと逃げ込んだ。室内で槙島とコンタクトを取っている最中に、宜野座たちが突入。3人のエリミネーターにより、殺処分が実行された。

船原ゆき誘拐並びに公安局捜査員猟銃殺害未遂事件 ▼新編集版 EP05・06

10 EXECUTION

射手:狡噛慎也
標的:猟犬ドローン(ラヴクラフト)
モード:デストロイ・デコンポーザー

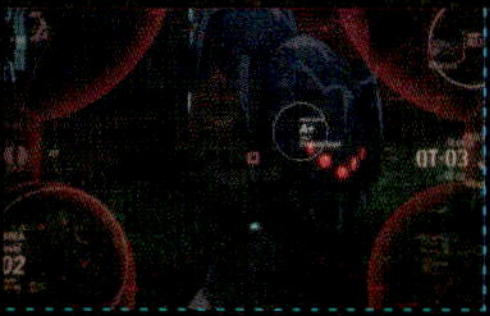

泉宮寺に、狩り場である廃棄区画におびき出された狡噛。ジャミングが解けたと同時にドミネーターを入手し、襲いかかってくる猟犬ドローンを間一髪でデコンポーザーモードで破壊した。

11 EXECUTION

射手:狡噛慎也
標的:泉宮寺豊久
モード:リーサル・エリミネーター

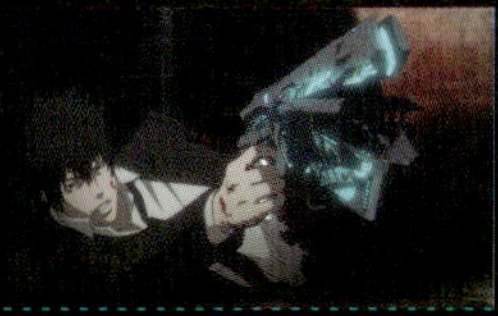

狡噛は泉宮寺の裏をかくため、わざと血の跡を追わせた。朱の友人の船原がおとりとなり、狡噛は泉宮寺の背後からドミネーターを構える。泉宮寺の犯罪係数は328。即、殺処分された。

「27クラブ」非公認芸術家摘発事件 ▼新編集版 EP06

12 EXECUTION

射手 佐々山光留
標的 クラブの青年
モード ノンリーサル・パラライザー

六合塚の協力により、反社会的グループが集う「27クラブ」に潜入した佐々山は、怪しい青年を特定。ドミネーターの計測はオーバー150を示したため、パラライザーで気絶させた。

13 EXECUTION

射手 佐々山光留
標的 クラブの青年
モード リーサル・エリミネーター

佐々山が火炎瓶の取引を発見したことにより、クラブはパニック状態に。人質を取って立てこもる青年から人質を引き離し、ドミネーターで計測。青年は犯罪係数314を示し、殺処分された。

サイコパス偽装ヘルメット集団による暴動事件 ▼新編集版 EP07・08

14 EXECUTION

射手:狡噛慎也、征陸智己
標的:伊藤純銘
モード:ノンリーサル・パラライザー

ヘルメットの仕組みに気づいた狡噛は、伊藤を人が居ない区画へと追い込む。ヘルメットは一番近くにいる狡噛のサイコパスをコピーし、犯罪係数が上昇。伊藤はパラライザーで執行された。

15 EXECUTION

射手:狡噛慎也
標的:槙島の手下
モード:リーサル・エリミネーター

ノナタワーの上層で槙島たちと対峙。手下の1人を蹴り飛ばしヘルメットを破壊し、窓を突き破り落下するところをすかさずドミネーターで計測。エリミネーターで殺処分した。

16 EXECUTION

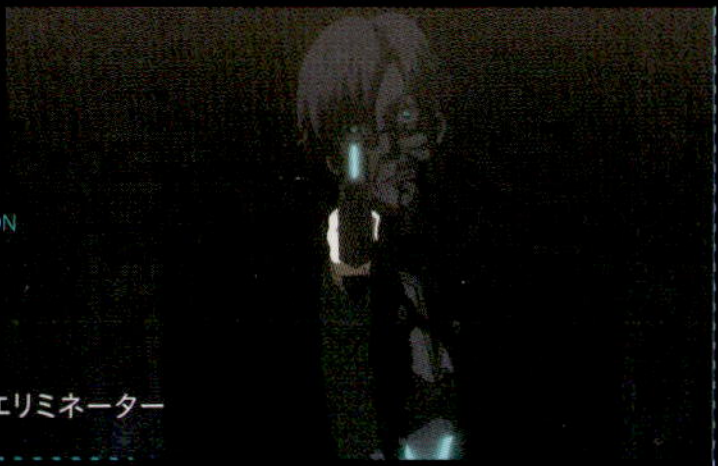

射手:禾生壌宗
標的:チェ・グソン
モード:リーサル・エリミネーター

チェ・グソンは、厚生省ノナタワーに眠るシビュラシステムの中枢を発見し、動画で記録していた。その背後から禾生がドミネーターを構えて忍び寄り、エリミネーターで殺処分を行った。

17 EXECUTION

射手:禾生壌宗
標的:滕秀星
モード:デストロイ・デコンポーザー

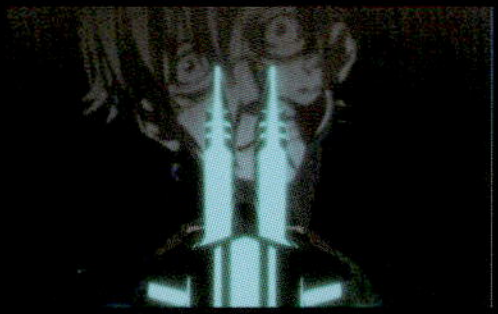

チェ・グソンを追いかけた先で、滕はシビュラシステムの中枢を目撃してしまう。禾生が構えたドミネーターの計測ではパラライザーの判定だったが、デコンポーザーへ強制変形し、撃たれた。

二係執行官逃亡事件 ▼新編集版 EP09

18 EXECUTION

射手:青柳璃彩
標的:神月凌吾
モード:リーサル・エリミネーター

一連のヘルメット事件でパニックを起こし、二係の神月執行官が脱走。上司である青柳監視官が追いかけるが、ドミネーターの判定に従い、エリミネーターモードで殺処分した。

19 EXECUTION

射手:常守朱
標的:狡噛慎也
モード:ノンリーサル・パラライザー

警備用ドローンが狡噛を取り囲み、禾生局長が宜野座の手を取って殺処分しようとした。その隙を縫い、すかさず朱がパラライザーで狡噛を執行。禾生局長の企みを、間一髪で阻止した。

無差別連続爆破事件▼第2期 EP.01・02・03

20 EXECUTION

射手:常守朱
標的:工事用ドローン
モード:デストロイ・デコンポーザー

朱が爆弾犯の喜汰沢を追って倉庫の入口へ向かうと、爆弾がしかけられた工事用ドローンが朱を目掛けて突進してきた。脅威判定が更新され、朱はデコンポーザーで工事用ドローンを破壊。

21 EXECUTION

射手:常守朱
標的:喜汰沢旭
モード:ノンリーサル・パラライザー

喜汰沢の犯罪係数はオーバー300。朱は必死に説得、爆弾のスイッチを手放させる。結果、脅威判定が更新され、犯罪係数は299に低下、殺処分ではなくパラライザーで喜汰沢を気絶させた。

22 EXECUTION

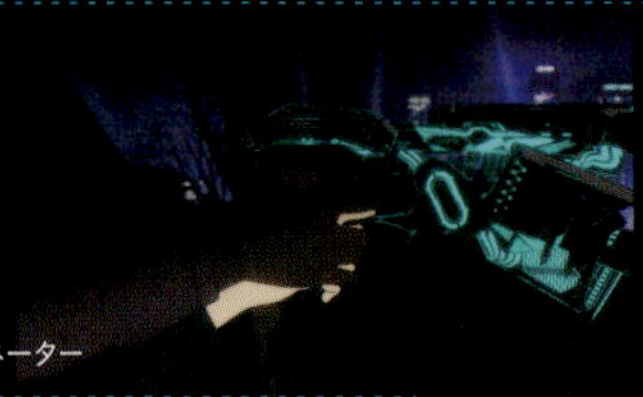

射手:酒々井水絵
標的:山門屋晃
モード:リーサル・エリミネーター

山門屋がとっさの判断でドミネーターを構えるが、狙いが監視官の酒々井に向かい、反逆行為とみなされる。酒々井が手にするドミネーターを鹿矛囲が無理矢理に山門屋に向け、殺処分した。

23 EXECUTION

射手:青柳璃彩
標的:喜汰沢旭
モード:リーサル・エリミネーター

逃亡した喜汰沢は下水道で朱たちに追い詰められ、そして自身の色を問う。喜汰沢の手により負傷した監視官の青柳が現場に到着し、すぐさまエリミネーターで喜汰沢を殺処分した。

24 EXECUTION

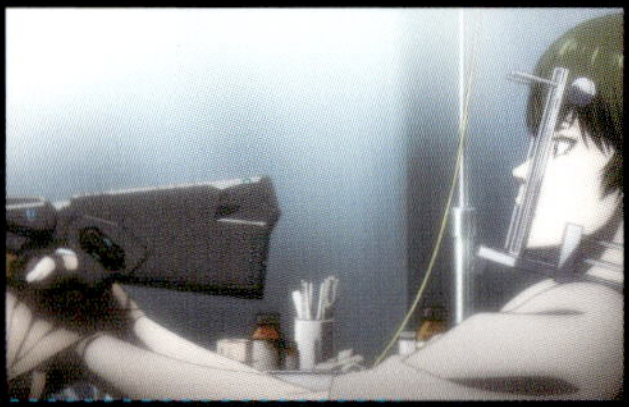

射手:鹿矛囲桐斗
標的:酒々井水絵
モード:未執行

鹿矛囲に拉致された酒々井は椅子に拘束され、所持していたドミネーターは酒々井に向けられていた。鹿矛囲は抉り出した酒々井の目にドミネーターのインターフェースが投影されることを確認。

メンタルケア施設立て籠もり事件▼第2期 EP.04

25 EXECUTION

射手:須郷徹平
標的:青柳璃彩
モード:リーサル・エリミネーター

メンタルケア施設でエリアストレスが上昇。三係が指揮を執り、須郷が強襲型ドミネーターで犯罪係数の高い者を狙う。しかしその対象は、事件に巻き込まれた二係の監視官・青柳だった。

26 EXECUTION

射手:刑事課三係ほか
標的:施設利用者
モード:リーサル・エリミネーター

メンタルケア施設のシャッターが開き、中からパニックを起こした施設利用者が続々と逃げ出してくる。ほとんどの者が犯罪係数オーバー300を示し、三係の主導で次々と殺処分された。

ドローン乗っ取り無差別殺傷事件▼第2期 EP.06・07

27 EXECUTION

射手:刑事課一係・三係
標的:軍事ドローン多数
モード:デストロイ・デコンポーザー

軍事ドローン実験場の捜査中に、ドローンが暴走。職員などに無差別攻撃を始めた。刑事課のメンバーたちは、ドミネーターを使って軍事用ドローンに対抗、破壊する。

28 EXECUTION

射手:酒々井水絵
標的:蓮池楓
モード:リーサル・エリミネーター

一係に異動になり、軍事ドローンとの対決に張り切る蓮池。デコンポーザーで軍事ドローンを破壊したところを酒々井のドミネーターに狙われ、殺処分されてしまう。

29 EXECUTION

射手:鹿矛囲桐斗
標的:會川椿
モード:リーサル・エリミネーター

酒々井からドミネーターを手渡される鹿矛囲。自身に移植した酒々井の目とダミーの監視官デバイスで酒々井が使用しているように偽装し、エリミネーターで會川を撃った。

30 EXECUTION

射手:鹿矛囲桐斗
標的:兵頭鉄弥
モード:ノンリーサル・パラライザー

會川と行動していた兵頭は、會川を撃った相手を探しはじめた。隙のできた兵頭に鹿矛囲がすかさずドミネーターで狙いを定め、パラライザーモードで気絶させた。

31 EXECUTION

射手:鹿矛囲桐斗
標的:新庄要
モード:リーサル・エリミネーター

三係の新庄はコンテナが積まれた倉庫に身を隠し、無線で応援を要請。しかし時すでに遅く、鹿矛囲に狙われる。犯罪係数311を示し、エリミネーターで殺処分された。

32 EXECUTION

射手:雛河翔
標的:ドローン遠隔操作ゲームプレイヤー
モード:ノンリーサル・パラライザー

ドローン遠隔操作ソフトによるサイコパス保護用ホロを解除してなお、プレイを続行するユーザーがいた。待機していた霜月たちが急行し、対象者を執行した。

公安局内　枡嵜葉平殺害事件▼第2期 EP.09

33 EXECUTION

射手：東金朔夜
標的：枡嵜葉平
モード：リーサル・エリミネーター

公安局内で枡嵜医師が留置されている部屋を訪れた禾生局長と東金。東金は「母さんの秘密に触れる者は排除すべきだ」として、枡嵜をエリミネーターで執行する。

代議士及び省庁職員集団殺害事件▼第2期 EP.09

34 EXECUTION

射手：鹿矛囲桐斗、酒々井水絵ほか
標的：役人複数
モード：リーサル・エリミネーター

鹿矛囲に協力していた政治家や役人が集まる食事会が開催された。鹿矛囲たちは、公安局から奪ったドミネーターを使い、「地獄の季節」に関わった彼らに牙をむいた。

地下鉄立て籠もり事件▼第2期 EP.09・10・11

35 EXECUTION

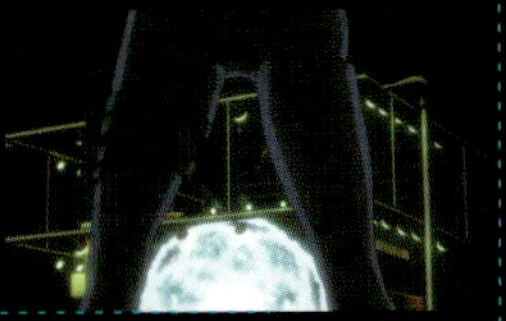

射手：酒々井水絵
標的：軍事用ドローン
モード：デストロイ・デコンポーザー

酒々井は地下鉄の排水システムを破壊するため、軍事用ドローンを地下に持ち込む。ドローンの脅威判定を更新し、デコンポーザーで排水システムをドローンごと破壊。

36 EXECUTION

射手：鹿矛囲桐斗ほか
標的：地下鉄乗客多数
モード：ノンリーサル・パラライザー

鹿矛囲たちは地下鉄内の人質を無用に殺害しないよう、ドミネーターで逐次計測し、犯罪係数が300を超えそうな者からパラライザーで気絶させた。

37 EXECUTION

射手：酒々井水絵
標的：兵頭鉄弥
モード：リーサル・エリミネーター

禾生局長の命令を受け、人質もろとも地下の爆破を遂行しようとしていた三係のメンバー。しかしその場に酒々井が現れ、爆弾を起動しようとした兵頭を殺処分した。

38 EXECUTION

射手：鹿矛囲桐斗
標的：禾生壌宗
モード：リーサル・エリミネーター

鹿矛囲はシビュラシステムの手前で禾生（美沙子）と対峙。朱の提案によりシビュラが集合的サイコパスの計測を開始し、禾生は執行対象となって殺処分された。

39 EXECUTION

射手：芳賀隆之、波多野紘一
標的：長谷部良助、尾城信一
モード：リーサル・エリミネーター

堂本の指示で、芳賀と波多野が地下鉄に突入。立てこもっていた鹿矛囲シンパの長谷部と尾城をすみやかにドミネーターで捕捉し、エリミネーターで殺処分した。

40 EXECUTION

射手：須郷徹平
標的：酒々井水絵
モード：ノンリーサル・パラライザー

宜野座に追い詰められた酒々井が、地下で爆弾のスイッチを片手に自爆を仄めかす。須郷が間一髪で現れ強襲型ドミネーターを使用。パラライザーで気絶させ保護する。

41 EXECUTION

射手：東金朔夜、鹿矛囲桐斗
標的：鹿矛囲桐斗、東金朔夜
モード：リーサル・エリミネーター

集合的サイコパスを採用した新たなシビュラシステムの目の前で鹿矛囲と東金が対峙し、ドミネーターを構え撃ち合う。鹿矛囲は殺処分され、東金は深手を負う。

テロリスト密入国事件、シャンバラフロート・サイコパス偽証事件▼劇場版

RECORD OF FIRE OFF DOMINATOR
2112-2116

SIBYL SYSTEM

2116

42 EXECUTION

射手：常守朱
標的：宮崎忠雄
モード：ノンリーサル・パラライザー

閃光手榴弾でテロリストたちをひるませて、地下駐車場に突入。朱はドミネーターで、ふらつく宮崎をすぐさま捕捉。宮崎の犯罪係数はオーバー170。パラライザーにより気絶させた。

43 EXECUTION

射手：須郷徹平ほか刑事課一係
標的：テロリストグループ
モード：3つのモードすべて使用

銃撃戦で須郷、宜野座、雛河、霜月がテロリストをエリミネーターで殺処分。六合塚が逃走する車をデコンポーザーで破壊しひとり死亡。朱が最後のひとりをパラライザーで気絶させた。

44 EXECUTION

射手：宜野座伸元
標的：ニコラス・ウォン
モード：リーサル・エリミネーター

公安局の警告に逆らい、朱たちに銃を向けたニコラス。だが、狙撃能力が高い宜野座が一係のメンバーを乗せたヘリから、強襲型ドミネーターを使いエリミネーターでニコラスを殺処分した。

Second season setting Japan Affairs in 2114

2114年の日本

「完全なるシステム」による幸福の実現

高層ビルとホログラムに彩られた清潔・安心な完璧なる国家――2114年の日本では、「最大多数の最大幸福」が実現された理想的な社会のもと、国民が生活を営んでいる。その安寧を司るのは、厚生省が管轄する包括的生涯福祉支援システム「シビュラシステム」。古代ギリシャで神託を伝えた巫女の名が冠された同システムは、個人の生体反応を解析し、人々の能力や性格、精神状態を数値化。それらを判定という形で市民に示すことで、安定した社会と治安、繁栄が提供されている。

シビュラの判定は個人の進路や就職にまで及び、「神託」に従う者にはほぼ確実な安定が担保される。結果、人々はシビュラの目にかなう理想の精神状態を保てる行動と生活に努力し、挑戦、競争、自由意思の発露が敬遠されるこの時代の日本独自の社会が成立している。

三次元立体ホログラムによって、市街地の美観は常に美しく保たれている。ただしホロは雨風に弱いため、荒天のときにはホロが投影できず、本来の姿が露わになることがある。

地理・人口

22世紀の日本では地球温暖化による海面上昇で、国土面積が現代とは大きく異なっている。東京湾はその影響を特に強く受けており、海岸線が大幅に後退。かつての東京23区の多くは水没しており、現在見える街はその上に築かれた海上都市となっている。水没をぎりぎり免れた繁華街はシビュラの支援を受けられない廃棄区画となっていることが多い。かろうじて街として機能する場所はスラム街となり、貧しい人々や犯罪者が出入りしている。国内人口は、21世紀初頭からの少子高齢化に歯止めがかからず、2070年ごろに激減。現在の人口はピーク時の21世紀の10分の1ほどまでに落ち込み、そのほとんどが都市部に集中している。

厚生省・ノナタワー上部付近からの夜景。

市街地の様子。シビュラシステムにより治安は安定している。

政治・法律

選挙制度は国民総選挙によって首相を選出する形式に改正済み。だが政治の根幹を支える官僚の選定はシビュラシステムの判定によるため、首相の交代で社会が大きく変化することはない。実質的な国家の運営は、政治家ではなくシビュラシステムが認めた官僚が舵を取っているといっていい。犯罪取り締まりに関しては、シビュラシステムのサイコパス判定で、犯罪を起こす可能性が高い「潜在犯」認定者を選別。伝染病の罹患者の如く社会から隔離し、犯罪を未然に防ぐシステムが導入された。これにより刑事裁判制度は失われ、犯罪に対応する警察組織は厚生省管轄組織である公安局へと移譲された。また潜在犯判定は年齢に関係なく行われるため、未成年犯罪という概念も実質消滅。少年法はなくなり、未成年者も成人同様に扱われている。

議会制民主主義は形骸化しているが、政治家自体は存在する。

外交・国際情勢

2020年代、行き過ぎた大企業優遇への反発や、中国でのバブル崩壊をきっかけに始まった世界各地での紛争。数々の複合的な要因でその戦火は先進国にも広がり、世界は混迷の極みに陥った。その中で日本は「メタンハイドレート」と「ハイパーオーツ」によるエネルギーと食糧の完全自給を実現し、それを背景に鎖国政策を断行。世界で唯一平和と治安が保たれた国家として生き残った。シビュラシステムの正式導入後、22世紀になっても状況に大きな変化はなく、ごくわずかな輸出入や有力軍閥代表者との交流などを除いて、基本的に日本と海外との国交は断絶したままだ。密入国に対する取り締まりも厳しく行われており、海上・国境地域では多数の軍事ドローンによる警戒が行われている。

海外との物理的な接点は、一部の貿易港や防衛軍管轄の空港のみ。

経済・産業

21世紀に国内で産出が始まり、石油や原子力に代わるエネルギーとして利用される「メタンハイドレート」と、遺伝子組み換え技術で生まれた究極の収穫効率を誇る超小麦「ハイパーオーツ」。この両者により、日本はエネルギーと食糧の国内自給率100％を実現し、鎖国政策と国民の豊かな暮らしが両立されている。他の資源についてもリサイクル技術や代替素材研究の進化により大量の輸入資源は必要とされず、ほぼ内需のみで経済活動が賄われている状況だ。通貨システムは電子マネーとカード決済に移行しており、民間で現金が使われるのは銀行間のやりとりくらいになっている。

ハイパーオーツは北陸の穀倉地帯で生産され、栽培・収穫はドローンにより完全自動化されている。食品加工技術の進化で、麦を原料に多様な食品が生産されている。

都内の経済省ビル。特許出願を受け付ける特許局も経済省の管轄となる。

交通インフラ

東京では、安定したエネルギー供給によって、多様な交通インフラが整備されている。街の中央を貫く高速道路には様々なモデルの車が走り、地下鉄も住民の通勤・通学の足として健在だ。車には交通管制センターとリンクした無人運転システムと、高度な自動緊急ブレーキ（AEB）が搭載され、「不注意で車が人をはねる」といった事故はまず起きない。長距離トラックなどもほとんどが無人運用で、無人運転システムへの信頼感の高さがうかがえる。電車については利用人口の多い都市部でのみ運行されており、全国規模の鉄道網などは効率や利便性の面から廃止されている。

鉄道 ▶

大型ターミナル駅 ▲

人為的な事故は激減したが、ごくたまに整備不良や部品の突発的な破損などによって、車が人を負傷させることがある。

生活・文化

シビュラシステムの支援のもとで、平穏な暮らしを営む都市部の人々。中にはその体制に反感を持つ者もいるが、多くの人々はシビュラのもたらす安心と便利さを快く受け入れているようだ。街では、「シビュラの目」といえる街頭スキャナーを通じて個人の精神状態を色で表す「色相」がリアルタイムで計測され、それが生活の指標となっている。人々の色相が濁らないように国もサポートを行っており、家事を自動で行うホームオートメーションや、その管理役でメンタルケアに関するアドバイスも行うAIセクレタリーが一般家庭に普及しているのもその施策の一環といえる。さらにシビュラは国民の人生設計にも深く関わっており、義務教育を終えた若者には適性職業の提示から、自由恋愛を前提にした結婚相手の紹介までもが行われる。ちなみに、互いが望むのであれば同性婚も社会的に認められている。生活と同様、文化面でもシビュラの影響は大きく、人の色相に影響を与えやすい絵画や音楽、演劇などの芸術活動は、シビュラの認定を受けた者のみが公的な活動を認められる公認制を採用。アルコールやタバコなどの嗜好品は特に禁じられていないが、依存や副作用のせいで嗜む者は多くない。

◀ 街頭スキャナー

街頭ではサイマティックスキャンによる色相判定が常に実施されている。色相は白に近いほど健全な心理状態で、黒に近いほど不健全とされる。

街の各エリアでは街頭スキャナーを利用して地域全体の「エリアストレス」も計測されている。天候変化などを考慮したエリアストレス予測も行われ、人々の指標にされる。

部屋は気分に合わせて内装ホロを変更し、気軽に模様替えが可能。家事全般からスケジュールの管理まで、個人専用のAIセクレタリーが国民の生活とメンタルケアをサポートする。VRインターフェースを使ったオンライン交流も娯楽として一般に普及。

教育

この時代の教育機関には、小中高一貫の義務教育が導入されている。就学期間は一般的に6・4・4年制となっており、大学制度は存在しない。また、最適幸福が実現された社会では過去を学ぶ意味合いが薄く、いずれの課程においても歴史の授業はない。学生が歴史を研究したい場合には、検閲済みのデータベースが利用される。

◀▲ 私立桜霜学園

私立桜霜学園のような私立教育機関も存在。同校では特例で関係者の色相・犯罪係数チェックの免除が認められている。

潜在犯収容施設

サイマティックスキャンで「犯罪係数」が100ポイント以上記録された者は「潜在犯」に認定され、身柄を拘束される。施設では収容者に対し、薬物やカウンセリングによる治療が実施されるが、100ポイント未満まで犯罪係数が下がることは稀なようだ。逆に300ポイントを超えた場合はガスによって殺処分されることもある。

隔離施設は郊外にある場合がほとんど。収容された潜在犯の中には知的な人物も多く、公安局に捜査協力を行う者もいる。

医療

22世紀の日本の医療技術は、21世紀からさらに向上。かつて不治の病とされていた病気の多くが治療可能となっている。人工臓器や人工血液、分子モーターを活用した疑似細胞などの進歩によって生体移植分野も高度に進化。医療向けサイボーグ技術の普及によって、各種の義肢は装着者が生身の肉体同様に扱えるものとなり、その延長では脳以外の全身の義体化も実用化されている。薬学方面では、色相をクリアに保ちたいというニーズに合わせて、精神安定を目的とした薬剤の研究が発展。様々な関連サプリメントや薬品が市民の間で一般的に利用されている。一方、メンタルケア習慣が恒常化したことで、ストレス受容感覚がマヒし、自律神経に異常をきたす、通称「ユーストレス欠乏症」と呼ばれる新たな病理も出現。ただしこのことは一般には認められておらず、市民生活に大きな影響は見られない。

▲都市郊外の大病院

◀全身の義体化技術

潜在犯として処理された泉宮寺豊久は、脳と神経以外をサイボーグ化し、110歳にして自由に行動していた。脳の完全な機械化が実現すれば、義体化による不老不死も夢ではない。

ドローン

コンピュータ制御され、人間の労働を補助する役割を担うドローン。シビュラシステム運用下では人間の労働を軽減するために、あらゆる場面にドローンが配備されている。警備、医療、運搬、軍事、ペットなど、用途に合わせてその形状も様々だ。多くのドローンは基本的に無線通信を通じて管理され、音声での指示も可能。大型ドローンの開発工場では、ネットワーク経由でのハッキングによる暴走といった事故を防ぐため、生産の過程でネットワークを完全に遮断する措置を取っているところもある。

▼警備ドローン(巡査ドローン)

公安局で巡査ドローンとして使用されるもの。一般施設のものはカラーリングが異なっている。

▼執事ドローン

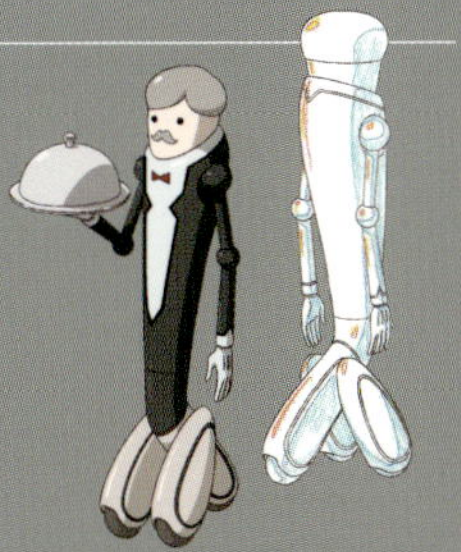

執事のようなデザインで、給仕などを担当。飲食店などで使用される給仕ドローンの上位機種だろうか。

▼看護ドローン

潜在犯更生施設でも使われる一般的な看護用ドローン。これをホロで偽装させた爆弾テロが実行されたことも。

▼ナースドローン

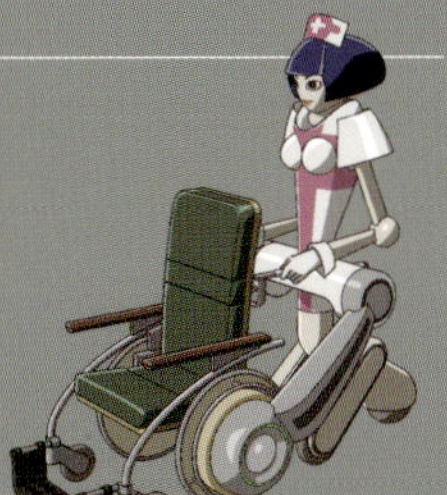

病院の入院患者をケアするために開発されたドローン。車輪部分で通常の車イスを挟み込み、移動をサポートする。

▼軍事ドローン

国防省の軍事ドローン研究開発部が実験していた小型武装ドローン。機関砲を装備した対人掃討用と思われる。

▼爆弾解体ドローン

爆弾および危険物の処理に利用される。内部にインパクト・アブソーバーの収容スペースが用意されており、その大きさは人間が1人入れる程度のものである。

▼犬型ドローン

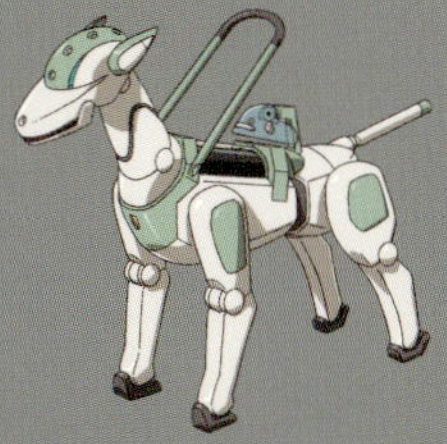

個人所有が可能な犬型ドローン。介護用酸素ボンベのほか、護身用のスタンバトンがボディに収納されている。

▼ドミネーター運搬ドローン

ドミネーター運搬専用のドローン。監視官や執行官と共に行動し、防弾機能も備える。

Second season setting

The Ministry of Health and Welfare and
Criminal Investigation Section of Department of Public Safety

シビュラの神託を遂行する者たち

厚生省・公安局刑事課

厚生省

日本の国家運営に欠くことのできないシビュラシステム。その運営と管理を任されているのが、社会保障や医療を所管する厚生省だ。2060年代にシビュラシステムの本格的導入が進む中で大規模な省庁再編が行われ、厚生省にも多くの省庁が下部組織として組み込まれた。公安局もそのひとつ。犯罪衝動を精神疾患と判断するシビュラシステムのポリシーに基づいて従来の警視庁が改編され、厚生省管轄となり現体制に引き継がれている。

厚生省の本部が置かれているのは地上90階、地下4階＋秘密区画で構成されるノナタワー。海岸沿いにそびえ立つビルはドローンによるオートメーション化が進められ、実際にこの場所に勤務している人員はわずかだ。

公安局刑事課

地上60階、地下8階のタワービルを本部とする公安局刑事課。人間の能力や性格を様々な要素から計測・数値化するサイマティックスキャンによって割り出された「犯罪係数」が100を超えた「潜在犯」への対応を行う実動部隊だ。課内には一係、二係、三係が存在し、通常の適性考査を経て選ばれた監視官と、シビュラシステムが「適性あり」と判断した潜在犯である執行官がチームを組んで職務を担当する。通達されるエリアストレス状況や、潜在犯発見情報をもとに出動が行われる。他に事件の分析や調査を行う分析官も公安局に所属。

公安局のシンボルともいえる八角形のビル。現在の局長は禾生壌宗が務めている。局内には刑事課オフィスや分析室のほか、医務室、食堂、トレーニングルームなどが存在。加えて局員のメンタル面をケアするカウンセリングルームも用意されている。

▼ロゴマーク

◀ 公安局マーク

公安局刑事課 ▶
マーク

公安局のロゴマークは、ビルと同様に八角形がモチーフとなっている。刑事課のロゴマークは別に用意されており、こちらは正義を量る天秤に、ギリシャ神話で生命力の象徴とされる蛇が2匹巻き付いた図柄だ。

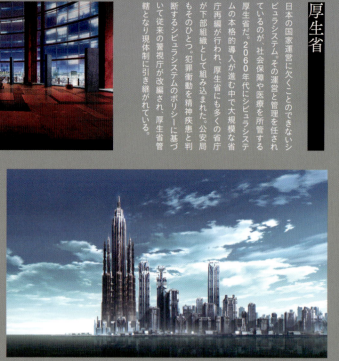

▼メモリースクープ設備

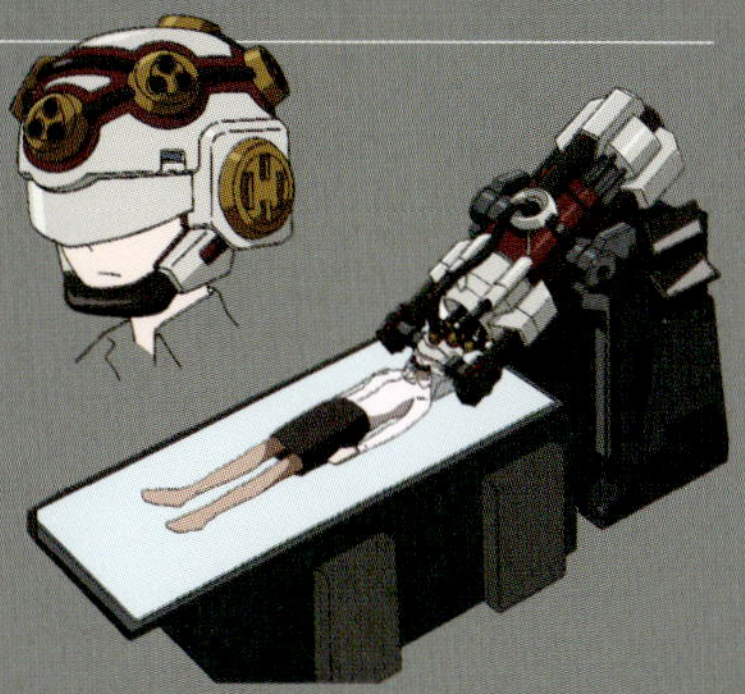

メモリースクープとは、人の記憶中にある視覚情報を脳波から直接読み取り、映像へと出力する「脳波モンタージュ」技術。被験者にとっては記憶の追体験となるため精神的負担が大きいが、その代わりに精度はかなり高い。

▼分析室

◀総合分析室

雑賀分析官室▶

刑事課メンバーの職務をサポートする分析官の拠点。唐之杜は総合分析室の第二分室、第2期での雑賀は別の分析室を利用しており、証拠品の分析や情報提供は唐之杜、潜在犯のプロファイリングは雑賀がそれぞれ担当する形になっている。

▼刑事手帳

監視官と執行官が腕時計型端末を付けたほうの手であらかじめ決められた「手帳を持つ手」のポーズを取ると、ホログラムの刑事手帳が自動的に出現する。

▼腕時計型端末

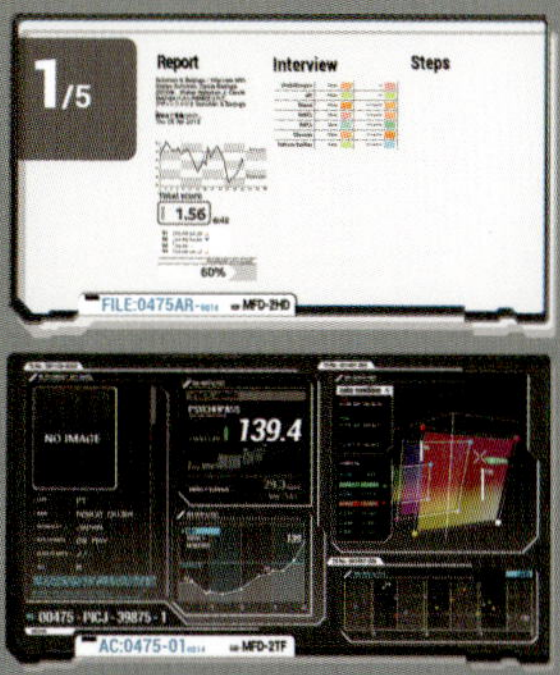

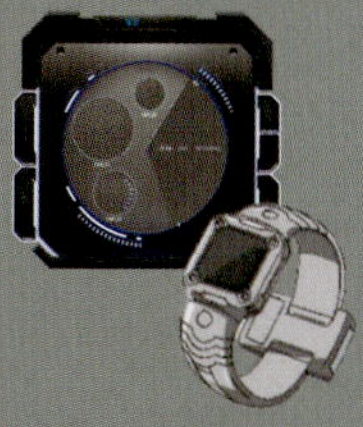

▲監視官用デバイス

▲執行官用デバイス

監視官と執行官に支給される腕時計型端末は、ホログラムキーボード操作により、通話、データ通信、色相スキャンなどの様々な機能が利用できる多機能なもの。なお、執行官用のデバイスは逃亡防止のために取り外し不可だ。

▼支給PC

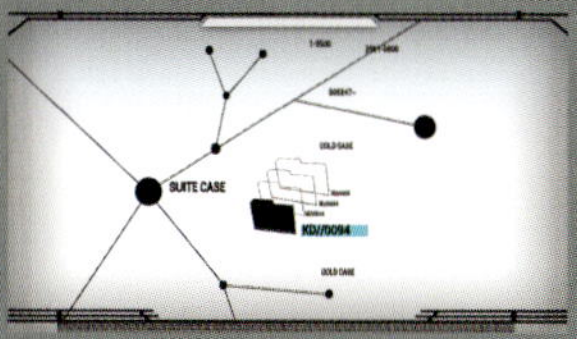

▲オフィスモニター

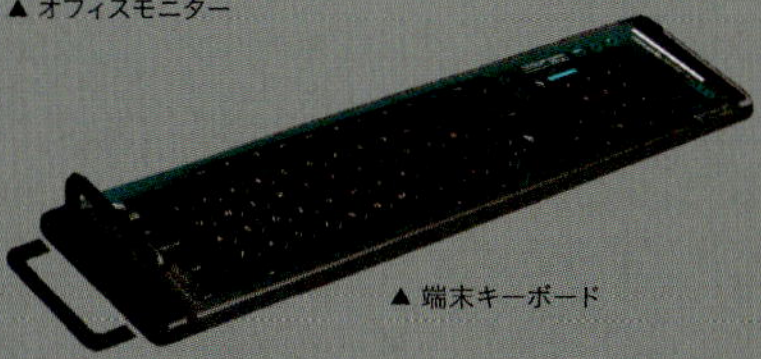

▲端末キーボード

刑事課に着任した職員には堅牢なセキュリティを備えたPCが支給される。各職員のデスクには複数のモニターが搭載され、捜査に必要なあらゆる情報を閲覧できる。

▼レイドジャケット

監視官が捜査時に任意で着用する長袖のジャケット。胸と背中に、刑事課のマークがはっきりと示されている。

▼コミッサちゃん

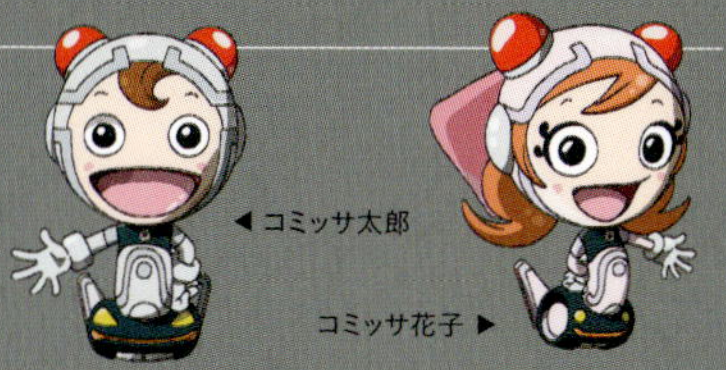

◀コミッサ太郎

コミッサ花子▶

公安局のマスコットキャラクターで男の子の名前は太郎、女の子は花子。警邏中の巡査ドローンが全身ホロとして利用することも多く、一般市民からの知名度も高い。

▼車両・航空機

公安局パトカー▶

▼ティルトローター

◀執行官護送車

現場に向かう際、監視官はパトカーで自由に移動できるが、潜在犯でもある執行官には執行官護送車の利用が義務付けられている。緊急性の高い任務には、ヘリコプターやティルトローターのような航空機での出動も行われる。

進化を遂げた神託を告げる〈正義〉
シビュラシステム

2020年頃に端を発した「新自由主義経済」の崩壊後、日本は早々に鎖国政策を敷いた一方で、市民の職業適性考査を合理的に行い、壊滅的だった経済を素早く復興させようとした。その考査方法は、サイマティックスキャンによるサイコパス診断。膨大な演算処理を実現するため導入された「スーパーコンピュータ」こそ、シビュラシステムの萌芽である。その後、導入範囲が広がり、「包括的生涯福祉支援システム」としてのシビュラシステムが確立される。運用母体は厚生省。運用理念は、「成しうる者が為すべきを為す。これこそシビュラが人類にもたらした恩寵である」。人間のエゴに依存しない高度かつ合理的な診断を市民は巫女の信託として受け入れる。その正体が何者かも知らずに。

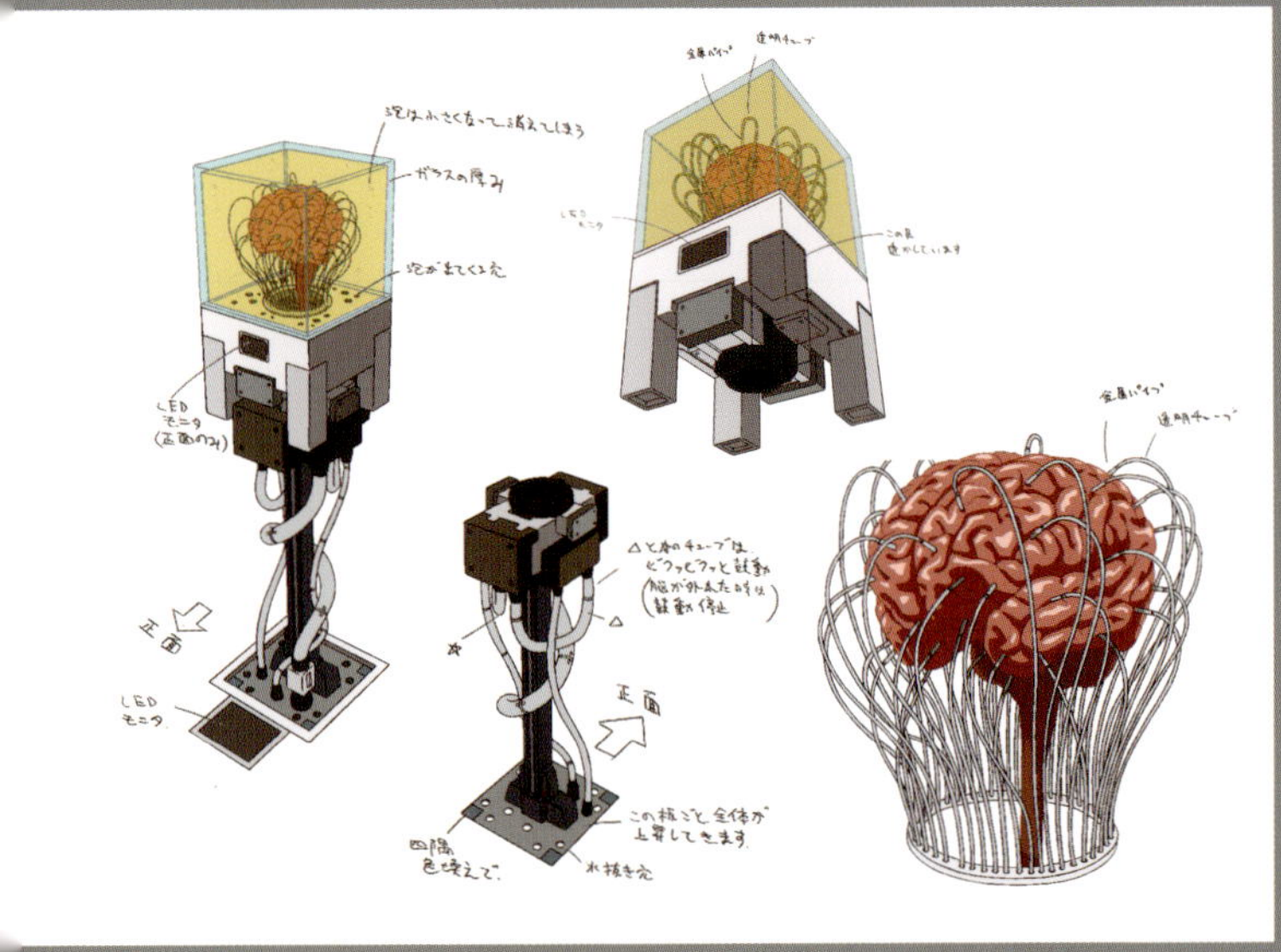

SIBYL SYSTEM®

▲シビュラシステムのマーク

脳は1体ずつ強化プラスチックに包まれたユニットに格納され、電解質の液体により生命が維持されている。繋がれた金属パイプは脳と脳とを電気的に結合。邪魔がない状態で高次元の精神活動が行えるこのシステムは、ある種の理想郷とも言える。

シビュラシステムの実像

対外的には並列分散処理型のスーパーコンピュータだとされているが、実像は生きたまま摘出された脳を大量に繋ぎ合わせ、通信・計算を可能にしたバイオコンピュータで、厚生省ノナタワー地下20階に格納されている。日本政府はこの仕組みの実用化にいち早く成功、さらにその方法を隠匿してきたため、世界で唯一、法治国家として機能させることができた。核となる脳ユニットの補充は定期的に行われ、鹿矛囲事件以降は非適合な脳の廃棄も実行。随時ユニットを入れかえながら、日本全人口のサイコパスを監視している。

脳はクレーンのようなもので時折移動される。集団的サイコパスによって上昇した自らの犯罪係数を下げる際には、黒い液体を注入し脳を廃棄した。

淡い光に包まれた脳ユニットたち。普段は床面に埋め込まれその中身を見ることは出来ない。

シビュラシステムの義体

シビュラの構成員たちは、脳以外は全て人工素材である義体に入り、単独行動を行う。これは、脳が自我を見失わないためのケアとされ、政府の高官には多くの義体が紛れ込んでいる。公安局局長・禾生壌宗もその1人。第1期では標本事件の被疑者・藤間幸三郎が、第2期では東金朔夜の母、美沙子がその義体を通じ、槙島聖護や常守朱たちに接触を試みた。ドミネーターを介すれば、システムと連携でき、ドミネーターのモード等を意図通りに操作することができる。

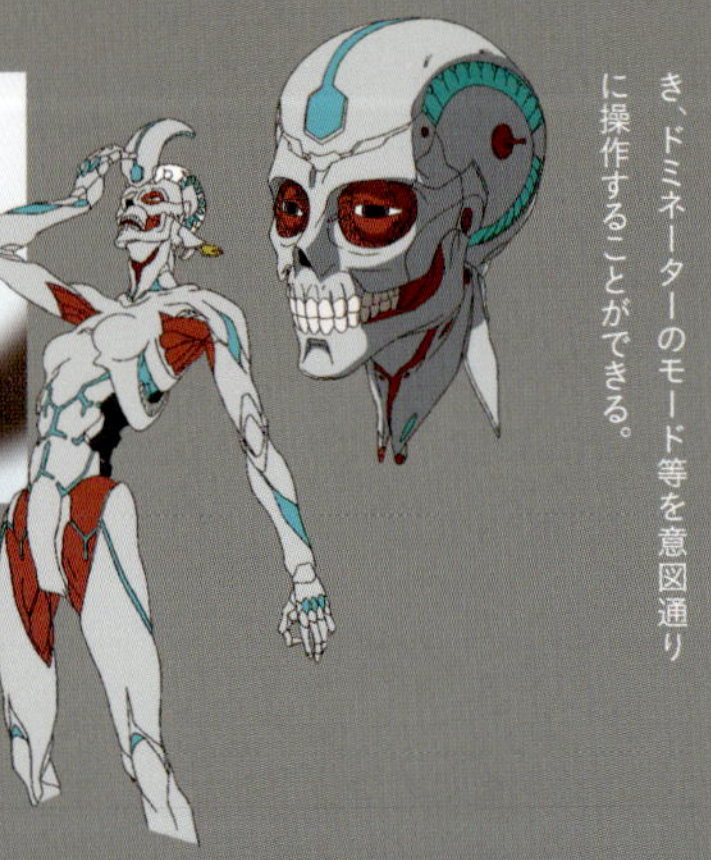

一般には公開されていない高性能全身義体。政府高官以外でも、劇場版ではハン議長が日本から密輸出された「義体」として登場した。

秘匿された所在

シビュラシステムが配置されている場所は、厚生省の本部であるノナタワーの地下20階にあたる広大な秘密区画。システムの詳細と同様、所在も一般に明かされることはなく、その場への出入りも厳重な監視と警備体制が敷かれている。区画内はもちろん、中枢部に足を踏み入れることができた人間は、常守朱をはじめシビュラの実態を知るごくわずかな人々のみだ。

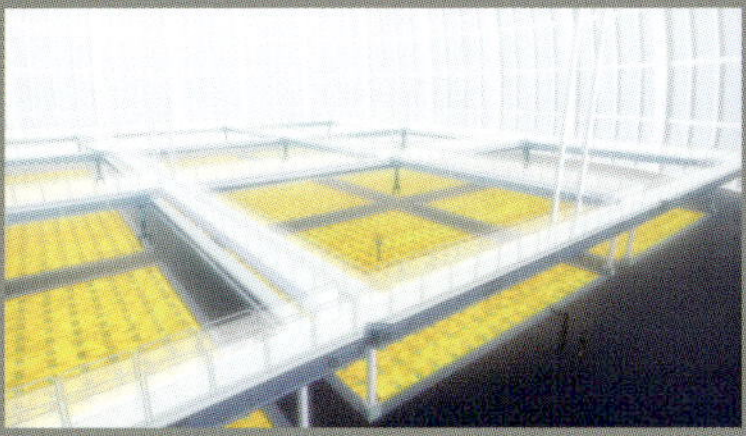

システムの中枢は巨大なドーム状設備の中に設置されている。内部は広大な無菌室のような空間で、ケース状の容器に収められた免罪体質者の脳が整然と並んでいる。

免罪体質者

「免罪体質者」とは、人の精神構造を割り出すサイマティックスキャンの計測値と、実際の精神構造が一致しない人物のことだ。ドミネーターの目前で殺人を犯しても犯罪係数の上昇や色相の濁りは判定できず、従って執行も不可能。極めて異例な、シビュラシステムが裁けない存在である。彼らはおよそ200万人に1人の割合で出現すると予測され、新たな思想と価値観の持ち主も多い。シビュラシステムは、このイレギュラーたる免罪体質者を内部に取り込むことで、自身の理解力や判断力のさらなる拡張を図っている。なお、過去に東金美沙子により免罪体質者を人為的に生み出す試みがなされ、その成果として東金朔夜が免罪体質を持って誕生。しかしその特性は保たれず、実験は失敗に終わっている。

先天的な免罪体質者としては、藤間幸三郎、槙島聖護、東金美沙子が挙げられる。このうち、死亡した槙島聖護以外はシビュラシステムに取り込まれた。東金朔夜での失敗例が示すように、人工的・後天的に免罪体質者を作り出すことは難しい。

集合的サイコパス

鹿矛囲桐斗が起こした一連の事件を通じ、シビュラシステムは新たに「集合的サイコパス」の概念を導入し、自身にもそれを適応させた。これはシビュラにとって大きな進化といえる出来事だ。それまでのシビュラシステムはサイコパス判定を「個々の人物」という単位で行い、それぞれの犯罪係数などの適性値をサイマティックスキャンから解析、その結果を判定する方法で社会と人間を管理していた。中には「エリアストレス」のように地域全体の傾向を現す概念もあったが、これは各エリア内の人々の表層的なサイコパスパラメーターである色相の変化を測定し、天候などの色相変化の要因などを加味して統計学的に処理するというものだった。これに対し、集合的サイコパスの判定では、複数の個人の集合体をひとつの個体と見なし、サイマティックスキャンによる犯罪係数などの複雑な演算を必要とする適性値の解析を行う。もともとシビュラにとってこの手法の導入は検討に値するものだったが、判断の基準を「個人レベル」から「集合レベル」に引き上げるには、従来の個人単位での解析に加え、新たに集団内で考えうる膨大な組み合わせまで想定・予測する必要があり、現状のシステムでは処理能力が不足している。また「個々の人物の犯罪係数が執行対象外であっても、それが集団となった際に執行対象外の状態を保てるかどうかは別」という事実が、人間関係や社会に対する懐疑と警戒を呼び起こし、社会に新たなストレス源を増やす懸念もあった。こうした理由からシビュラは集合的サイコパスの導入を保留し、結果的に複数の脳の総体であるシビュラ自身をサイコパス判定の枠外に置き、絶対者としての地位を保っていた。しかし、多体移植による複数の脳と肉体の集合体・鹿矛囲の出現で、シビュラの絶対的地位は揺るがされた。〝透明人間〟の鹿矛囲を裁くためには、シビュラが局所的ではあるが集合的サイコパスを導入しなければならず、それはすなわちシビュラ自身もドミネーターによる裁きの対象となることを意味する。このジレンマに対し、シビュラは「自らに対する集合的サイコパス判定で犯罪係数が検出された瞬間、犯罪係数発生の原因＝問題となる免罪体質者の脳を廃棄する」という解決方法を選択。集合的サイコパスの実行と免罪体質者という例外の新たな処理の方法を獲得し、自らの権限を保ったまま鹿矛囲を裁くことに成功した。ただし、この変化はシビュラの完全性を高めた一方で、新たなディストピアの出現につながる大きな危険性も秘めている。シビュラが社会全体の集合的サイコパスが判定できる処理能力を獲得し、執行用に強大な兵器が開発され、集団が次々と裁かれていった末に、「人類全体」という極大の集合体が執行対象になったら……？　結果はどうあれ、その扉を開いたのは2114年の「常守朱の提案」ということになる。

集合的サイコパス判定の導入で、シビュラシステムは新たなステップに進んだ。〝透明人間〟が招いた目に見えない変化は、ここから先の世界にも大きな影響を与えるはずだ。

DETECTIVES

厚生省　公安局　刑事課

厚生省公安局　組織図

※2115年1月時点

── 死亡

厚生省公安局

- 局長：禾生壌宗
- 刑事課
  - 一係
    - 監視官：常守 朱／霜月美佳
    - 執行官：宜野座伸元／六合塚弥生／東金朔夜／雛河 翔／須郷徹平／蓮池 楓
  - 二係
    - 監視官：青柳璃彩／酒々井水絵（潜在犯となり隔離）
    - 執行官：蓮池 楓（一係異動）／須郷徹平（一係異動）／山門屋晃／波多野紘一（三係異動）
  - 三係
    - 監視官：堂本秀一郎／錫木 萌
    - 執行官：芳賀隆之／新庄 要／兵頭鉄弥／會川 椿／波多野紘一
- 総合分析室
  - 分析官：唐之杜志恩

	NAME	CORDNAME
一係	常守 朱	SHEPHERD 1
	霜月美佳	SHEPHERD 2
	宜野座伸元	HOUND 1
	六合塚弥生	HOUND 2
	東金朔夜	HOUND 3
	雛河 翔	HOUND 4
二係	青柳璃彩	BALTO 1
	酒々井水絵	BALTO 2
	蓮池 楓	CHIPS 1
	須郷徹平	CHIPS 2
	山門屋晃	CHIPS 3
	波多野紘一	CHIPS 4
三係	堂本秀一郎	GUARDING 1
	錫木 萌	GUARDING 2
	芳賀隆之	LURCHER 1
	新庄 要	LURCHER 2
	兵頭鉄弥	LURCHER 3
	會川 椿	LURCHER 4
分析室	唐之杜志恩	LABO

※2114年10月時点

コードネームについて

▼ 一係

監視官＝SHEPHERD（シェパード／牧羊犬。利発で聡明な犬種として知られる。日本では警察犬のイメージがある。与えられた命令には、内容にかかわらず忠実に従って取り組もうとする）

執行官＝HOUND（ハウンド／猟犬。すばやく、獲物を追跡する能力に優れる。独立心が旺盛で、飼い主の命令を待ってから動くというよりも、独自の判断で獲物を追う傾向がある）

▼ 二係

監視官＝BALTO（バルト／犬ぞり犬。アラスカでジフテリアが発生したときに犬ぞりチームがリレー式で血清を届けた。そのチームのひとつのリーダー格だったシベリアン・ハスキーの名前に由来）

執行官＝CHIPS（チップス／軍用犬。第2次世界大戦中、勇敢にも敵兵士の集団に突入して、主人となる兵を助けた軍用犬の名前に由来する）

▼ 三係

監視官＝GUARDING（ガーディング／牧羊犬。羊の群れの見張りをしたり、外敵から家畜を守るガーディングドッグに由来する）

執行官＝LURCHER（ラーチャー／狩猟犬種の混血の犬。とても従順で、グレイハウンドの血を引くものが多い。語源には「盗賊」という意味もある）

監視官

監視官は潜在犯取り締まりの現場で陣頭に立ち、その名の通り潜在犯を狩る執行官を監視する立場にある。監視官の任に就けるのは、シビュラシステムによる職業適性診断で優れた能力と適性を認められた真のエリートのみ。捜査においても幅広い権限が与えられている。10年勤め上げ、〝色相がクリアカラーである〟〝犯罪係数が50ポイント未満である〟という2点の昇進条件を満たせば厚生省幹部への道が約束される。しかし業務上、数多くの潜在犯との接触や、犯罪現場への立ち合いなどを経験するため、昇進条件を満たすのは困難。犯罪係数の上昇により潜在犯となる者も少なくない。

潜在犯

シビュラシステムがサイマティックスキャンで読み取られた個人データを解析し数値化した判定値のひとつ「犯罪係数」。「潜在犯」とは、この犯罪係数が１００ポイントを超えた者たちの総称だ。ドミネーターなどにより潜在犯と認定された者は公安局により施設に「隔離」され、一般市民と隔てられた生活を余儀なくされる。施設では投薬等の治療を受けて社会復帰を目指すが、医学的措置で犯罪係数の低下が見込めない者は厳重な監視の中、施設で一生を過ごすことになる。一方で公安局の手を逃れた潜在犯たちは、シビュラシステムが管理を放棄した廃棄区画のスラム街に身を寄せ、生活するケースが多い。

執行官

執行官は監視官の指揮下で潜在犯を取り締まるために手足となって行動する〝猟犬〟だ。選ばれる人材は１００ポイントを超える高い犯罪係数により潜在犯と認定された者たちで、犯罪係数が限度を超えた元監視官や、旧体制下で犯罪取り締まりを行っていたベテラン刑事、施設に収容された潜在犯といった面々から、シビュラシステムが適性のある人物を選出。本人の承認の上で訓練が行われ、刑事課に配属される仕組みとなっている。捜査においては潜在犯への直接的な執行対応に加えて、彼らの考えや心理を読み解き、その行動を予測するといったことも担当。これにより分析官とともに監視官の犯罪係数上昇を防ぐ防波堤的な役割も担っている。普段の生活は通常の潜在犯と同様に制限が課せられており、ある程度自由に行動できるのは、職場である公安局と居住を許された宿舎のみ。匿名でのネットワークサービスの利用も禁じられている。事件捜査で公安局から外出する際は、監視官同行のもとで専用の護送車を使って出動。監視官と執行官が用いる潜在犯対応用の特殊拳銃「ドミネーター」も、この護送車でドミネーター管理機能を備えた運搬ドローンとともに現場に搬送される。なおドミネーターのセイフティは犯罪係数によって管理されているため、執行官も執行対象となる。実際に、執行官が事件捜査時に脱走を企てた例が過去に存在するが、その際に監視官がドミネーターで執行官を殺害するケースもあった。

あり得ない事態が起こったなら、
疑うべきは2つだけだ。
前提条件が間違っているか、
それとも、あんたの頭がイカレちまったか……。

PHASE 03

PSYCHO-PASS 2, PSYCHO-PASS MOVIE

CASE FILE

PSYCHO-PASS Extended Edition Key Visual

CHARACTER DIAGRAM FROM 2112

PSYCHO-PASS サイコパス 新編集版
人物相関図 2112年〜

Akane Tsunemori	Joji Saiga
Shinya Kogami	Mitsuru Sasayama
Nobuchika Ginoza	Kozaburo Toma
Tomomi Masaoka	Rikako Oryo
Yayoi Kunizuka	Kagami Kawarasaki
Shusei Kagari	Mika Shimotsuki
Shion Karanomori	Yuki Funahara
Jyosyu Kasei	Kaori Minase
Shogo Makishima	
Choe Gu-sung	

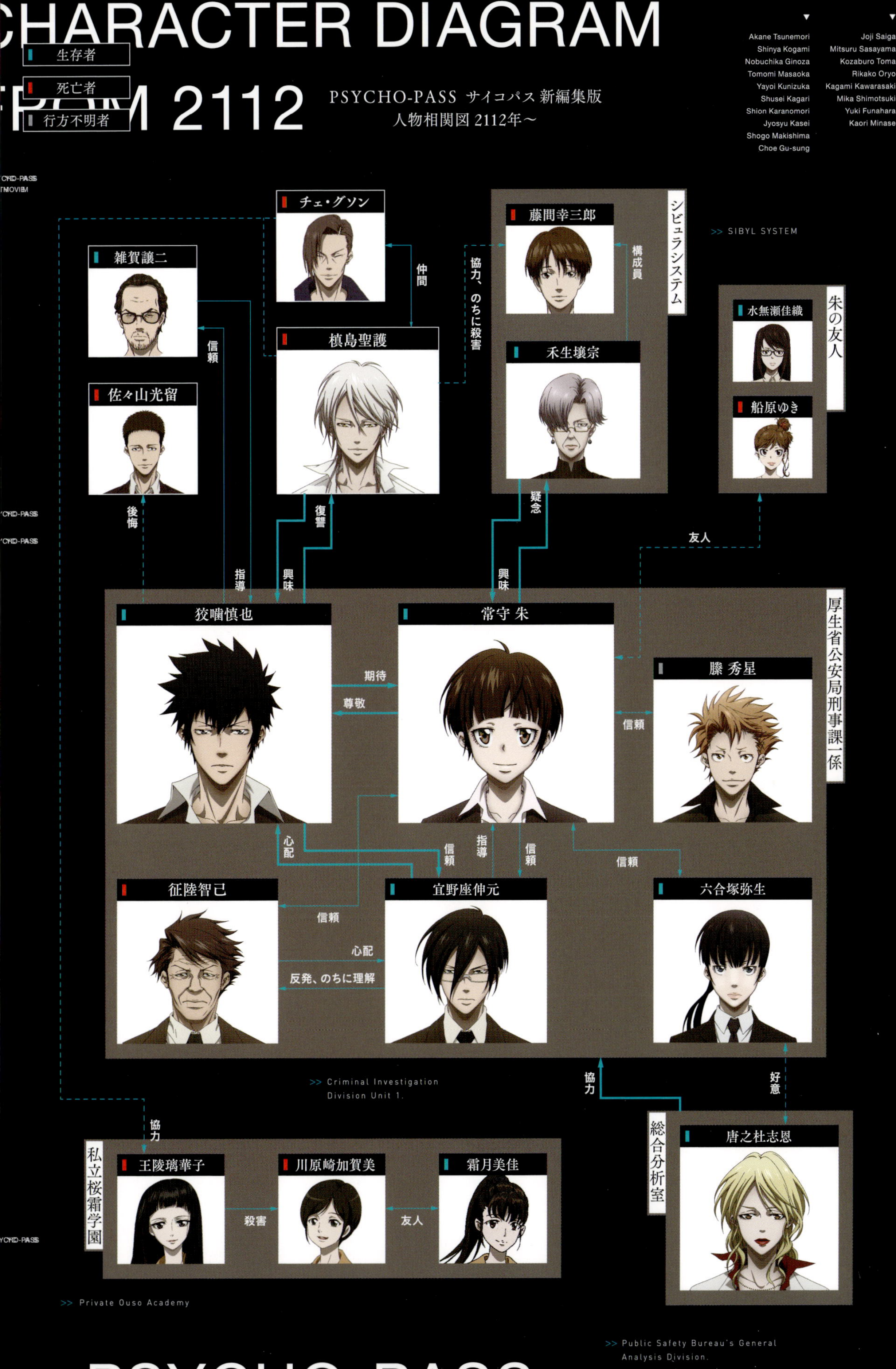

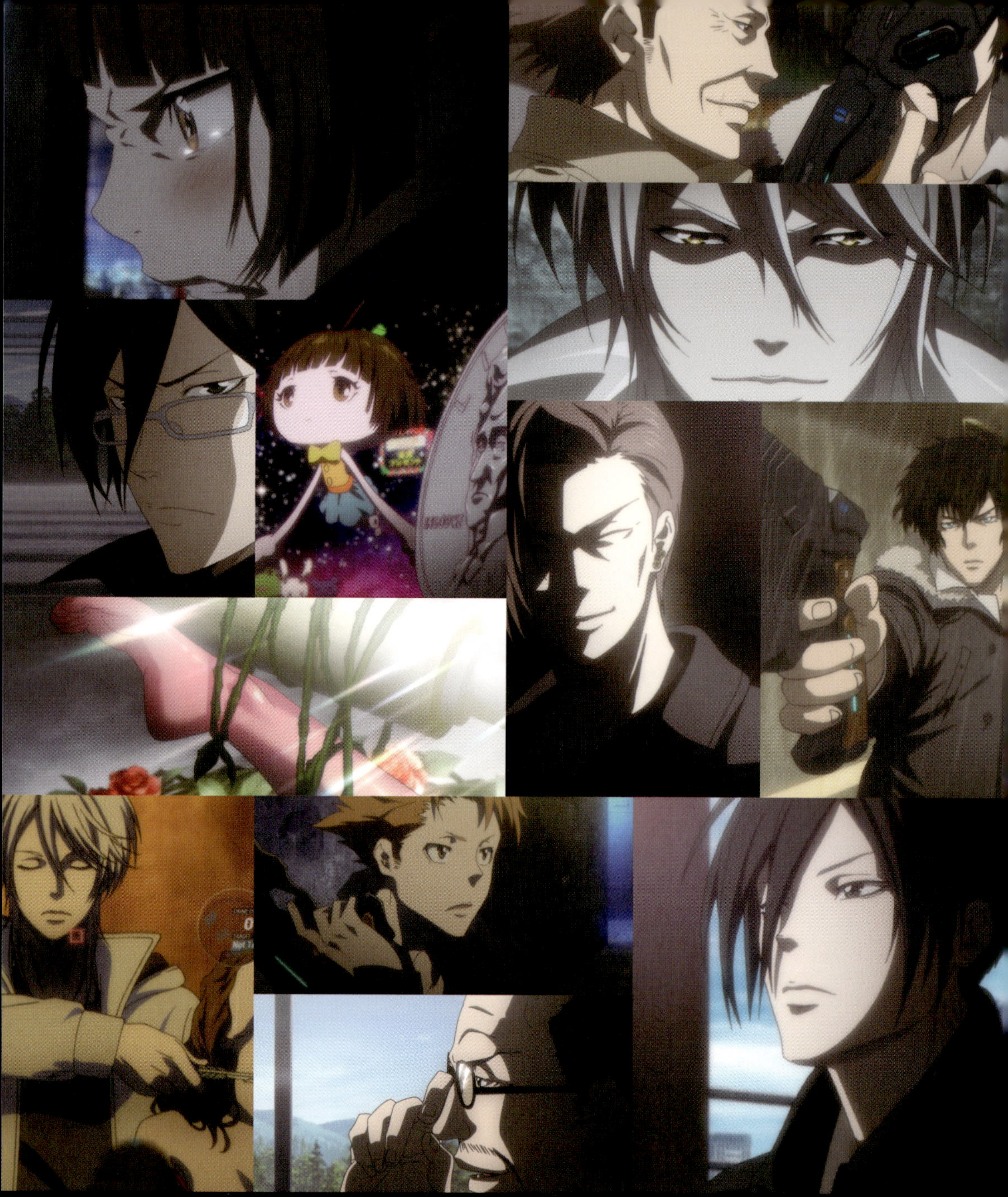

WHAT IS JUSTICE?

PSYCHO-PASS Extended Edition
Episode #01-#11

STORY

人の心理状態や性格的傾向を数値で計測できるようになった世界。その数値を人々は「PSYCHO-PASS（サイコパス）」と呼んだ。平和な国家を実現すべく、治安を守る厚生省公安局の刑事たちは、シビュラシステムが解析する犯罪にまつわる数値「犯罪係数」を測定する特殊拳銃・ドミネーターを用いて、犯罪を犯す危険性がある未遂犯罪者・潜在犯を取り締まっていた。狡噛慎也は、刑事歴8年の執行官。そんな彼がいる刑事課一係へ、潜在犯でもある執行官を監視・指揮する監視官として、新人の常守朱が着任したことで物語は動きだす。次々と起こる不可解な事件。狡噛は事件の背後にひとりの男を思い描く。男の名は槙島聖護。かつての部下を失い、自らの犯罪係数を跳ね上げた「標本事件」に深く関わっている人物だ。犯罪係数が特定できない免罪体質者である槙島を、狡噛は執念深く追いつづける。一方、槙島はシビュラの管理下にありながら、執拗に迫る狡噛に興味を持ち始める。立場は違えどシビュラに反目する狡噛と槙島は、互いに引き合うことに。刑事では正義を行えないと公安局を脱走し槙島を追う狡噛。2人の後を追う中で、シビュラの真実を知った朱は、社会の理を知るも自らが信じる正義を貫くことを決心し、両者を捕らえようと試みる。しかし、狡噛は朱の制止を振り切り、槙島を殺害して朱の前から姿を消した……。

[WORDS]

この世界に永遠などない。
あるのは、あがなう者の魂の輝きだけだ

The Movie

at2116

> CHARACTER PROFILE

槙島聖護

SHOGO MAKISHIMA

2109年に発生した公安局広域重要指定事件102(通称・標本事件)も含めた、数々の事件の裏で暗躍した謎多き男、槙島聖護。彼はサイマティックスキャンによって測定される犯罪係数と自身の犯罪衝動が一致しない「免罪体質者」であり、シビュラシステムの治安体制では裁くことができない存在として、公安局刑事課メンバーを翻弄した。標本事件で公安局の前におぼろげな姿を見せた彼は、盟友チェ・グソンとともに八王子自立機公司ドローン暴走殺人事件をはじめ3つの連続殺人事件を手引きした後、常守朱の友人であった船原ゆきを自らの手で殺害。さらにサイコパス偽装ヘルメット集団によるノナタワー襲撃事件にも関与する。ここで一度は逮捕されるが護送中に逃亡。穀倉地帯への大規模バイオテロ計画の実行中に、彼を追って公安局から脱走した狡噛元執行官の銃で射殺され、その人生を終えている。金原、御堂、璃華子、伊藤——槙島が導いた事件の犯人の多くは、立場こそ違えどごく普通の生活を送る一般の市民たちだった。確かに彼らは、それぞれに行き場のない暗い衝動や欲望を心に秘めていたが、そうした内面は誰もが持ち得るものだ。槙島はそうした人々に罪を犯す方法と手段を与え、本物の殺人犯へと仕立て上げた。「僕は人の魂の輝きが見たい。それが本当に尊いものだと確かめたい」と語った槙島が求めたのは、善悪を超越した"人間らしさ"の発露。その彼が、生殺与奪の権利さえシステムに握られて生きる"家畜"を生み出す、シビュラの一員となった藤間の誘いを蹴ったのは必然だ。そして、自らの正義に従い、感情をむき出しにして槙島を追いかけた狡噛と対峙したこともまた、当然の帰結だったろう。その証明として、槙島が残した"魂の輝き"は、今もまだ狡噛の脳裏に幻影として姿を見せるほどの強い影響を遺している。

CV:櫻井孝宏

PROFILE

フリガナ	マキシマショウゴ
氏名	槙島聖護
生年月日	不詳
年齢	不詳
血液型	O
現住所	不詳
学歴・経歴	不詳

PERSONAL DATA

> 出身

不詳

> 視力

両目ともに2.0

> 身長

180cm

> 趣味/余暇の過ごし方

読書

> 体重

65kg

> 好きな言葉

「書を捨てよ町へ出よう」

SURROUNDING PEOPLE
その他の主要人物

公安局刑事課二係

神月凌吾 Ryogo Kozuki

執行官

職業：公安局刑事課二係 執行官

CV：木村良平

サイコパス偽装ヘルメット集団による暴動事件の際に出動した刑事課二係の1人。脱走を企てたが発見され執行された。

青柳璃彩 Risa Aoyanagi

監視官

誕生日：2084年12月9日
年齢：28歳（2113年2月時点）
職業：公安局刑事課二係 監視官

CV：浅野真澄

刑事課二係の監視官。サイコパス偽装ヘルメット集団による暴動事件の混乱にまぎれて公安局を脱走した神月を執行した。

公安局刑事課一係

佐々山光留 Mitsuru Sasayama

執行官

誕生日：2081年3月26日　享年：28歳
職業：公安局刑事課一係 執行官

CV：浅沼晋太郎

狡噛が監視官時代に、執行官として刑事課一係に所属した男。通称・標本事件の捜査中、実行犯だった藤間幸三郎によって殉職を遂げた。その死は狡噛の執行官降格の原因となった。

執行対象者たち

藤間幸三郎 Kouzaburo Touma

職業：桜霜学園教諭

CV：鈴村健一

標本事件の実行犯。槙島と同様の免罪体質者で、事件後に脳をシビュラに提供、その一部となった。槙島護送時に局長の義体に脳を収め、槙島にもシビュラになるよう勧めるが、反撃により脳を破壊される。

王陵璃華子 Rikako Oryo

誕生日：2094年10月7日　享年：18歳
職業：桜霜学園 3年生

CV：坂本真綾

女生徒4人が被害者となった第2の標本事件の犯人。事件発覚後は行方不明とされているが実は泉宮寺に殺害されている。

金原祐治 Yuji Kanehara

誕生日：2089年6月6日
年齢：23歳（2112年11月時点）
職業：八王子ドローン工場勤務

CV：鶴岡 聡

チェ・グソンが用意したメモリーカードを使って作業用ドローンを暴走させ、自分をいじめていた同僚3人を殺害した。

泉宮寺豊久 Toyohisa Senguji

誕生日：2002年10月25日　享年：110歳
職業：帝都ネットワーク建設会長

CV：長 克巳

脳と神経以外がサイボーグ化された身体を持つ。廃棄区画の地下に被害者を誘い込んで〝人間狩り〟を行っていた。

大倉信夫 Nobuo Okura

誕生日：2073年4月20日　享年：39歳
職業：営業職

CV：樫井笙人

街頭スキャナーによる色相チェックにかかり、人質を取って逃走した男。朱が着任直後に担当した最初の事件の犯人だ。

御堂将剛 Masatake Mido

誕生日：2085年6月14日　享年：27歳
職業：ヴァーチャルスポーツ運営会社勤務

CV：水島大宙

槙島たちの協力を得て、人気コミュフィールドの管理人を殺害。ネット上でその人物になりすまし連続殺人事件を実行。

チェ・グソン Choe Gu-sung

誕生日：2070年10月29日　享年：42歳
職業：不明

CV：増谷康紀

槙島の思想に共鳴し、彼の犯罪を手助けした外国人のハッカー。各種ホロの偽装から、ドローンのクラッキングまで、高いプログラミング能力を持っている。ノナタワー襲撃時にシビュラの正体を知り、殺害されている。

伊藤純銘 Junmei Ito

誕生日：2084年12月3日　享年：28歳
職業：出版社事務職

CV：石上裕一

槙島が作成したサイマティックスキャンを欺くヘルメットを被り、元恋人をハンマーで撲殺。暴動事件の引き金を引いた。

常守朱の友人

船原ゆき Yuki Funahara

享年：20歳
職業：スポーツインストラクター

CV：小岩井ことり

朱の学生時代からの親友。狡噛と共に泉宮寺の〝狩場〟に捕らわれ、槙島聖護によって朱の目前で剃刀で喉を掻き切られ、非業の死を遂げた。

水無瀬佳織 Kaori Minase

年齢：20歳（2113年2月時点）
職業：システムエンジニア

CV：原島 梢

ゆきと同じく朱の学生時代からの親友。3人の中ではまとめ役で、システムエンジニアの職に就いている。ゆきの死に大きな衝撃を受けた。

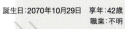

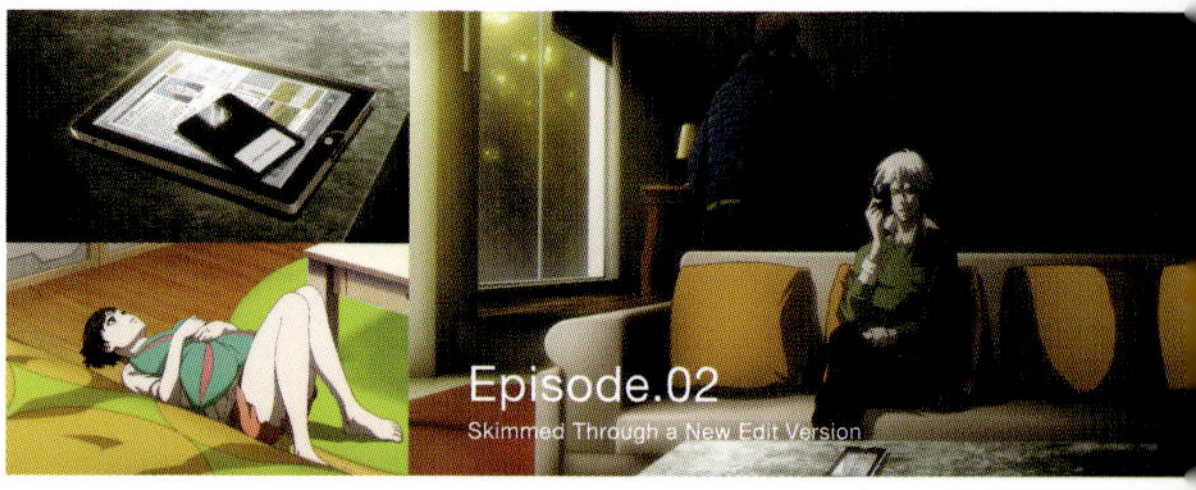

Skimmed Through a New Edit Version

PSYCHO-PASS サイコパス新編集版 追加シーン解説

▼Episode.01

―2112.11.04 / 2112.11.05

厚生省ノナタワー最上階付近に立つひとりの男……。これは第1話より、先の話。第16話(新編集版EP08)にて、都内各所の暴動を誘発し、追いかけてくる狡噛慎也を待つ槙島聖護だ。その表情には恐怖は一切なく「信じられないかもしれないが、僕は、きみたちが好きだ」と嘯きながら、微笑を浮かべている。一方、第2話のアバン前追加分は、狡噛の回想。愛用のタバコを吸いながら、佐々山光留が殺された事件を回想している。「シビュラシステム運営化にありえないタイプの犯罪」。槙島の存在をひとり感じながらも、その姿をいまだ掴んでいない狡噛。その焦燥感は、前半の余裕すら浮かべる槙島と対照的に描かれている。

▼Episode.02

―2112.11.16 / 2112.11.25-12.04

セーフハウスにて寛ぐ槙島。チェ・グソンより受け取ったディスクを見て、「このディスクが小石となる」と呟く。これは金原祐治に渡したドローン・ハッキング・プログラムであり、連続事件の試金石となるものだった。この時、槙島は、すべて計算通りになるとも考えておらず、イレギュラーを「摩擦」と称し、それに対応することすら楽しみであると述べている。なお、このシーンの最後に映る携帯端末には、管巻宣昭博士とハイパーオーツのニュース記事が映っている。「食糧的な破綻」という槙島の最終目標が、すでに展望としてあったことが窺える。後半の追加分は、常守朱の自宅。暴走したドローンと戦う狡噛を回想している。サイコパスの悪化につながらないよう生きるこの世界において異質な、獣のような存在の狡噛。彼が持つ「強さ」に不安を感じながらも、自分の人生が交錯してしまったことを意識している。物語冒頭における朱の、狡噛への想いが見える。

▼Episode.03

―2112.12.05 / 2112.12.12-12.17

冒頭は死体の処理を終えて逃走する槙島とグソン。知能化自動車なのでグソンはハンドルを握っていない。槙島は犯行を犯す御堂を想像し、自由を得た彼がそれをチープな万能感ととるか本物になるかを語っていた。一方で、後半は狡噛の回想。第1期第6話で標本となって死んだ佐々山の死亡直前の様子が、狡噛の視点から、より詳細に描かれている。

▼Episode.04

―2112.12.17-12.19 / 2112.12.20

美術室にて王陵璃華子の絵画を見る槙島。〝絶対的な芸術〟をイソップ寓話に出てくる、「高いところにあるため届かないすっぱいブドウ」にたとえる。シビュラシステムが芸術的価値観すら管理し、芸術家が絶対的な芸術性を苦悩もせず享受することは、社会の致命的な停滞をもたらすと懸念を抱いている。後半の追加シーンは、宜野座伸元たちの捜査会議の場面。文科省の特殊認可を受けている教育機関での捜査が、公安であっても難しいことが窺える。

▼Episode.05

―2112.12.21-12.23 / 2112.12.24

OP後のアバンは若き日の狡噛と宜野座が、公安局の講堂で雑賀譲二の講義を聞くシーン。この時、雑賀は『暴力』の著者であるミシェル・ヴィヴィオルカを提示し、シビュラシステムの監視下をくぐり抜けて同時多発的に起きる暴力の発生を示唆した。それに対し、狡噛は扇動者が現れることを雑賀に提示するが、実際に扇動者=槙島が現れるとは夢にも思っていない。後半の追加シーンでは、そんな槙島が携帯端末に映った狡噛を見て思案に耽る。槙島は二項対立する相手を常

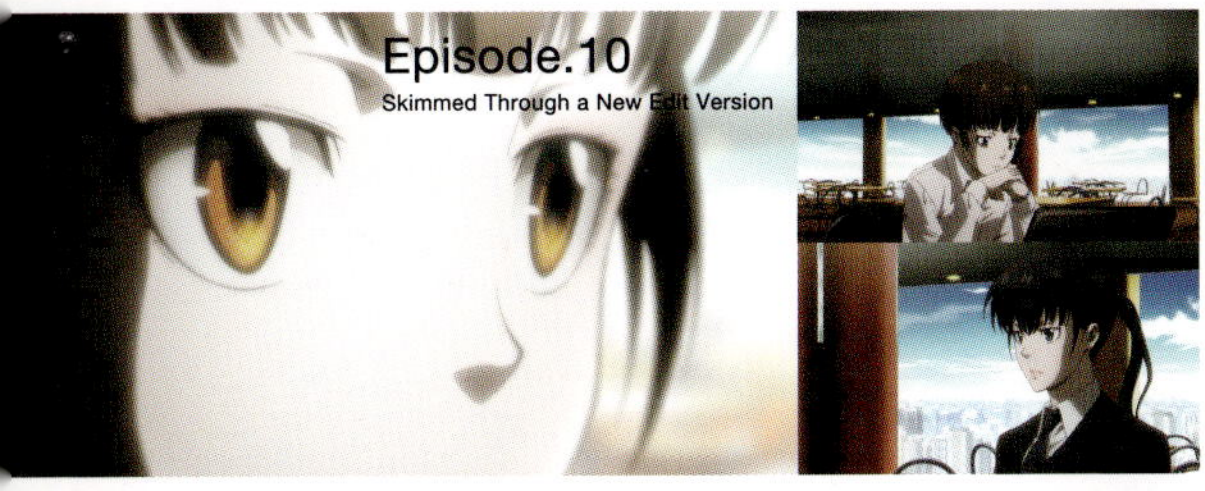

に望んでいる。狡噛をクラウゼヴィッツが『戦争論』で語る"摩擦"にたとえ、免罪体質者である自分の前に、狡噛が現れることを望むのだった。

Episode.06

—2112.12.24 / 2109（3年前）

狡噛と泉宮寺豊久の戦いを遠くから見つめる槙島。まるで、西部劇の決闘のように、優秀な2匹の猟犬がぶつかり合う様に、いずれかひとり死に絶える運命を感じながらもその状況を大いに楽しんでいる。後半は泉宮寺を失い繁華街を歩く槙島。公安でありながらも向かってくる狡噛の存在。イレギュラーである彼が、自分にとって何なのか推し測りながらも、自分を監視しながら何もできないシビュラシステムに対し、挑戦的な眼差しを向けるのであった。

Episode.07

—2113.01.02 / 2113.02.03-02.04

色相の濁りに焦りを感じ始める宜野座の回想が追加。本編と対応するかのように、幼き日のまだ仲睦まじかったころの親子の姿が描かれる。この時、征陸と避難した廃棄区画の一室こそ、後に狡噛が逃げ込むことになるセーフハウスであり、この拳銃こそ、狡噛が槙島に向けるものである。後半は悠々自適にチェスをグソンと楽しむ槙島。ラッセルの『幸福論』が述べるところの「退屈」の反対は「興奮」と語る。シビュラの支配によって退屈が蔓延する世界を変えるため、新たなるドミノを倒すのだった。

Episode.08

—2113.02.05 / 2113.02.05-02.06

犯罪係数の計測を阻害するヘルメットをばらまき、犯罪を蔓延させた槙島。犯罪という蜜の味を知った市民を想起し、伊藤計劃の『虐殺器官』の一節「まるである日突然、虐殺が内戦というソフトウェアの基本仕様と化したかのようだった」を引用する。後半の追加部分は、槙島たちがいるノナタワーに向かう縢の回想。幼き頃から潜在犯認定を受け隔離施設にて過ごした日々と、適性判定により猟犬として生きるようになった執行官の日々を思い出す。これから起きる自分の運命を知らない笑みが、どこか悲しい。

Episode.09

—2113.02.06 / 2113.02.06-02.08（シビュラ復旧予定02.13）

冒頭の追加は、暴動が沈静化した東京。混乱に乗じて逃げた二係執行官・神月凌吾を監視官の青柳璃彩がドミネーターで処刑する場面である。追加シーンの中で、唯一の公安二係にスポットがあたる珍しいケースだ。後半の追加シーンは、狡噛が自分の想像した槙島と言い争うシーン。槙島の逃亡と、厚生省上層部の不自然な動き。最後にため息をつきながら立ち上がる様子は、鎖から放たれることを決意したかにも見える。

Episode.10

—2113.02.09 / 2113.02.09-02.10

追加シーンは食堂での朱。時系列的にはシビュラと朱との対話より前の出来事となる。過去のデータベースを調べているのは、ドミネーターでは槙島を裁くことができないため。それに対し、同席した六合塚弥生はデータベースには過去のことは載っていないと語る。人は過去や歴史という学問から、将来のあるべき世界を考え、理想の形を思い描いていたと。しかし、シビュラにとって不都合な真実があるかもしれない歴史や過去など必要ない……。シビュラを絶対的なものと信じていた朱。それが、この後にシビュラの真実を知ることで、変化してしまうことを暗示するシーンである。

Episode.11

—2113.02.11 / 2113.02.11-04.11頃（2か月後）

ビル街から東京を見下ろす槙島。プルーストの『失われた時を求めて』の第7編、『見出された時』を朗読する。絶対的な肉体の死と、作品の死。「永遠の持続は作品にも人間にも約束されていない」と。そんな中で、システムに握られ甘んじている人間を家畜と断じる。そこに狡噛の幻想が現れる。彼が読むのは新約聖書、ヨハネによる福音書の「自分の命を愛するものはそれを失うが、この世で自分の命を憎む人は、それを保って永遠の命に至る」という一節。憎悪しながらも惹かれあう2人の結末を想起させる、槙島の白昼夢である。

※新編集版とは、TVシリーズ第1期全22話を1時間番組の全11話に再編集し、新規カットを追加したもので、2014年7月～9月に放送された。

PSYCHO-PASS 2nd Season Key Visual

CHARACTER DIAGRAM FROM 2114

生存者
死亡者

PSYCHO-PASS サイコパス 2
人物相関図 2114年〜

Akane Tsunemori
Mika Shimotsuki
Nobuchika Ginoza
Sakuya Togane
Yayoi Kunizuka
Sho Hinakawa
Teppei Sugo
Kaede Hasuike

Shion Karanomori
Joji Saiga
Jyosyu Kasei
Kirito Kamui
Risa Aoyanagi
Mizue Shisui
Misako Togane

PSYCHO-PASS2

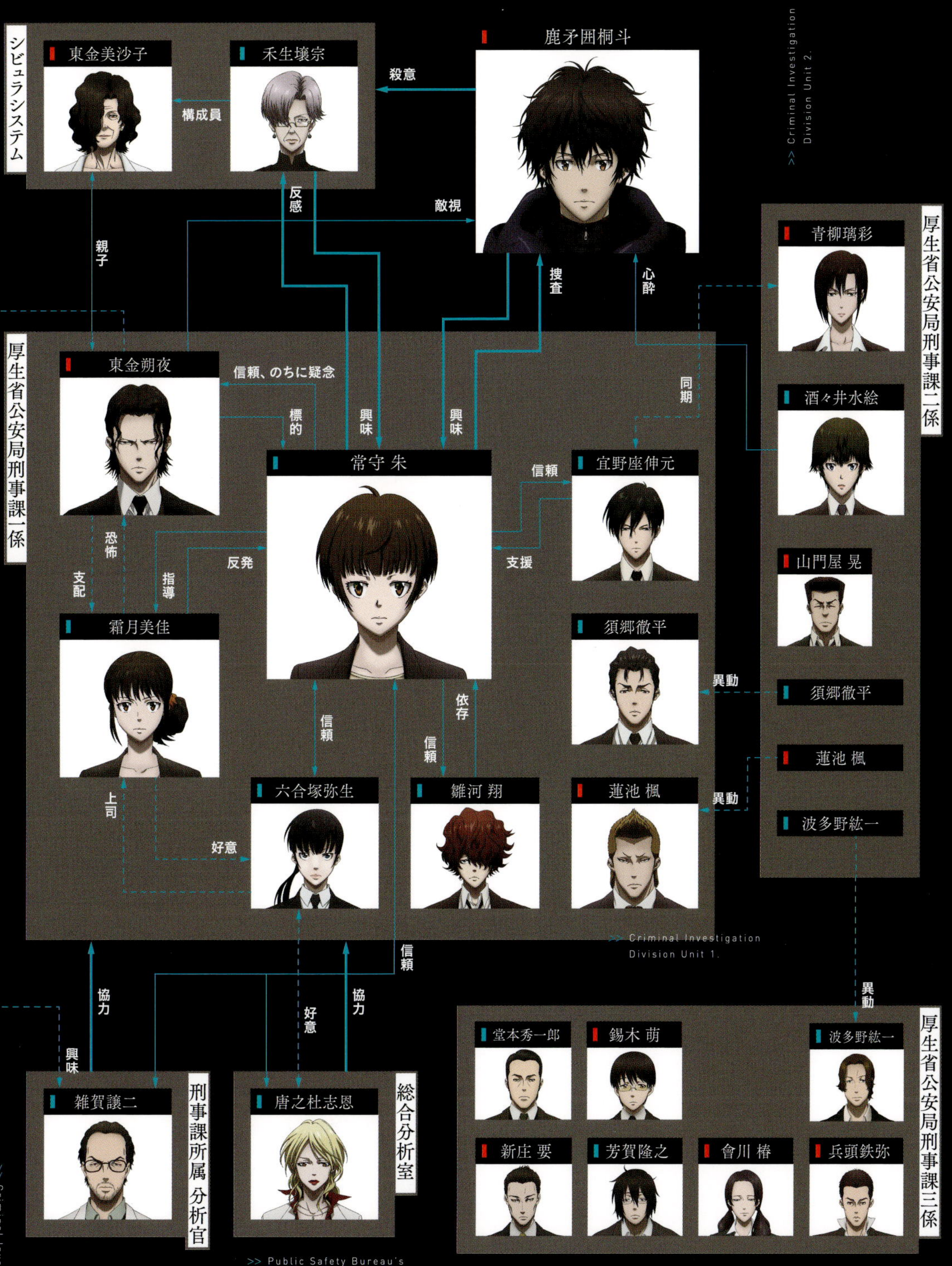

PSYCHO-PASS2
PSYCHO-PASS2
PSYCHO-PASS2

WHAT COLOR?

PSYCHO-PASS 2nd Season

Episode #01-#11

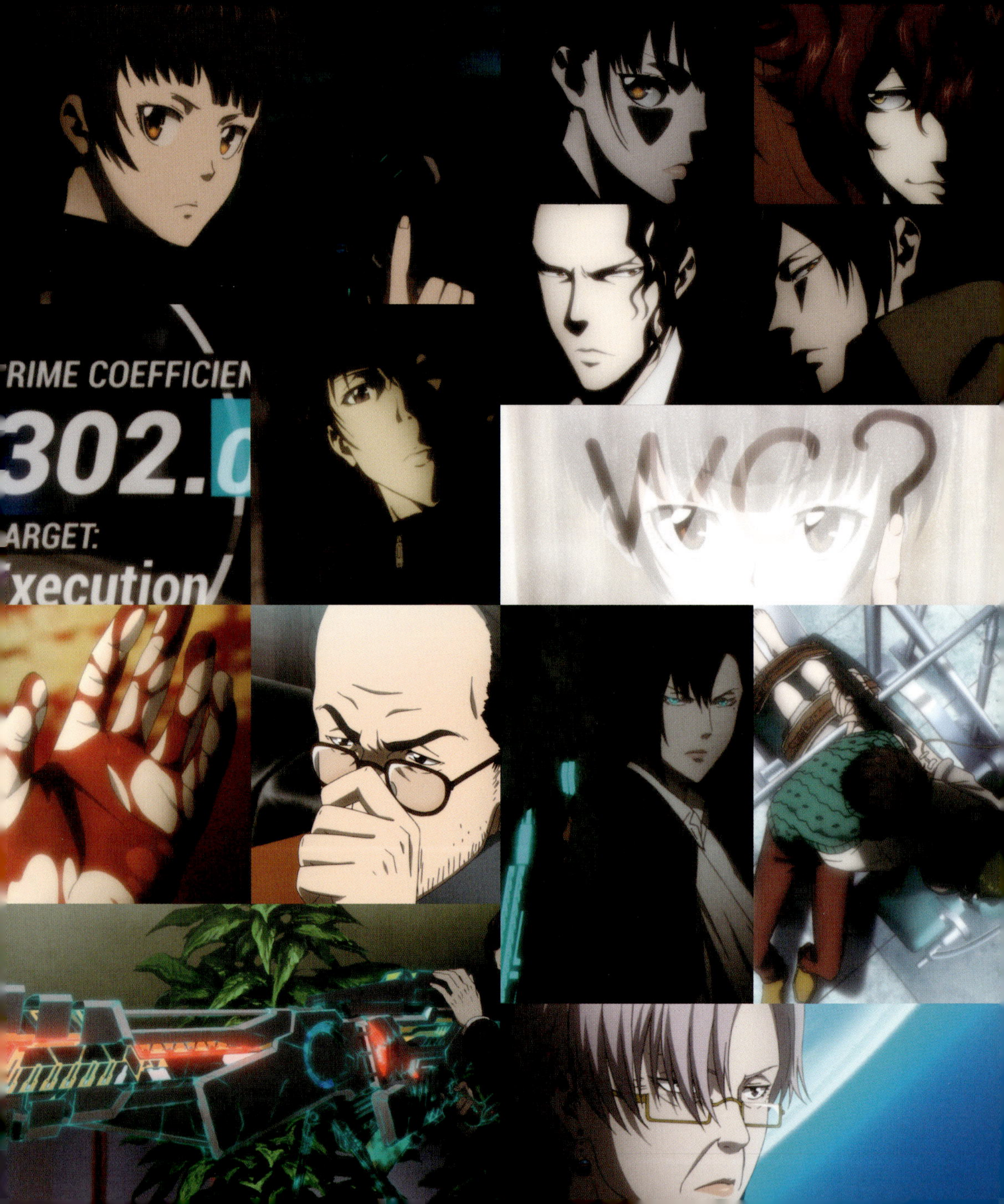

STORY

2114年、公安局刑事課一係の先任監視官である常守朱は、繁華街で発生した無差別連続爆破事件を皮切りに奇妙な事件に巻き込まれる。色相がクリアなままの犯罪者達、関連現場に残された「WC?」の文字……これらを通じて一係のメンバーは一連の事件を背後から操る〝透明人間〟の存在に気付く。その正体は、過去に発生した航空機事故の犠牲者の遺体をつなぎ合わせることによって生き延びた男・鹿矛囲桐斗。そのおかげでシビュラの目から逃れられる体質となった彼は、シビュラにドミネーターを突きつけ、自らの色を問うために活動していた。一方、朱は身内に敵も抱えていた。ひとりはシビュラにそぐわない朱の捜査方針に度々異を唱える後輩の〝純白の監視官〟霜月美佳。そしてもうひとりの〝黒い執行官〟東金朔夜は、清らかに保たれたままの朱の色相を濁らそうと暗躍。霜月を利用し、鹿矛囲の仕業に見せかけて朱の祖母・葵を殺害し、朱の犯罪係数を上げようとする。しかしそんな挑発にも耐えて色相を濁らすことなく、朱はいよいよシビュラの中枢へと向かう鹿矛囲と合流。シビュラは鹿矛囲を裁くため自らの犯罪係数を計測できるよう集合的サイコパスの存在を認め、進化。いくつかの脳を廃棄し、犯罪係数を0まで下げてしまう。そこに現れた朔夜とドミネーターで撃ち合った結果、鹿矛囲は死亡。鹿矛囲からシビュラを変革する可能性を託された朱は、未来に向かって歩みを進める。

[WORDS]

僕たちという存在をかけて聞こう
シビュラよ　僕たちの色が見えるか？

> CHARACTER PROFILE

鹿矛囲桐斗

KIRITO KAMUI

酒々井監視官誘拐と山門屋執行官死亡に始まる、一連の〝鹿矛囲事件〟の首謀者。サイマティックスキャンができず、シビュラシステムが認識できない〝透明人間〟で、精巧なホロを纏うことで、誰にも気づかれることなく事件現場に紛れ込んで暗躍を続けた。その正体は、シビュラシステムに対抗すべく経産省から発案され試験運用されたパノプティコンシステムの不備が引き起こした〝地獄の季節〟で航空機事故に巻き込まれ、ただ1人の生存者として生き残った少年、鹿矛囲桐斗。事故で身体の大部分に甚大な負傷を負った彼は、飛行機に同乗した184人の子供たちの臓器や肉体の一部をパッチワークのようにつなぎ合わせる多体移植により命を取りとめる。しかし、自身も含む8人分の脳を含め、あまりに多数の人間の肉体から構成された彼は、意図せずシビュラと同じ「集合体」と化し、そのせいでシビュラに認識されない存在となっていく。自分が透明人間になっていく理由を求めて調査した彼は、かつての事故の原因にシビュラが関係していたという答えに辿り着く。そして航空機事故の復讐と、鹿矛囲や自らを裁く術を持たないシビュラに新たな選択を迫るべく行動を起こした。鹿矛囲本人が主導した事件は、現役監視官の誘拐とドミネーターの強奪、軍事ドローンのクラッキング、政治家および高級官僚の集団殺害、シビュラ中枢への侵入を目的にした地下鉄ジャックと、社会全体に衝撃を与える大事件ばかりだ。最終的には鹿矛囲の意図に気づいた常守朱に導かれる形で、シビュラシステムと対峙。ドミネーターをシビュラに突き付け、朱が提案した集合的サイコパスという新たな概念をシビュラに選び取らせた。その結果彼は正しく潜在犯として認識され、シビュラの一部であった母・東金美沙子の死に狂乱する東金朔夜のドミネーターで殺害される。積年の思いをすべて果たした鹿矛囲。「本当の裁き手」足りうる朱に未来を託して、笑顔を見せながら死を受け入れた。

CV：木村良平

PROFILE

フリガナ	カムイ キリト
氏名	鹿矛囲 桐斗
生年月日	2091.07.23
年齢	23
血液型	AB
現住所	不詳
学歴·経歴	不詳

◀ 正装

▼ ジャケット下

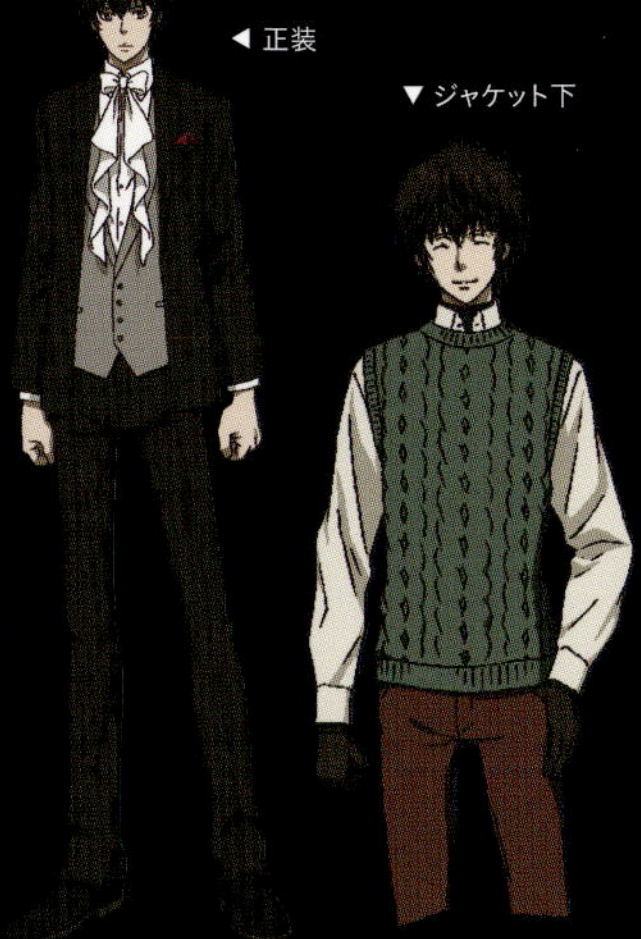

凄腕のホロ&ドラッグデザイナー

鹿矛囲は高度なホロ製作技術と、多様な薬物を適切に調合するドラッグデザイナー、そして会話によるセラピー技能を特殊な才能ともいうべきレベルで身に付けている。多体移植の結果、生と引き換えに無残な姿と色相さえ判定されない透明人間の体を持つことになった彼にとって、これらの技術は必要不可欠だったろう。その技術を潜在犯やユーストレス欠乏症患者、密入国者といった傷ついた者たちを救うために振るったことで、彼は多くのシンパを得ている。一連の事件で鹿矛囲を助けた者たちも、すべて彼に恩義を感じる人々だった。

▼ 鹿矛囲に関する特許（一部抜粋）

項番	公開番号	登録番号	発明の名称
1	特許公開2113	208250	サイコパス一時障害及び依存症治療方法
2	特許公開2112	196327	薬物送達を変更する多層接着マトリックスを含有する経皮的システム
3	特許公開2110	166586	色相改善における、ドーパミン抑制剤
4	特許公開2110	148551	人格障害症治療方法
5	特許公開2110	128277	コア層と1又は複数のバリヤー層を含む徐放性経口投与用配合剤
6	特許公開2110	114291	経口ドラッグデリバリーユッタリーナ
7	特許公開2014	114290	新型ラクーゼ製造方法
8	特許公開2014	114289	皮膚外用剤としてのアドミン安定剤使用法
9	特許公開2014	64950	ツーピース心臓弁を移植するために適合化された補綴
10	特許公開2014	197319	色相改善における、ドーパミン抑制剤
11	特許公開2014	37423	向精神薬のスクリーニング方法及び精神神経疾患の治療方法
12	特許公開2013	231066	事故的誤用および不法転用を防止するための耐破砕性錠剤
13	特許公開2011	29190	可溶性アドミニン糖タンパク質（sHAADPGP）、その調製プロセス、使用およびそれを含む薬学的組成物
14	特許公開2099	249346	骨格を有する血液脳関門透過性化合物
15	特許公開2075	197271	溶液中のタンパク質を再固定化するための方法

PERSONAL DATA

> 出身

東京都

> 身長

170cm

> 体重

60.5kg

> 視力

両眼とも1.5

> 50m走のタイム

小学生以来測っていない（小学3年生のときは9秒85）

> 得意なスポーツ

特になし（小学3年生のときはサッカー）

> 趣味／余暇の過ごし方

脳をふくめた肉体であるみんなとの語らい

> 好きな言葉

天は人の上に人を作らず、人の下に人を作らず

> 部屋にあるお気に入り

鏡

> 好きな食べ物

フレンチトースト

> 嫌いな食べ物

ザクロ

> 強み

現代のメディスンマンともいうべき知識と技術、みんなと一緒に行動すること

> 弱点

サイマティックスキャンされないこと

> 欲しいもの

タイムマシン

> 睡眠時間

8時間

> モットー

後悔先に立たず

> 好きな作家

星新一

> 好きな本とその理由

『声の網』／知りたかったら読んでみるといい

> 好きな色

白

> いままでで一番幸せだったこと

たくさんありすぎて、1つじゃ足りない

> 生まれ変わったらなりたいもの

航空機事故に遭わなかった自分

SURROUNDING PEOPLE
その他のキャラクター

AKANE'S FAMILY

常守葵
Aoi Tsunemori

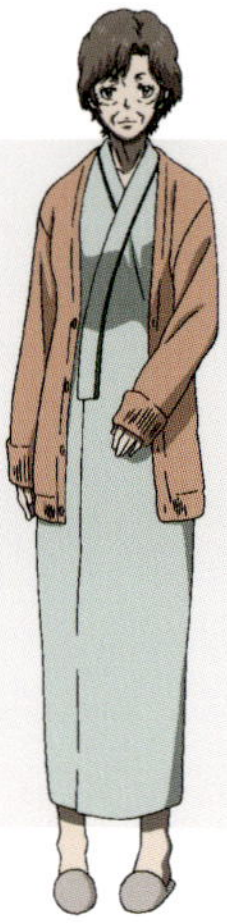

誕生日：2054年1月15日　年齢：60歳
職業：元図書館司書

CV：谷育子

常守朱の祖母。温和な性格で、朱を「あーちゃん」と呼んでかわいがっている。かつては千葉県立図書館で司書として20年間働いていた。心室細動による慢性的な心不全、及びそれに伴う下肢末梢動脈閉塞症（レベル3）を患い、長期間にわたり市川医療総合病院に入院していたが、朱の犯罪係数を上げようと画策する東金朔夜によって撲殺される。享年60歳。

TOGANE'S FAMILY

東金美沙子
Misako Togane

誕生日：2034年2月19日　年齢：記録上は2109年没（シビュラの一員になるために脳を摘出したのは2083年）　職業：元東金病院院長

CV：小宮和枝

東金朔夜の母。東大医学部脳神経医学科を卒業後、薬理学専攻で博士号（医学）を取得。東金製薬を設立したあとは、多くの薬剤特許を取得し、やがて東金病院（のちの多摩医療センター）院長、東金財団理事長として活躍する。2083年にシビュラの一員となったが、すでに美沙子は影響力のある人物だったため、義体が作られ、存命しているように見せかけられていた。鹿矛囲事件では担当者として禾生局長の義体を操っていたが、犯罪係数が300を超えたところを鹿矛囲のドミネーターで執行された。

KAMUI'S SYMPATHIZER 1

増田幸徳
Kotoku Masuda

誕生日：2053年12月11日　年齢：60歳
職業：衆議院議員

CV：小島敏彦

鹿矛囲を信奉する代議士。2083年6月の国民総選挙で初当選し、8期連続当選中の現在は内閣委員会委員長。しかし色相が悪化したことを検知され、とあるパーティの最中に一係に連行される。実は鹿矛囲に救われた密入国者に入れ替わられており、鹿矛囲とのつながりを匂わせることで公安局を罠に引きずり込んだ。鹿矛囲のメッセンジャーの役目を果たした後は自殺した。

喜汰沢旭
Akira Kitazawa

誕生日：2091年5月21日　年齢：23歳
職業：建設会社勤務

CV：佐藤拓也

鹿矛囲の信奉者のひとり。2112年糸東建設に入社し、2113年には丙種火薬類製造保安責任者資格を取得。その経験と技能を活かして、鹿矛囲事件の始まりとなる「無差別連続爆破事件」を引き起こす。逮捕後、犯罪係数が執行対象外にまで下がったため、医療施設に移送される際に逃走。青柳にドミネーターで執行され、死亡する。

美馬光輝
Mitsuteru Mima

誕生日：2064年3月30日　年齢：50歳
職業：元運送会社勤務

CV：江原正士

鹿矛囲の信奉者のひとり。運輸会社に勤務していたが、2110年に原因不明の自律神経失調（ユーストレス欠乏症）を発症して退職。鹿矛囲に救われ、2114年11月、メンタルケア施設に立てこもり、生きる喜びを奪うメンタルケアの実態を告発。真実を伝え、自分の存在を取り戻せたことに満足げな表情の中、公安のドミネーターで裁かれる。

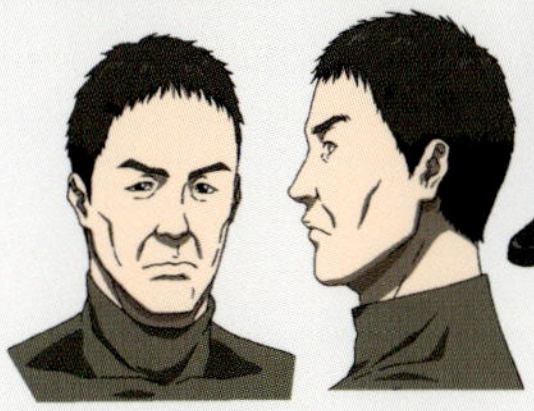

垂水芳一
Hoichi Tarumizu

誕生日:2067年4月8日　年齢:47歳
職業:スポーツインストラクター

鹿矛囲の協力者のひとり。高校を卒業後、ヴァーチャルスポーツのインストラクターとなった。2099年7月31日に自動走行システムのトラブルが原因で発生した自動車事故で、妻の垂水郁、息子の垂水日向を亡くしている。

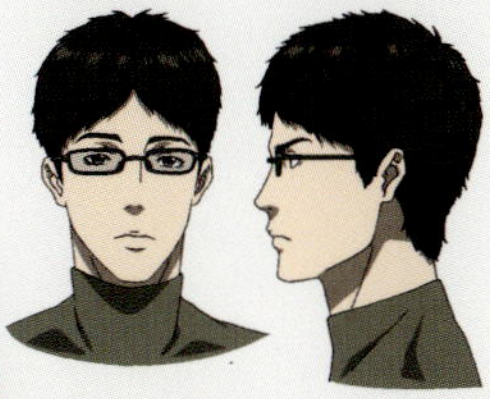

乾 十斗
Juto Inui

誕生日:2088年2月1日　年齢:26歳
職業:海上運送会社勤務

鹿矛囲の協力者のひとり。高校卒業後、海運会社に入社し、2112年には4級海技士免許を取得している。2099年8月26日に東京都新宿区飯田橋交差点で発生した大規模な信号障害で、妹の乾羽留奈が乗用車にはねられ、死亡した。

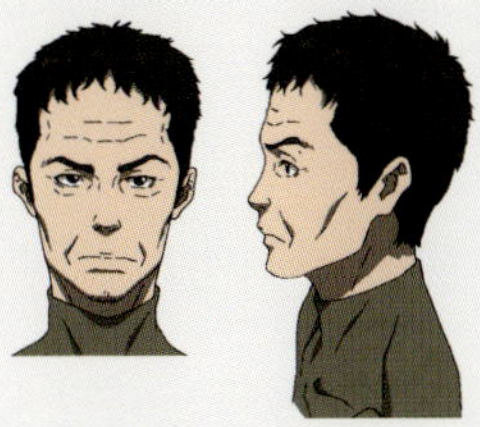

柴崎天音
Amane Shibazaki

誕生日:2076年9月1日　年齢:38歳
職業:編集者
CV:佐々木睦

鹿矛囲の協力者のひとり。2099年9月に発生した列車事故で母を亡くす。地下鉄立て籠り事件ではドミネーターに送信される犯罪係数のデータを逆探知して、シビュラの位置を掴んだ。その後、エリミネーターによって殺される。

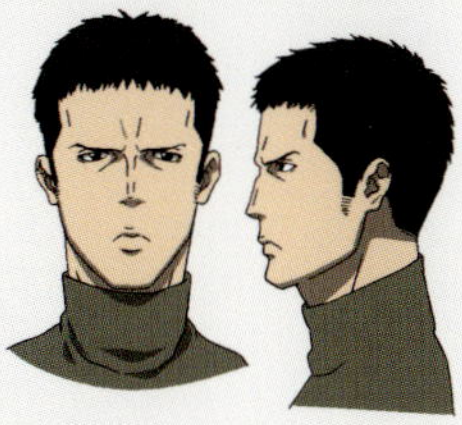

長谷部良助
Ryosuke Hasebe

誕生日:2082年3月1日　年齢:32歳
職業:システムエンジニア

鹿矛囲とともに地下鉄に乗り込んだ協力者。高校卒業後、通信システム会社に入社した。2099年3月に地下鉄新南北線王子駅で発生した電気系統のトラブルの影響で列車外に避難した際に、両親の長谷部遙、長谷部五和夫が反対車線の列車に接触し死亡した。

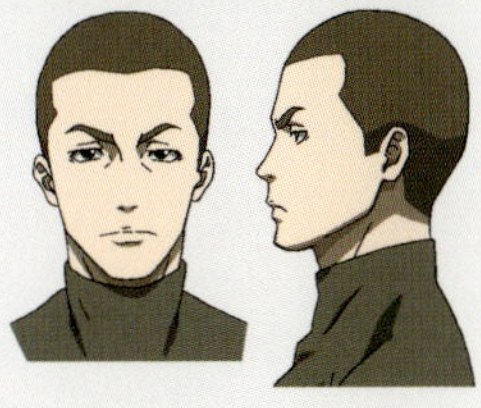

尾城信一
Shinichi Ogi

誕生日:2085年2月27日　年齢:29歳
職業:土木整備会社勤務

鹿矛囲の協力者のひとり。高校を卒業後、都市整備の会社に入社した1級土木施工管理技士。2099年10月に東京都中野区における列車と自動車の衝突事故で、兄の尾城弘一を亡くした。原因は、踏切信号機の誤動作とされる。

大浦雪穂
Yukiho Oura

誕生日:2089年4月6日　年齢:25歳
職業:プログラマー

鹿矛囲とともに地下鉄に乗り込んだ協力者。情報セキュリティスペシャリストの資格を取得し、高度なクラッキング能力を持つ。2099年4月13日に発生した日空航空321便の事故で、父の大浦均を亡くしている。

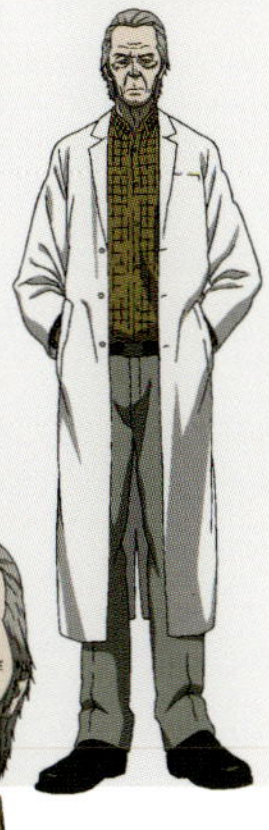

枡嵜葉平
Yohei Masuzaki

誕生日:2059年2月3日　年齢:55歳
職業:財団法人二風谷病院外科部長
CV:菅生隆之

日空航空321便事故で生き残った鹿矛囲の執刀医。その後、鹿矛囲に協力し、要人の入れ替え手術や酒々井の網膜をコピーした生体コンタクトの作成などをする。公安局に確保された後は鹿矛囲の過去や目的を彼の代わりに語り、その後、東金朔夜にドミネーターで殺害される。

桒島浩一
Koichi Kuwashima

誕生日:2091年4月22日　年齢:23歳
職業:国土交通省職員
CV:内田夕夜

国土交通省で期待の若手と目されている役人。鹿矛囲とは小学校の同級生だったが、ペルテス病を発症して養護学校に転校したため飛行機事故を免れた。その後、鹿矛囲に隠れ家の提供や各界の重要人物との橋渡しなどで協力する。

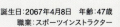

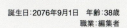

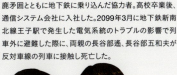

第1話　正義の天秤〈299/300〉

2114.10.20

脚本：熊谷 純／絵コンテ：鈴木清崇／演出：サトウユーゾー／作画監督：普津澤時ヱ門

これが、新たな始まりだった。
私という色を問う、私自身の戦いの……

▼BY AKANE

STORY

槙島聖護の事件から1年半後——公安局刑事課一係は霜月美佳監視官と、東金朔夜、雛河翔両執行官を加えた新体制に移行。常守朱監視官が指揮し、捜査活動を続けていた。ある日、繁華街で爆破事件が発生。霜月は犯人の執行にこだわるが、朱はシビュラの判定を絶対視せず、誰しも人間として正しく生きるべきという信念から、爆破犯・喜汰沢を説得する。結果、犯罪係数の下がった彼を殺さずに確保できた。だが、朱は疑問を抱く。なぜ喜汰沢は事件直後まで色相をクリアに保てたのか、と。

鈴木清崇シリーズディレクターが語るポイント

▼第2期を通してもっともやりたかったことは、1年半経過して成長した朱が、この事件を通じ、どう変化するのか？というところです。

▼後輩の霜月にとって、この第1話の爆破事件はむしろイレギュラー。ルーチンで処理できる事件の方が普通で、それまでは小さな事件を淡々と処理していたと考えています。

▼第1話を連続爆破事件としたのは、派手な描写を見せたいというのもありますが、シビュラシステムがある中で、特殊な事案だからです。爆弾を作り、かつそれを連続的に設置するということを、色相を濁らせずに実行することはシステム上難しいからです。

>> The Scales of Justice〈299/300〉

第2話　忍び寄る虚実

2114.10.21-2114.10.22

脚本：熊谷 純／絵コンテ：高橋知也／演出：高橋知也／作画監督：中森晃太郎

キレイだ、俺の色相。
濁るわけがない。俺はずっとキレイなんだ

▼BY KITAZAWA

STORY

喜汰沢の人質を追った二係の酒々井監視官が失踪、山門屋執行官が殉職という異常事態が発生した。現場で発見されたのは「WC？」という謎のメッセージ。その文言は朱の自室にも刻まれていた。同時刻、犯罪係数が執行対象外に下降した喜汰沢が、医療機関への搬送中に逃亡する。一係に包囲されて新たな爆破事件を起こし、ふたたび犯罪係数を上昇させる。「なあ、教えてくれよ。俺は今……何色なんだ？」。執行された喜汰沢の残した言葉から朱は「WC？」の意味に気づくのだった。

鈴木清崇シリーズディレクターが語るポイント

▼東金は朱の狡噛への依存心に付け入っており、狡噛を意識して同じタバコを吸っています。火を付けるシーンも、狡噛に合わせてコンテを切ったので、見比べると面白いと思います。

▼鹿矛囲が簡単に朱の部屋に侵入していますが、それはサイマティックスキャンができないから。この世界では、「心理傾向が大丈夫なら犯罪は起こさない」という考えなので鍵自体かけません。監視カメラがある程度でしょうか。

▼「WC？」に関して話す中で霜月がワールドカップの話をしてますが、他国が壊滅的なこの時代にワールドカップは存在していません。霜月は歴史的事実として、それを知っていただけです。

>> The Creeping Unknown

第3話　悪魔の証明
2114.10.22-2114.11.08

脚本：熊谷 純／絵コンテ：鈴木 薫／演出：鈴木 薫／作画監督：永冶健太、垣野内成美

**現時点で透明人間の存在を証明する方法はない。
だが逆に、いないと断定することもできない**　▶BY SAIGA

STORY
喜汰沢が言い残した人物の名——"カムイ"。彼はシビュラの目から逃れ、他人のサイコパスをクリアにできる。事件現場と朱の自室にメッセージを残したその透明人間の謎を解くため、朱は雑賀譲二に助力を願う。実在するかも怪しい犯人・カムイを追う捜査方針を取る朱に、霜月は反感を露わにする。一方、二係の青柳監視官のもとに、失踪した酒々井から連絡が入る。酒々井がいるというメンタルケア施設に赴いた青柳だが、謎の男・美馬の襲撃に遭遇する。

鈴木清崇シリーズディレクターが語るポイント
▼第3話は、第2話までの情報整理。朱が取りたい行動と、公安のやり方が、何が問題で相違が生まれるのか説明しています。
▼酒々井が鹿矛囲に懐柔される様子は、当初脚本ではセリフで書かれていましたが、それでは尺が足りない。そこで塩谷監督のアイディアにより、親指を口に入れて噛ませる描写を入れました。「痛みを共有する鹿矛囲」を見せることで、酒々井を安心させて、心を支配したのです。
▼雑賀が登場します。捜査に参加した理由は朱の推薦だからです。雑賀の部屋の作りは第1期で登場した、刺青の男（足利紘一）と同じ間取り。

>> The Devil's Proof

第4話　ヨブの救済
2114.11.08

脚本：熊谷 純／絵コンテ：寺東克己／演出：高藤 聡／作画監督：普津澤時ェ門、西川 亮、今岡律之、中武 学

**僕達が何色か、答えてみろ。
シビュラ……お前は何色だ？**　▶BY KAMUI

STORY
カムイの名を叫ぶ犯人・美馬がメンタルケア施設を占拠する。患者を嬲る美馬に、青柳はドミネーターを向けるが、彼の犯罪係数は99以下のまま。人質達のサイコパス悪化によるエリアストレス警報で一係も出動するが、現場指揮権は三係に移行する。三係は新兵装の強襲型ドミネーターで、外壁越しに犯罪係数の高い人間を執行する。だが撃たれたのは美馬ではなく青柳。犯罪係数が上昇した人質達も次々と執行され、朱は怒りの絶叫を上げる。そんな惨状を尻目に、ひとりの青年が立ち去っていった。

鈴木清崇シリーズディレクターが語るポイント
▼メンタルケア施設立てこもり事件で出てくる、美馬は、第1期に登場したイラストレーター王陵牢一と同じ"ユーストレス欠乏症"です。この疾患は、シビュラシステムの管理下において、あってはならないものであり、世の中の人は知りません。
▼青柳は、シビュラに従うだけのこの世界の公安局員としてであれば死なずにすんだはず。人を守ろうとしたために、殺意が芽生え、死んだという矛盾の悲しさを見せました。
▼出てくる被害者を射殺するシーンに、理不尽さを感じたと思います。しかし、あの三係のやり方は、公安として正しく自然なものです。

>> The Salvation of Job

第5話　禁じられない遊び

2114.11.08-2114.11.15

脚本：熊谷 純／絵コンテ：黒瀬里美／演出：小嶋慶祐、サトウユーゾー、鈴木清崇、塩谷直義／作画監督：川野達朗、中武 学、工原しげき

生まれてしまったモノはせいぜい活用しましょう。我々の進化のために……。

▼BY KASEI

STORY

カムイを知る参考人・増田代議士の通信ログから、朱はカムイの潜伏先を特定する。そこは国防省の軍事ドローン研究開発部門が使用する、旧港の倉庫地帯だった。一係と三係で調査に向かい、カムイの隠れ家を発見するも、そこはすでにもぬけの殻。そして倉庫の軍事ドローンが突如暴走し始めた。一方、霜月は人知れず朱にドミネーターを向けていた東金を怪しみ、彼の身辺を調べ始める。そして忍び入った東金の部屋には、朱の写真やデータが一面に敷き詰められていた。

鈴木清崇シリーズディレクターが語るポイント

▼この回は他係の公安執行官が、多数登場しますが、そのひとり蓮池楓は当初あまり良い奴ではなく、悪めに設定してました。しかし初登場時の声優の前田一世さんの演技が良い人だったので、それを反映してますね。

▼この回に登場する『ハングリーチキン』。子ども達がみんなやるゲームのウソ続編で、この世界では超有名ゲームという設定です。ポップなキャラクターなのは、プレイした人の色相を悪化させないため。

>> Unforbidden Games

第6話　石を擲つ人々

2114.11.15

脚本：熊谷 純／絵コンテ：寺岡 巌／演出：サトウユーゾー／作画監督：工原しげき、西川 亮、渡辺奈月

まるでシビュラによる秩序の弱点を、ひとつひとつ確認してるみたいだな……。

▼BY SAIGA

STORY

何者かに管理サーバーごとクラックされた軍事ドローンは、不特定多数の一般市民が操っていた。そのカメラ映像はゲーム画面に見せかけられ、市民達を無自覚な殺戮に駆り立てていたのだ。追い詰められた刑事達は犯罪係数が悪化し、突如現れた酒々井のドミネーターに葬られる。公安のドローンまで支配されるなか、朱はカムイを追跡。殺された刑事達のドミネーターを集めた彼の隣には、片眼を失った酒々井の姿が。朱のドミネーターは、カムイを認識すらしなかった……。

鈴木清崇シリーズディレクターが語るポイント

▼船に乗って逃げる鹿矛囲を朱は撃ちません。躊躇せず撃つ狡噛との大きな違いがここです。

▼「君が撃てないのは知っている」と朱に答える鹿矛囲。彼は、朱を自分の意志を託す存在として特別視しています。酒々井にとって朱は元同僚なので、嫉妬ではないですが、思うところがあるのでは……と考えています。

▼ここで須郷が離脱します。須郷には青柳を殺してしまったということで、重いドラマがあります。それを消化するには話数が足りないので……。

>> Those Who Cast Stones

第7話　見つからない子供たち

2114.11.15-2114.11.19

脚本：熊谷 純／絵コンテ：佐山聖子／演出：重原克也／作画監督：中森晃太郎、大和田彩乃

第3、第4のホロどころじゃない。鹿矛囲は、ずっと私達の傍にいた……！

▼BY AKANE

STORY

カムイの逃亡を許してしまった一係は、彼の隠れ家の調査から、事件の捜査を仕切り直す。そんな折、元ホロデザイナーという経歴を持つ雛河の、ふとした発見で重大な事実が判明する。喜汰沢の人質、メンタルケア施設の薬剤師、軍事ドローン施設のプログラマー……彼らの正体は、15年前のとある航空機事故で亡くなった子供達の成長復元ホロだった。カムイこと鹿矛囲桐斗は185名の搭乗した児童のうち、唯一の生存者であり、彼は死者達のホロを纏って、一係のすぐ傍で暗躍していたのだ。

鈴木清崇シリーズディレクターが語るポイント

▼狡噛の幻が登場するシーン。タバコの煙が繋がって、狡噛のイメージが現れるのは、塩谷監督のアイディアです。

▼タバコを焚き、狡噛の思考をトレースしようとしていて、刑事としては朱はまだ狡噛に依存しています。回想明けに隣に東金がいるのも、少し不気味な演出ですね。「逮捕できるのはあなただけだ」と言って、ゆっくりと、しかし確実に朱を追い詰めていきます。

▼東金が部屋に侵入されたことに気づきますが、入られることは想定してました。まず、タバコに目線を向けますが、灰皿にはわざと吸い残しを置いているんです。

>> Untraceable Children

第8話　巫女の懐胎〈AA〉

2114.11.19-2114.11.28

脚本：熊谷 純／絵コンテ：寺東克己／演出：松山正彦／作画監督：藤井俊郎、佐藤陽子、徳田賢朗

霜月監視官、あなたに世界の秘密を教えてあげる

▼BY KASEI

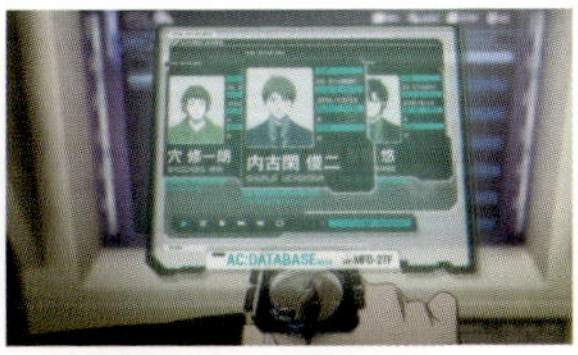

STORY

多体移植手術によって生まれた、7人の脳を含む184人の肉体と人格的存在。鹿矛囲の執刀医・枡嵜が語った鹿矛囲の正体は、朱達の想像を絶するものだった。一方、霜月は経済省特許局記録保管室で製薬会社を経営する東金財団を調査する。そこで鹿矛囲の手術に使われた、生きた脳を摘出し繋ぎ合わせる技術の特許を東金財団が取得していたことを発見。鹿矛囲の目的が東金財団への復讐にあると考え、独断で禾生局長に報告書を提出する。すべて仕組まれた罠とも知らずに――。

鈴木清崇シリーズディレクターが語るポイント

▼第7話と第8話は猛烈にモニターグラフィックス（画面に映し出される情報）が多い話でした。文芸さんとグラフィッカーのお2人に負担をかけてしまったので、特筆したいです。

▼「地獄の季節」における321便墜落事故が描かれていますが、ここで登場した被害者の名前と顔は、一度登場したら齟齬がないよう調整しています。

▼東金に対して、警戒が薄いように見える霜月ですが、当然といえば当然です。執行官は潜在犯であり犯罪者同然。ストーカーまがいの行動をしていても気持ち悪いと思う程度で、その背後まで想像して行動はできないんですよね。

>> Conception of the Sibyl〈AA〉

▼全事象展望監視システム

パノプティコン

PANOPTICON

中央にある多層式看守塔を取り囲むように収容者の個室を円形に配置し、収容者はお互いの姿を見られず、看守のみすべての収容者を監視できる収容所の建築形態。イギリスの哲学者、ジェレミー・ベンサムが構想し、フランスの哲学者、ミシェル・フーコーが、自著『監獄の誕生―監視と処罰』で、「権力者のまなざしに常に監視されることによって、従順な身体を作り上げる装置」と論じたパノプティコンという概念は、21世紀末に形を変えて登場する。交通と銀行取引の履歴を管理、記録することで市民の行動を把握し、市民としてあるべき生き方へと導くシステム。シビュラシステムに代わるべく、経済省の案によって生まれた〝理想的な〟国民支援制度は、まず交通の分野で試験的に運用された。しかしこの新たな監獄制度は、数々の悲劇を生み出してしまう。

かつて雑賀の隠れ家を訪れた狡噛が想像した「槙島」が、パノプティコンを「一望監視施設の最悪の発展形」、「最小の人数で最大の囚人をコントロールする」と皮肉を込めて語った。それを聞いていた雑賀は、鹿矛囲について枡嵜を取り調べする中、「地獄の季節」というフレーズを耳にし、ふたたびパノプティコンの存在を思い出す。

▼シビュラの推進が産んだ悲劇

地獄の季節

A SEASON IN HELL

一見、理想的なシステムと思われた経済省の「パノプティコン」だが、試験運用中に多数の不具合が発生した。結果、その期間の航空事故及び交通事故は例年の数十倍にものぼり、大量の死者を出した。この事故多発期間は、のちに「地獄の季節」と呼ばれるようになる。これが原因となりパノプティコンの採用は見送られ、厚生省のシビュラシステムによる統治が続くことになった。しかし当時、経済省、国交省への妨害や予算の奪い合い、政治家同士の取り引きが頻繁に行われており、全ては仕組まれたものである、という陰謀論めいた説も存在する。この地獄の季節に起きたある航空機事故によって、〝鹿矛囲〟という存在が生まれ、のちに彼を中心とする地獄の季節による事故遺族達が、シビュラシステムを脅かそうとする。

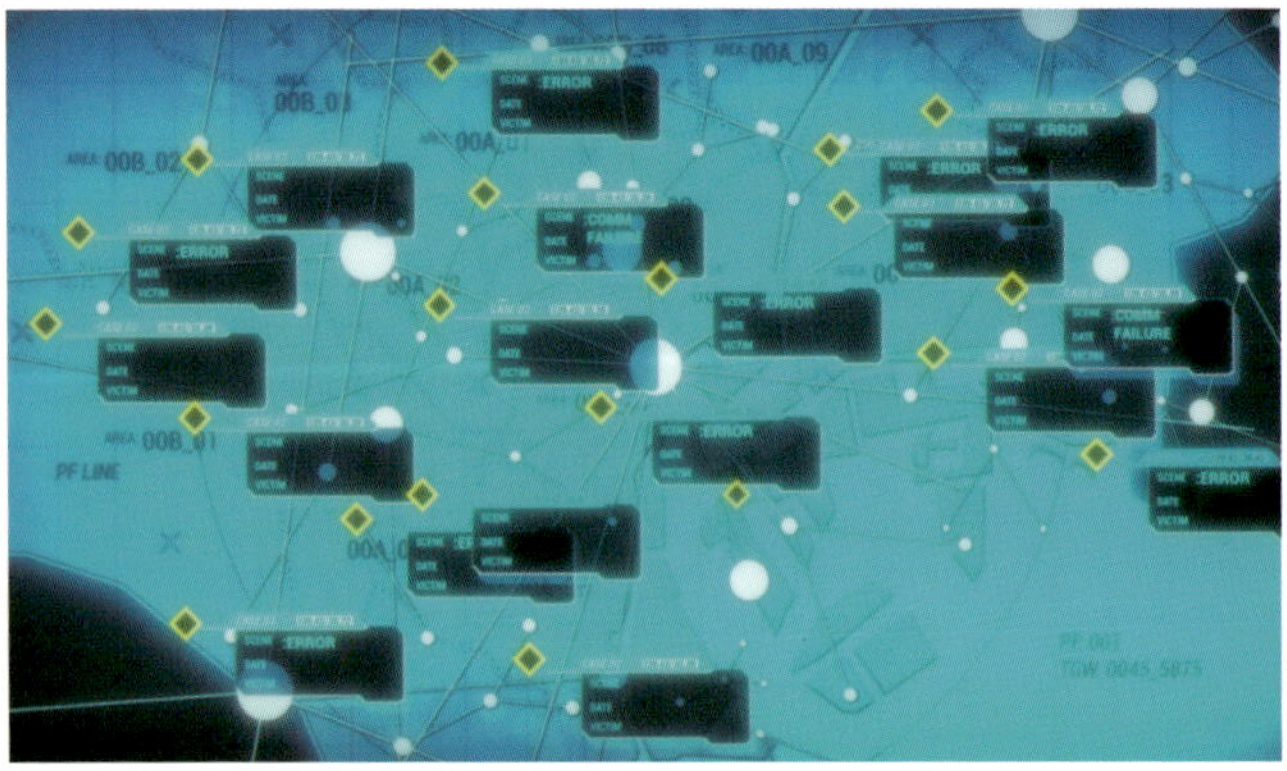

パノプティコンの不具合によって各地の交通機関がエラーを起こし、多数の災害が引き起こされた。成長した鹿矛囲は、この「地獄の季節」に自らの体質の秘密を見出し、自分と同じ事故犠牲者の遺族などをシンパとして募り、宿敵であるシビュラシステムへのアクセスを試みるようになった。

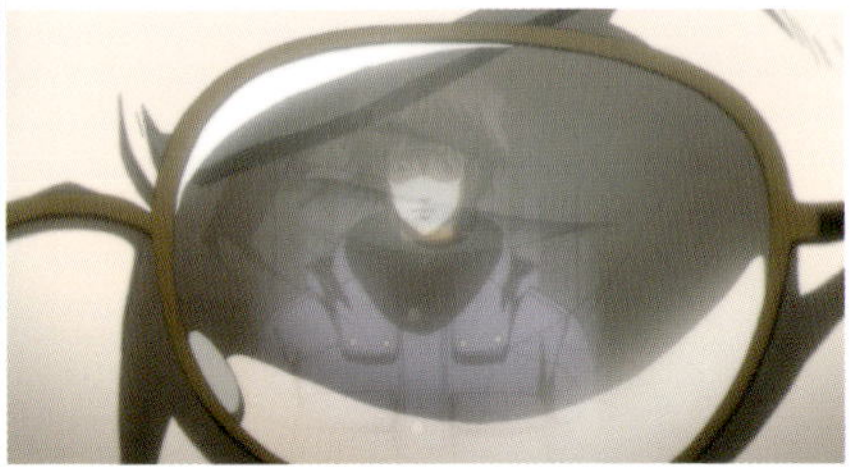

日空航空321便墜落事故

2099年9月10日(金)、日空航空株式会社所属のYS-77機(機体番号JA953AC)が、同社の臨時便321便(新千歳空港→羽田空港)として新千歳空港を14:00に離陸した。本来であれば、15:30に羽田着の予定で、宇都宮上空までは問題なく飛行を続けた。しかし霞ヶ浦に差し掛かる際、システムが計器飛行(IFR)による通常の着陸ルートをキャンセル。東京湾上空で有視界飛行(VFR)に変更され、消息を絶つ。その後、栃木県根本山自然観察センターから旅客機墜落の報が入り、現地で消防救助隊及び国防省災害支援チームが確認したところ、熊鷹山山中にて日空航空321便の墜落、大破が確認された。これが地獄の季節に起きた最悪の航空機事故・日空航空321便墜落の顛末である。

飛行機事故の犠牲者達

321便の乗員乗客数は202名で、事故による死亡者は201名、生存者(負傷者)は鹿矛田桐斗(当時8歳)1名。死亡者の内訳は機長1名、副操縦士1名、乗務員5名、学校教員7名、学校養護教員1名、添乗員2名、小学生184名。私立英和学園付属小学校の修学旅行用の臨時便だったため、多数の生徒が犠牲となった。

名前	カナ	ローマ字	生年月日	職業	年齢	性別	血液型	身長	体重
鹿矛田 桐斗	カムイ キリト	Kamui Kirito	2091/7/23	小学生	8	男	AB	128	27.5
染水 槇	シミズ マキ	Shimizu Maki	2091/6/3	小学生	8	女	A	120	25.4
大津 享平	オオツ キョウヘイ	Otsu Kyohei	2092/3/6	小学生	7	男	O	126	27
向島 陸	ムコウジマ リク	Mukojima Riku	2091/8/6	小学生	8	男	A	130	28
荻野 沙月	オギノ サツキ	Ogino Satsuki	2091/5/22	小学生	8	男	B	129	26.8
内古閑 俊二	ウチコガ シュンジ	Uchikoga Syunji	2091/10/13	小学生	7	男	A	125	23.9
蔵戸 咲良	クラト サラ	Kurato Sara	2091/4/26	小学生	8	女	A	124	26.9
亘鍋 悠	ワタナベ ユウ	Watanabe Yu	2091/5/14	小学生	8	男	A	127	28

飛行機事故の報道

修学旅行中の未成年を多数乗せた飛行機の事故というショッキングな出来事は、すぐに各種メディアで大々的に報じられた。きちんとした事故の裏付けが取れず、一部誤った情報が報じられていることから、当時情報が錯綜した様子が読み取れる。速報として新聞が出した号外では、事故の概要とともにその悲劇性もレポート。乗客の1人、宇月深冬が帰宅を待つ家族に送った「もうすぐ帰るね！」というメールと、彼女を空港で待つ父親の悲痛なコメントが紹介された。

BN-00475//SE/COLDCASE 1124 PAPER

【号外】

日空航空321便 墜落か!

現在、乗員乗客二百五名の安否は不明。

BN-00475//SE/COLDCASE 1124 PAPER

205人乗り 日空航機墜落

修学旅行の悲劇 日空航機墜落

第9話　全能者のパラドクス

2114.11.28-2114.12.07

脚本：熊谷 純／絵コンテ：小林寛／演出：小嶋慶祐、いとがしんたろー／作画監督：中武 学、川野達朗、吉川真帆、中森晃太郎、大和田綾乃、小嶋慶祐

鹿矛囲はさらに疑問を投げかけている。
シビュラは、シビュラを裁けるのか、と　▼BY AKANE

STORY

鹿矛囲の手術に特許技術を用い、研究の結果、人工的免罪体質者・東金朔夜を生み出した張本人――元東金財団理事長、東金美沙子。彼女はシビュラの一員であり、公安局局長・禾生壌宗の義体を操る1人だった。朔夜は真実を知った霜月にある命令を与える。一方、朱達は国交省の役人にして鹿矛囲の協力者である桒島の会合の調査へ急行。だが桒島は政治家や官僚を虐殺し、鹿矛囲はすでに姿を消していた。鹿矛囲が残した祖母・常守葵の切断された耳を前に朱は怒りを露わにする。

鈴木清崇シリーズディレクターが語るポイント

▼「全能者のパラドクス」という言葉が登場しますが、あれが、鹿矛囲の最終目標なので、丁寧に説明することを心がけました。集合的サイコパスは、冲方丁さんのプロットの根幹を成すものです。
▼「地獄の季節」が作り出した人間動物……。その被害者はすべて密入国してきた人々です。人間動物のデザインはすべて、アニメーターでイラストレーターのりょーちもさんによるものです。可愛い柔らかいタッチが印象的な、りょーちもさんですが、グロテスクな絵も得意なんです。本当に多才な方です。

>> Omnipotence Paradox

第10話　魂の基準

2114.12.07

脚本：熊谷 純／絵コンテ：伊藤良太／演出：伊藤良太／作画監督：普津澤時ヱ門、今岡律之、西川亮

可能性のピースは、もう揃ってるはずだ。
あんたがためらっているだけで　▼BY KOGAMI

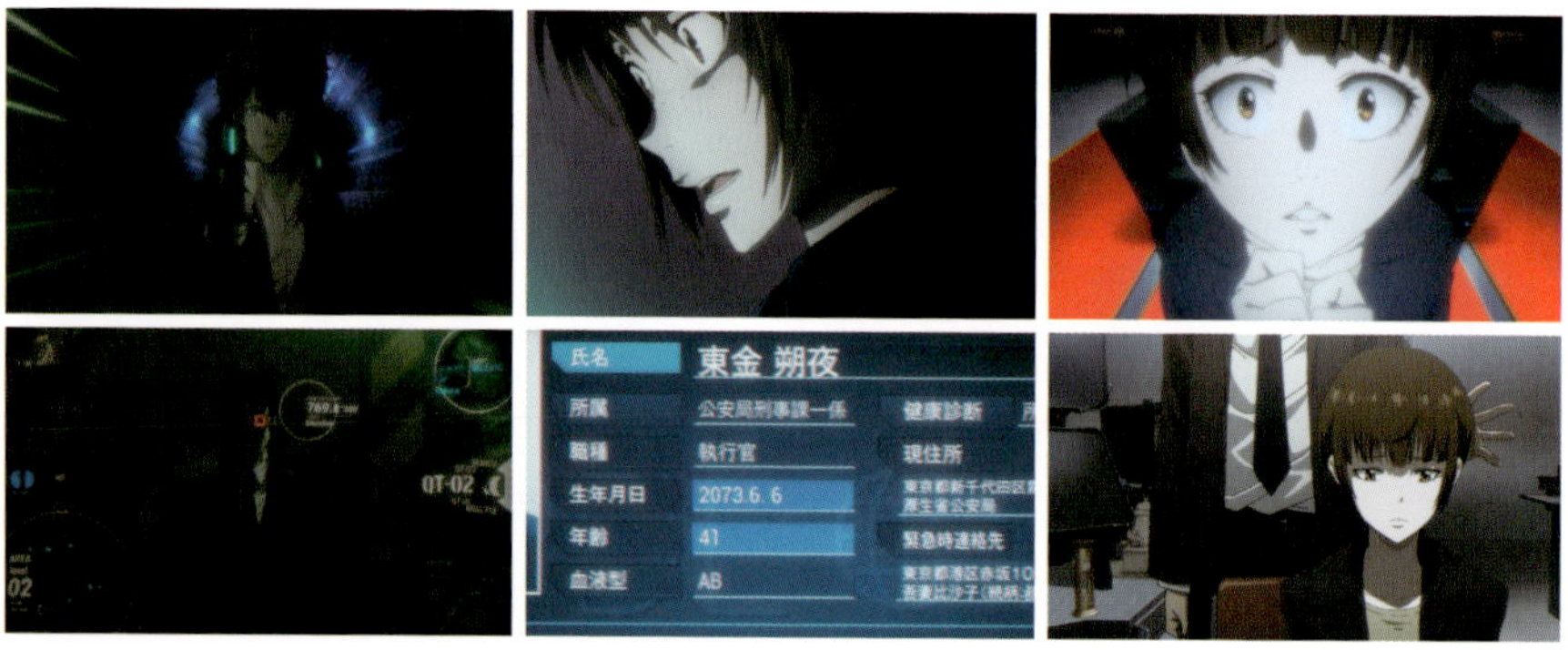

STORY

鹿矛囲一味が地下鉄を占拠し、500人以上の乗客をドミネーターで一斉に攻撃した。その意図は、大量のドミネーターのデータ交信をたどってシビュラの位置を探ること。鹿矛囲の目的は東金財団ではなく、シビュラ自体にあったのだ。禾生は朱に常守葵の死を告げ、鹿矛囲の抹殺を命じる。シビュラは鹿矛囲を裁けない。しかし鹿矛囲を止めなければならない。苦悩する朱はある賭けに出る決断をし、鹿矛囲とシビュラの中枢へ向かった。

鈴木清崇シリーズディレクターが語るポイント

▼東金は人工的に免罪体質者を作り出そうとする実験で産まれた存在です。免罪体質者を、「シビュラシステムで犯罪係数が特定できない人間」と考えている方が多いかもしれないですが、僕は、「シビュラシステムが今まで知らなかった、思考パターンの人間」といった方が正しいと思います。先天性免罪体質者を自分で作った方が、探す手間が省けるから、自家栽培しようという計画なんですね。
▼朱の祖母を殺した東金。彼の犯罪係数は史上最高値という設定ですが、999というような作られた数値にならないよう心がけています。

>> Gauging the Soul

第11話　WHAT COLOR?

2114.12.07-2115.01

脚本：熊谷 純／絵コンテ：塩谷直義、佐山聖子／演出：サトウユーゾー、重原克也、松山正彦／作画監督：徳田賢朗、川野達朗、中武 学、中森晃太郎、大和田綾乃、吉川真帆

社会が人の未来を選ぶんじゃない。
人が社会の未来を選ぶの。私は、そう信じてる

▼BY AKANE

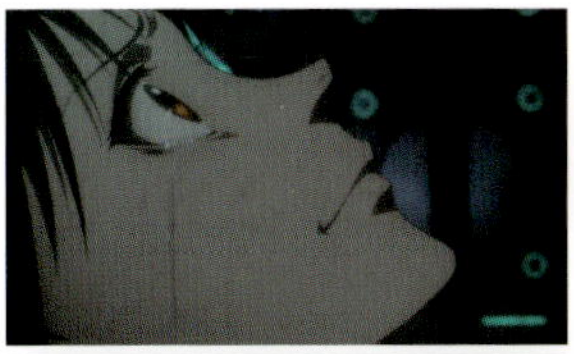

STORY

鹿矛囲のドミネーターは、シビュラの濁った色相と執行域まで高まった犯罪係数を映す。だが、シビュラは一部の脳を廃棄し、犯罪係数は0に下降。生体脳ユニットの集合体と、死者の脳の集合体。シビュラは己と同じ存在である鹿矛囲を裁くため、集団を基準に人を裁く集合的サイコパスの概念を認識し、自己進化を遂げたのだ。鹿矛囲と朔夜は互いに撃ち合い死を迎え、霜月は狂ったようにシビュラに忠誠を誓う。事件は終わった。朱は鹿矛囲にシビュラを変革する可能性を託され、未来への道を歩き出す——。

鈴木清崇シリーズディレクターが語るポイント

▼鹿矛囲が行った、集合的サイコパスをシビュラシステムに認識させるということは、目的の第一歩なんです。ドミネーターを向ける人間によっては、色相が変わる（かもしれない）集合的サイコパス……。究極的に言うと、日本全体に銃口を向けたら……？　シビュラシステムは色相が悪い原因を排除するものなので、もし原因がシビュラシステムなら、自分自身を排除する、ということです。

▼しかし、死を以て集合的サイコパスをシビュラに伝える鹿矛囲は、その未来を見ることはできません。そこで、それを託せる人間を探し、朱を見出したのです。

>> What Color?

今、私達は新たな認識と完全性を獲得しました。
これが私達の進化の形です

▼BY SIBYL SYSTEM

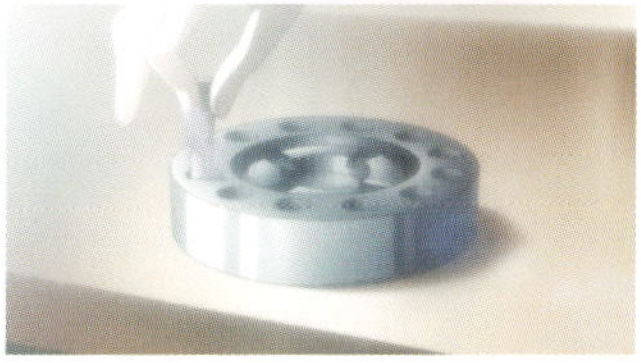

What's Sakuya?

▼漆黒の執行官 出生の秘密

史上最高値の犯罪係数を記録、という刑事にあるまじき過去を持つ公安局刑事課一係の新人執行官・東金朔夜。彼はシビュラの構成員のひとりである実母・美沙子を敬愛し、自身も人工的な免罪体質者として生み出された存在であることから〝シビュラの申し子〟を自称。母親の存在価値を高めるために、目標を黒く染めてからドミネーターで殺すことに強いこだわりを持つ。朔夜は過去にも執行官として配属されており、5人の担当監視官を闇に引きずり落としたうえでドミネーターで殺害しているが、その情報は過去の経歴とともに封印されている。現在の朔夜の目的は〝シビュラに愛されている〟朱を黒く染め、〝シビュラから逃れる透明人間〟鹿矛囲と共に両者を殺害すること。そのために一係で執行官としての任務を模範的にこなしながら、黒い野望を秘めて暗躍する。

朱の犯罪係数を悪化させるため、朔夜は彼女の祖母の葵を利用することを画策する。上司である霜月に葵の居場所を調べさせ、拉致したうえで殺害。それを鹿矛囲の仕業に仕立てあげて、朱に彼を殺させようとする。

霜月美佳が発見した2099年8月1日時点の東金朔夜の人事ファイル（抜粋）▼

年	月	経歴
2080	4	私立榊原学園小学校 ホームスクーリング制度　入学
2083	6	財団法人東金病院　入院
2088	10	中等教育卒業程度学力認定試験合格
2091	6	サイコパス検診にて潜在犯認定
		多摩区立矯正施設光の園　入所
	8	高等教育卒業程度学力認定試験合格
2096	7	多摩区立矯正施設光の園　退所
	9	公安局刑事課一係に執行官として配属
2099	8	執行官を免職
		多摩区立矯正施設光の園　入所
2114	9	多摩区立矯正施設光の園　退所

備考

2091年6月　サイコパス検診により犯罪係数769を記録。
犯罪係数制度導入以来の最高値。（2099年8月現在）

2096年10月　事件捜査中、担当監視官のサイコパスが規定値を超過、犯罪係数300を超えたため、重篤潜在犯としてドミネーターにて執行

2097年4月　事件捜査中、担当監視官のサイコパスが規定値を超過、犯罪係数300を超えたため、重篤潜在犯としてドミネーターにて執行

2098年2月　事件捜査中、担当監視官のサイコパスが規定値を超過、犯罪係数300を超えたため、重篤潜在犯としてドミネーターにて執行

2098年11月　事件捜査中、担当監視官のサイコパスが規定値を超過、犯罪係数300を超えたため、重篤潜在犯としてドミネーターにて執行

2099年7月　事件捜査中、担当監視官のサイコパスが規定値を超過、犯罪係数300を超えたため、重篤潜在犯としてドミネーターにて執行

本人事ファイルは、2099年8月の時点をもって秘匿とし、公安局長許可なきものは、閲覧不可とする。

東金財団と東金美沙子

朔夜も名を連ねる東金財団は、薬剤の開発やセラピー施設の運営で巨万の富を築いている財団法人だ。その中核者だった美沙子は東金製薬を2067年4月に設立、OW製薬に名称を変更する2069年に代表取締役に就任。そして2070年10月の財団法人東金病院設立以降、医院長となった彼女を中心に、以下のように多数の特許を取得。その活動のなかで、脳の移植と結合手術に関する臨床実験をするため、美沙子は鹿矛囲を利用した。

美沙子は旧知の外科医・枡嵜に鹿矛囲の執刀医を依頼。これがきっかけで鹿矛囲事件では東金財団も標的となる。

▼ 東金財団特許一覧（2075年時点）

項番	公開番号	登録番号	発明の名称
1	特許公開2075	207022	ヒト-OWキメラ抗呼吸合胞体増殖抗体
2	特許公開2075	205927	間葉系幹細胞を含む細胞膜
3	特許公開2075	205909	画像認識システムを備えた知識情報処理サーバシステム
4	特許公開2075	205599	3D細胞培養方法及び細胞移植用組成物
5	特許公開2075	205548	PAMA抗体薬物複合体
6	特許公開2075	205526	幹細胞の培地及び培養方法
7	特許公開2075	205504	脳損傷関連障害の自動診断法
8	特許公開2075	200205	脳幹ユニットの採取および移植用の自動システム
9	特許公開2075	200162	ツーピース心臓弁を移植するために適合化された補綴
10	特許公開2075	197319	VLA-4によって媒介される白血球粘着を阻害するメタ化合物
11	特許公開2075	197314	S-GCホモシステイン加水分解酵素の可逆的阻害剤およびその使用
12	特許公開2075	197311	41G-B7-H3およびその対応するPG細胞受容体を標的化する治療および診断方法ならびに組成物
13	特許公開2075	197310	脳幹の機能を改善するためのデバイスおよび方法
14	特許公開2075	197288	ペプチドを有効成分とする血管関連疾患の治療剤組成物
15	特許公開2075	197271	溶液中のタンパク質を再固定化するための方法
16	特許公開2075	196504	解剖学的なオリフィス又は内腔の内周を制御するための方法及び装置
17	特許公開2075	196486	脳幹ユニットの採取および移植用の自動システム

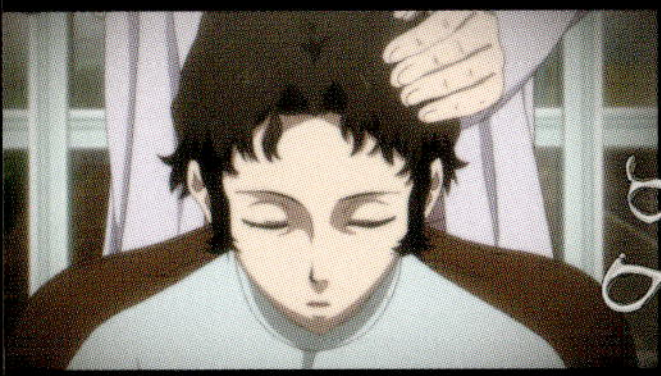

実験の一環で飼い犬を殺しても色相がクリアなままだった朔夜。しかし美沙子がシビュラの一員になることを知ると、一気に犯罪係数を悪化させ、彼女を殺そうとしてしまった。

東金朔夜の少年期 ▶

東金朔夜の幼少期 ▼

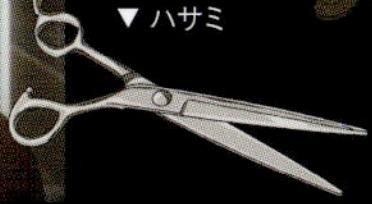

▼ ハサミ

▼ 飼い犬

人工的な免罪体質者

朔夜も美沙子の研究の一部として生まれた存在だった。免罪体質者である美沙子は、代理出産と人工授精によって発生した息子に胎児の状態から薬物を投与し、人工的に免罪体質者を造ろうとする。実験は成功し、被験者ナンバー398こと朔夜は初の人工的な免罪体質者となった。しかし母親がシビュラに迎え入れられることを知り、髪を切ってもらっていたハサミで彼女を殺そうとして独占を図った。このショックで免罪体質が消え、犯罪係数が絶望的に悪化したとみられている。朔夜に襲われるも早急に脳を摘出しシビュラの一員となった美沙子は、以降シビュラ義体として活動を開始し、朔夜は、失敗作のサンプルとしてシビュラに生かされることとなる。

幼少期朔夜被験者データ ▶

被験者No.398

製造年月日： 2073/06/06

名称： 東金 朔夜（とうがね さくや）

身長	122.3㎝
体重	20.2㎏
血液型	ABキメラ
体温	36.6度
血圧	60/102
脈拍	108

妄信的な母親への愛

免罪体質の家系としてシビュラ成立期から関わっており、多くが脳ユニット化してシステムの一部となっている東金家。このエリート一族のなかで、朔夜だけが親族中から虐待されるが、その劣悪な環境でも免罪体質を保持したという強い自負から、自分が母親を清く保っていたという意識が強く、美沙子への敬愛だけは失わずに育っていく。一方で、美沙子はそんな朔夜の献身にもさほど強い興味を抱かず、駒のひとつとして利用し続ける。

母への忠誠を胸に、シビュラの司る社会秩序を守るため、朔夜はより多くの人間をかつての自分のように黒く染めたうえで裁いていく。

朔夜による朱の調査データ(一部抜粋)

▼ 2112/12/5

Heuristicsからの意思決定とは思えない。
瞳孔からみると、左脳右脳領域で思考状態と考えられる。
口輪筋及びその周辺に、やや緊張が見られることから、
社会的立場と個人主体の対立がみられる。まさに、Creativityだ。

▼ 2114/10/11

帰宅前、廊下にて　プライベートモード
psychological barrier　低い
personal distanceでの会話
「正しさ」「タバコ」の言葉で、瞳孔反応有
Premenstrual Syndromeの兆候は見られない

▼ 2114/10/15

大部屋にて、社会的発言、第三者へのpersona有り
感情の起伏は、激しいように見えるが
本質的にTodestriebとは対極にある。
Empathic understandingの度合い高いといえるか？
感情的アプローチと認知的アプローチの彼女のバランスは興味深い

What's Kamui?

▼透明人間、その誕生と目的

2114年の秋から冬にかけて世間を騒がせた数々の怪事件。その首謀者として事件の裏で糸を引いていたのが鹿矛囲桐斗。鹿矛囲は2099年に発生し、201名の死亡者を出した日空航空321便墜落事故の唯一の生き残り。しかしその事故の治療の後遺症によって、シビュラシステムに犯罪係数どころか存在すら認識されない〝透明人間〟となってしまう。この不幸な事故の遠因となり、さらに自分の運命を弄んだシビュラへの復讐こそが鹿矛囲の目的だ。その後、鹿矛囲は独学で薬物投与と心理誘導により他人のサイコパスをクリアにする、さながら〝現代のメディスンマン〟のような能力を獲得。その特異な癒しの力にすがる多くの協力者を得て、長年心に抱いていた復讐へと乗り出す。すべては大きなパラドクスとともにシビュラにドミネーターを突きつけ、自身の色を問うために。

大物政治家、会社員、かつての執刀医、そして公安局員……鹿矛囲の力、思想に影響を受けて協力するものは多い。

存在を否定された人間

航空機事故によって鹿矛囲も深い傷を負った。それでも彼を回復させるため、そして東金財団の特許技術を強化するために、事故の犠牲者の遺体からまだ生きている部位がつなぎ合わされ、鹿矛囲は生き延びることができた。しかし彼はある日、街頭スキャナに自分だけが認識されないことに気付く。多体移植の影響で、移植された部位が生着すればするほど、彼はサイコパスが計測されない〝透明人間〟になってしまったのだ。

シビュラに認識されなくなることへの抵抗として、当初は人目につく犯罪もしていた鹿矛囲。しかし認識されなくなったころには、シビュラ、そしてそれにすがるすべての人からも存在を否定される。

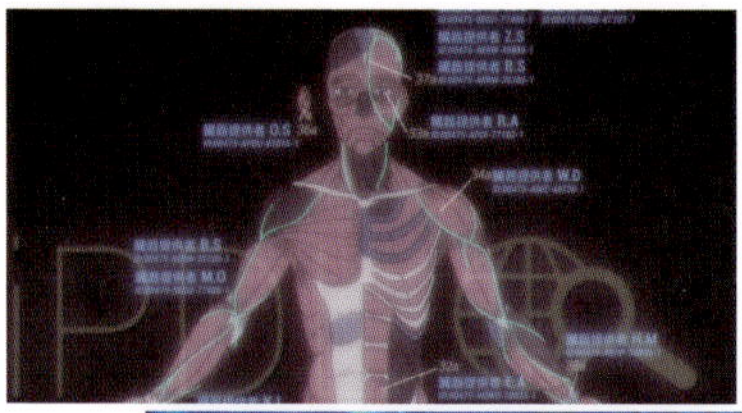

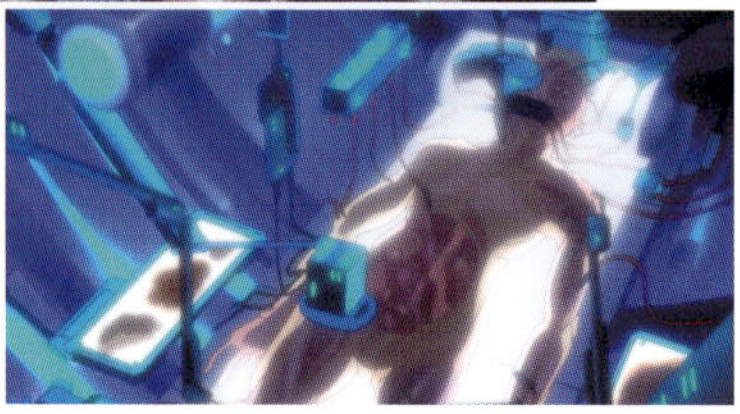

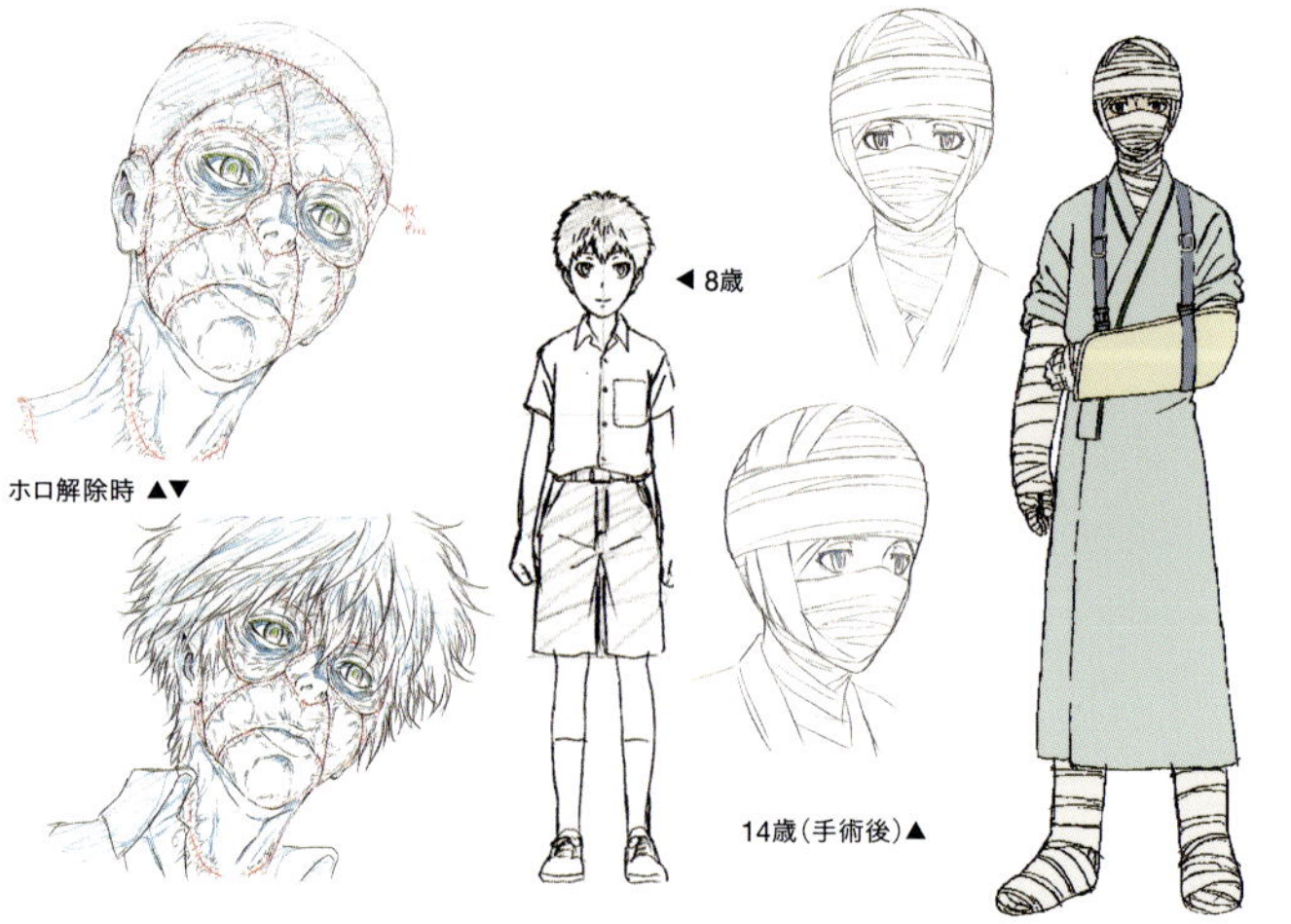

向島 陸
職業：公認カウンセラー
安心・安らぎのグループの代表格

染水 槇
職業：解体業者職員
冷徹さ・冷酷さのグループの代表格

荻野 沙月
職業：国防省プログラマー
狂気や怒りのグループの代表格

鹿矛囲 桐斗
主人格

亘鍋 悠
職業：消防士
勇気のグループの代表格

内古閑 俊二
職業：弁理士
恐れ・罪の意識のグループの代表格

蔵戸 咲良
職業：養護教諭
愛しみのグループの代表格

大津 享平
職業：薬剤師
悲しみのグループの代表格

鹿矛囲を司る8つの人格

多体移植について、特筆すべき点は7人もの脳が使用された点だ。執刀医を務めた枡嵜葉平医師ですら「もう一度同じことをやれと言われても無理だろう」という奇跡の手術によって、鹿矛囲はベースとなった自身の人格に、脳を移植された7人の人格も合わさって、肉体的にも、精神的にも新たな人間へと生まれ変わった。しかしシビュラにとっては、鹿矛囲はあくまでつなぎ合わされただけの死体。鹿矛囲は、その存在こそがシビュラの矛盾となっている。そのことへの深い怒りは、シビュラの中枢へ向かう際に、同行する朱と行う問答で語られるとおりだ。

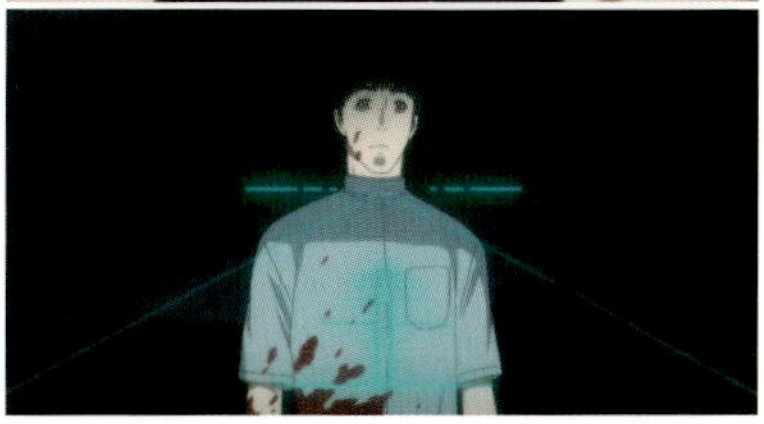

鹿矛囲は、脳を移植された7人の成長した姿のホロを主に使用し、その姿だけでなく、彼らが生きていたら習得したであろう技能をも駆使して数々の事件に関与していく。

本当の裁き手を求めて

鹿矛囲がドミネーターを突きつけた結果、シビュラは鹿矛囲を含む、集合的サイコパスという認識を確立。同時に自らを構成する脳からシビュラ全体の犯罪係数を上昇させる要因を廃棄することで、犯罪係数を0まで下げる。しかしこの〝積極的退化による進化〟により、シビュラはその総体の一部であるドミネーターを突きつけた者次第で色が変わる——つまり永遠に犯罪係数を下げられない存在となった。その新たな裁き手、もしくはシビュラをさらに変革する役目を朱に託し、ようやく透明でなくなった鹿矛囲は東金朔夜のドミネーターで裁かれる。

色持たぬ者にまつわる「言葉」

〝鹿矛囲〟を紐解くキーワード

全能の神を信じながら地動説を立証するように、人類の思想史において「あちらを立てればこちらが立たない」という矛盾は常に顕在し、その矛盾にどう折り合いをつけるのかを問われ続けてきた。

「集合的サイコパス」を巡り、正義の天秤を握る攻防が描かれる「第2期」では、特に「矛盾」を巡る重要なワードが多数登場する。その一部をここで解説する。

悪魔の証明

第3話のタイトル。及び朱の家に侵入警報が鳴らないまま「WC?」の落書きがされた事件に関し雑賀が朱に言った言葉。「自分がやっていないことを証明するために透明人間(侵入者)の存在を明らかにすることの困難さ」を示唆した。元々は中世の法律学者が所有権の証明が難しいことを例えた比喩表現であり、いわゆる詭弁である。悪魔がいないという証拠がない=悪魔の存在証明とは言えない。消極的な事実の実証は困難だが、100%不可能ではないと朱自身が証明した。

全能者のパラドクス

第9話のタイトル。及びシビュラの裁きに疑問を抱きはじめた朱に、雑賀が持ち出した説話。「全知全能の神が存在するなら、自分が持ち上げられない重い石を創造できるか?」という逆説である。妥当に見える推論から受け入れ難い結論が得られた場合、前提か過程か結論のどこかに誤りがあること、もしくは逆に受け入れ難い事実が正解であることを証明する必要がある。シビュラの場合、自分に裁けない免罪体質者を、自らに組み込むことで矛盾を解消してきた。これは全能者が同じ瞬間に全能である必要がないという前提に基づくもの。重い石を一旦作成した後、軽くすればいい、という思考法だ。

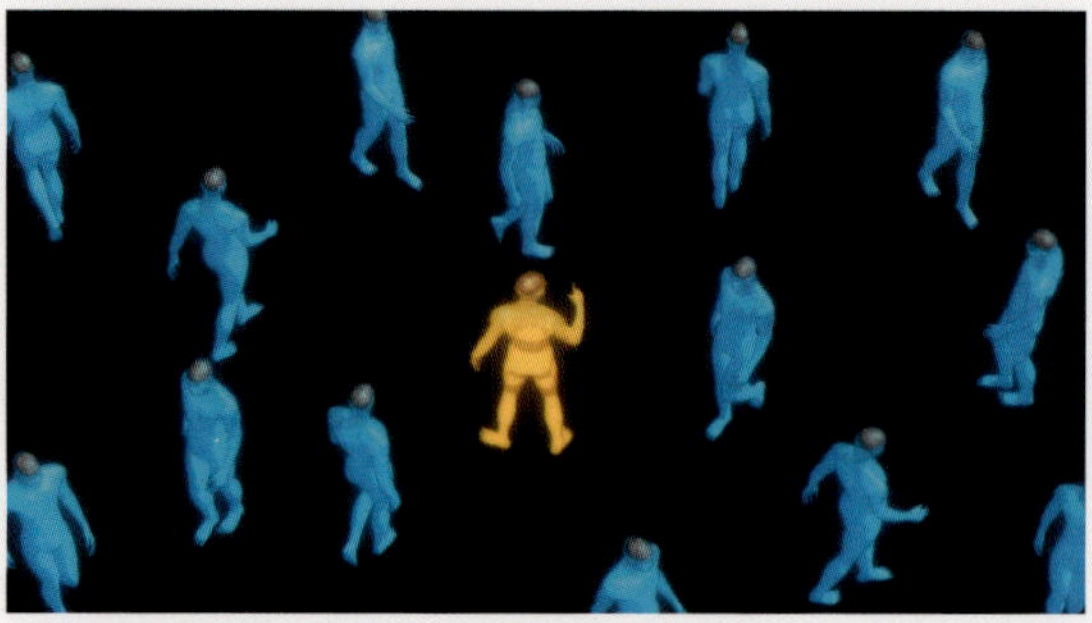

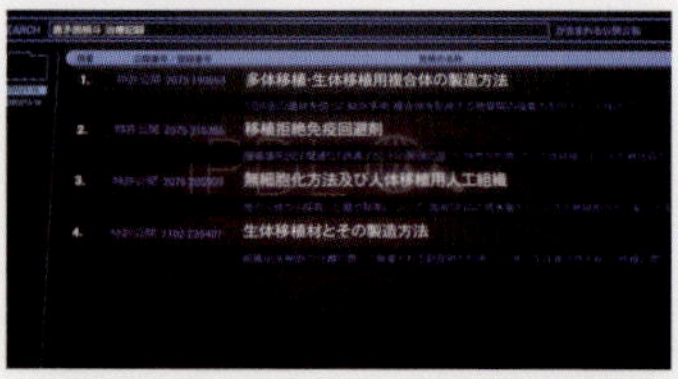

多体移植

複数の臓器を異なる人物からもらい受ける移植法。飛行機事故により死亡した184人の犠牲者を枡嵜医師が切り刻み、脳を含めまだ生きている部分を抽出。鹿矛囲は1人の少年として奇跡的に繋ぎとめられた。シビュラシステムから見ると多数の死体の集合体にすぎないため、サイマティックスキャンが認識できず、犯罪係数も一切測定されない。システム上は完全な透明人間を完成させてしまったことになる。一方、シビュラ自身も多数の脳を連結させたバイオコンピュータである。現実に存在していても、法的には存在しない矛盾した存在——集合体としての「個」であることに変わりはない。

AA(先天的免罪体質者)

第8話のサブタイトル及び、アプリオリ・アクウィット——罪を犯しても生まれつき犯罪係数が特定できない体質の者を指す言葉。槙島のように約200万人に1人誕生するとされている。全能・平等を誇るはずのシビュラの重大な秘密であり、主な構成要員、そして朔夜の母親・東金美沙子が熱心に研究したテーマでもある。シビュラ成立期に関わる東金財団の一員であり、自らも免罪体質者である美沙子は、人工的に免罪体質者を産みだそうとした。結果誕生したのが、史上最高値の犯罪係数を持つ東金朔夜だ。つまり朔夜は、美沙子の研究の最大の失敗作である。なお、シビュラはこの情報について、単体では理解できない略称のみを特許局のデータベース上にわざと残し、そのアクセス記録から危険分子を炙りだすための「オープンドアデータ」として利用していた。

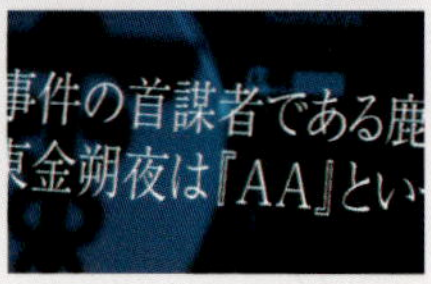

2114年の日本・2

人々の生活と、日常に潜んだ暗雲

Second season setting　Japan Affairs in 2114

メンタルヘルス

ラクーゼ

OW製薬が販売する、向精神剤「ラクーゼ」。〝ストレスすっきりクリアカラー〟をキャッチコピーに、一般に広く知られる定番の薬品だ。色相の変化に合わせた6種類の製品があり、独自成分のアドミンが悪玉精神物質をブロックする、というのが謳い文句。

病院

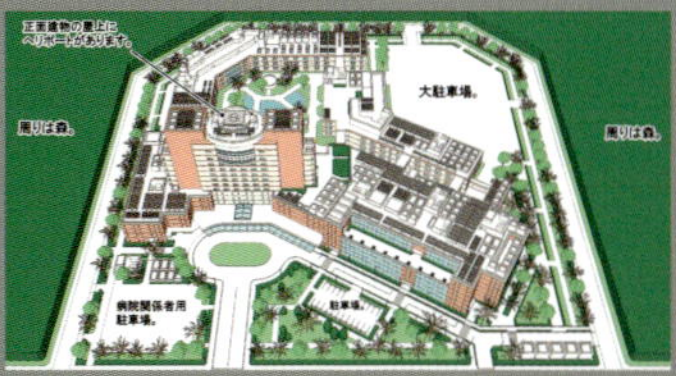

千葉県市川にある、ヘリポート完備の大病院。病院の周囲は広い森に囲まれており、患者たちは落ち着いた環境の中で治療を受けられる。朱の祖母・常守葵も入院患者の1人。

メンタルケア施設

市民がメンタルケアのために訪れる開放的な医療施設。鹿矛囲シンパの美馬が立て籠もり事件を起こし、閉じ込められた人々はストレスにより犯罪係数が大幅に上昇。美馬を含む多くの人々が執行対象として処理された。その中には青柳監視官もおり、強襲型ドミネーターにより絶命している。

商業・産業

ツインタワー

その名称の通り、ふたつのタワーが並ぶ構造のツインタワー。周囲のビルよりひときわ高く、多くの住民が入居するマンションとなっている。屋上にはヘリポートが完備され、「第2期」の最初の事件では朱がそこで爆弾犯の喜汰沢を説得。無事確保した。

レンタルオフィス

喜汰沢が自供した爆弾の製造場所。現場検証に同行した喜汰沢はここで再び逃亡を図り、失敗。青柳監視官により執行される。

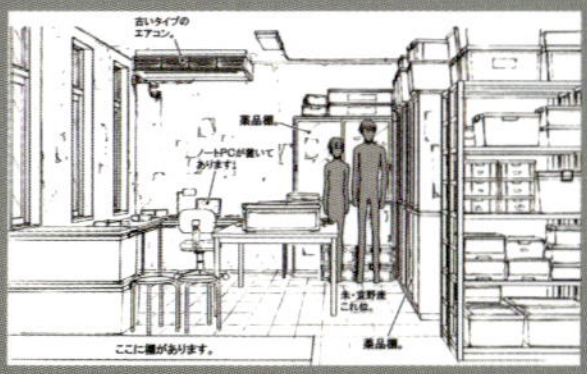

高級ホテル

豪奢なパーティルームなど、一流の設備が整えられた高級ホテル。企業代表を招いた政治家のパーティにも利用される。

解体請負企業

喜汰沢が勤務していた解体請負企業。喜汰沢は最初にここに逃げ込み、人質女性を連れてさらなる逃亡を図った。ビル解体などを手掛ける企業だけに、社内には爆発物や工事用ドローンなども存在。

国防省ドローン装備研究所

ドローン装備研究所

無人倉庫として使用されていた貿易港で、現在は国防省の軍事ドローン研究開発部が試作ドローンの起動実験を行っている。管理室をはじめとした一部エリア以外はほぼ無人。ゲーム「ハングリーチキン」を介したハッキングでドローンが暴走し、多くの死傷者を出す事件が発生した。

テスト区域

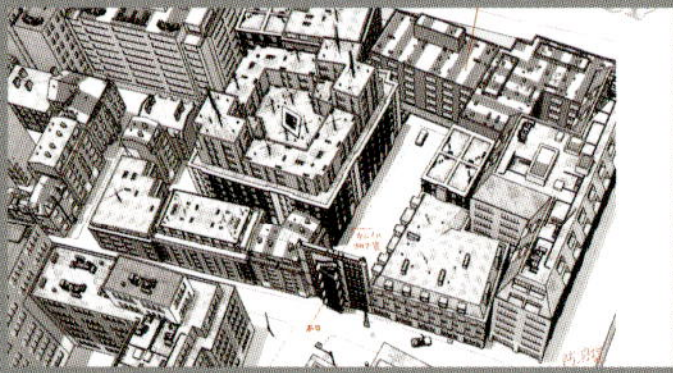

海岸沿いのビル区画は開発された軍事ドローンのテスト区域。本来は無人のはずだったが、その一角にはホロで偽装された鹿矛囲のアジトが存在した。

公共施設

地下通路

東京の地下には、緊急時に地下鉄の列車を保護するための退避区画をはじめ様々な地下通路があり、中にはシビュラルームにつながる極秘の通路も存在。汚染水の流入を防ぐ大型排水施設や専用ドローンも配備されている。

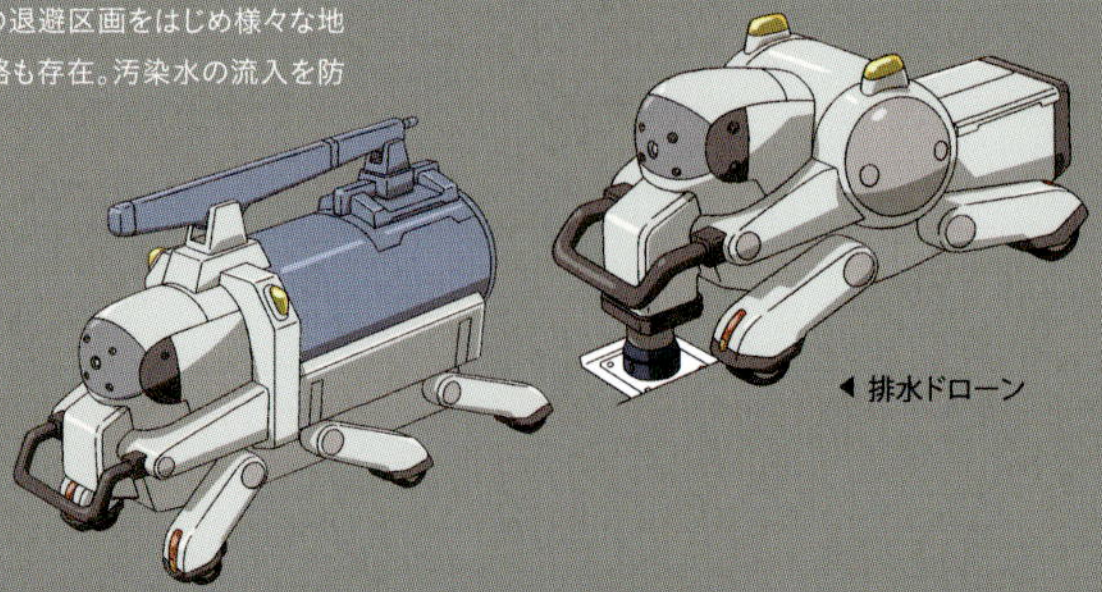

◀ 排水ドローン

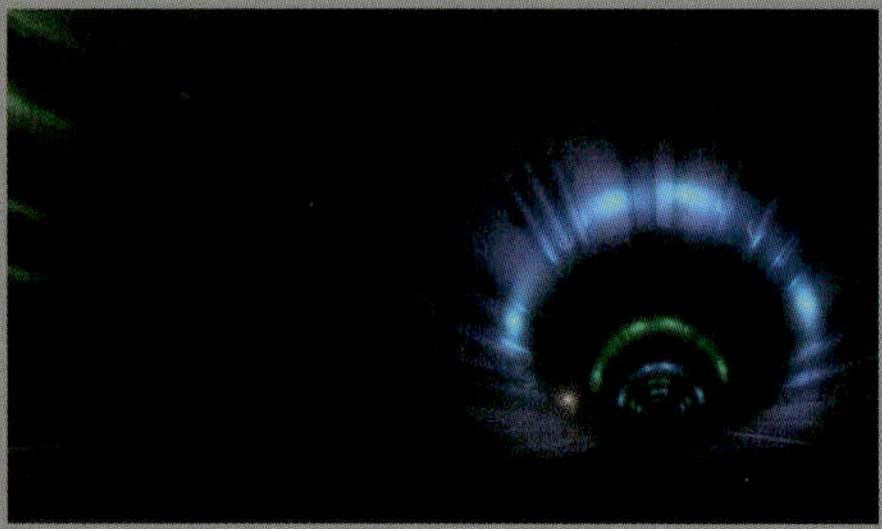

公園

人質女性に化けた鹿矛囲が、山門屋執行官をドミネーターで殺害し、酒々井監視官を誘拐した公園。事件現場となったトンネルには大きな「WC?」の文字が残されていた。

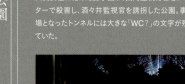

娯楽

▼ハングリーチキン

主人公のチキンを操作して悪い魔女を倒す、コミカルなゲームアプリの「ハングリーチキン」。実際は鹿矛囲のクラッキングによって乗っ取られた軍事・公安ドローンなどを操作するアプリで、プレイヤーは自覚なく殺人や破壊の罪を犯していた。

ハングリーチキン!

▶コンセプトアート

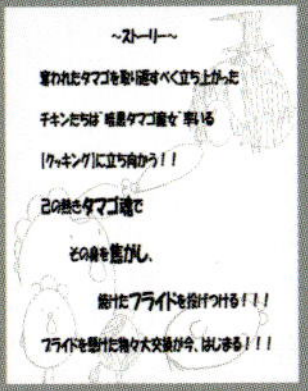

犯罪

▼千代田区セントラルホール

楽島と鹿矛囲に欺かれた役人たちが集まった、人造の森に囲まれた洋館。広い庭園には滝があり、ホール内にペット用の空間も設けられている。

▼人間動物

洋館のホールの周囲にいた動物たちの〝中身〟。元は役人たちにいたぶられた密入国者たちで、喉や手足をつぶされ、骨格を捻じ曲げられるなど酸鼻を極める状態で生かされている。

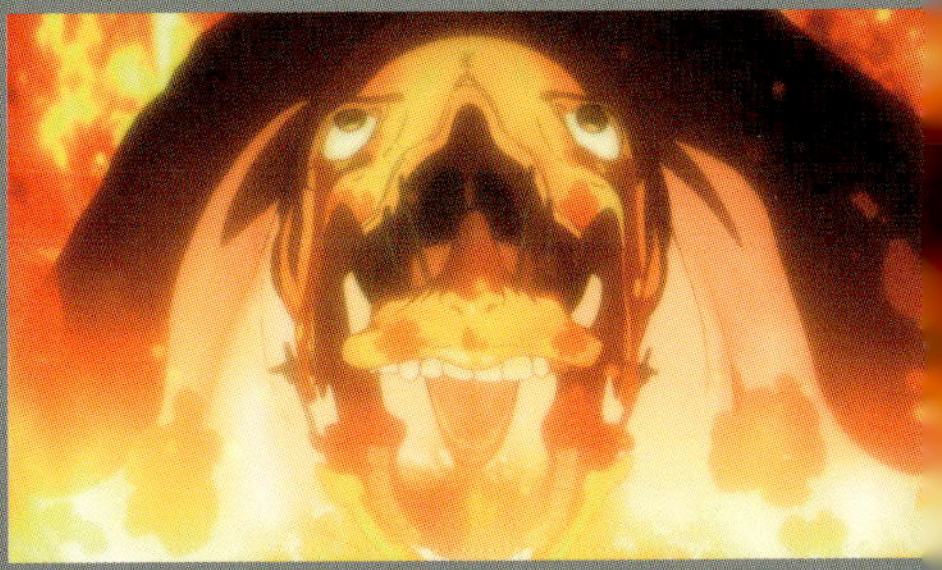

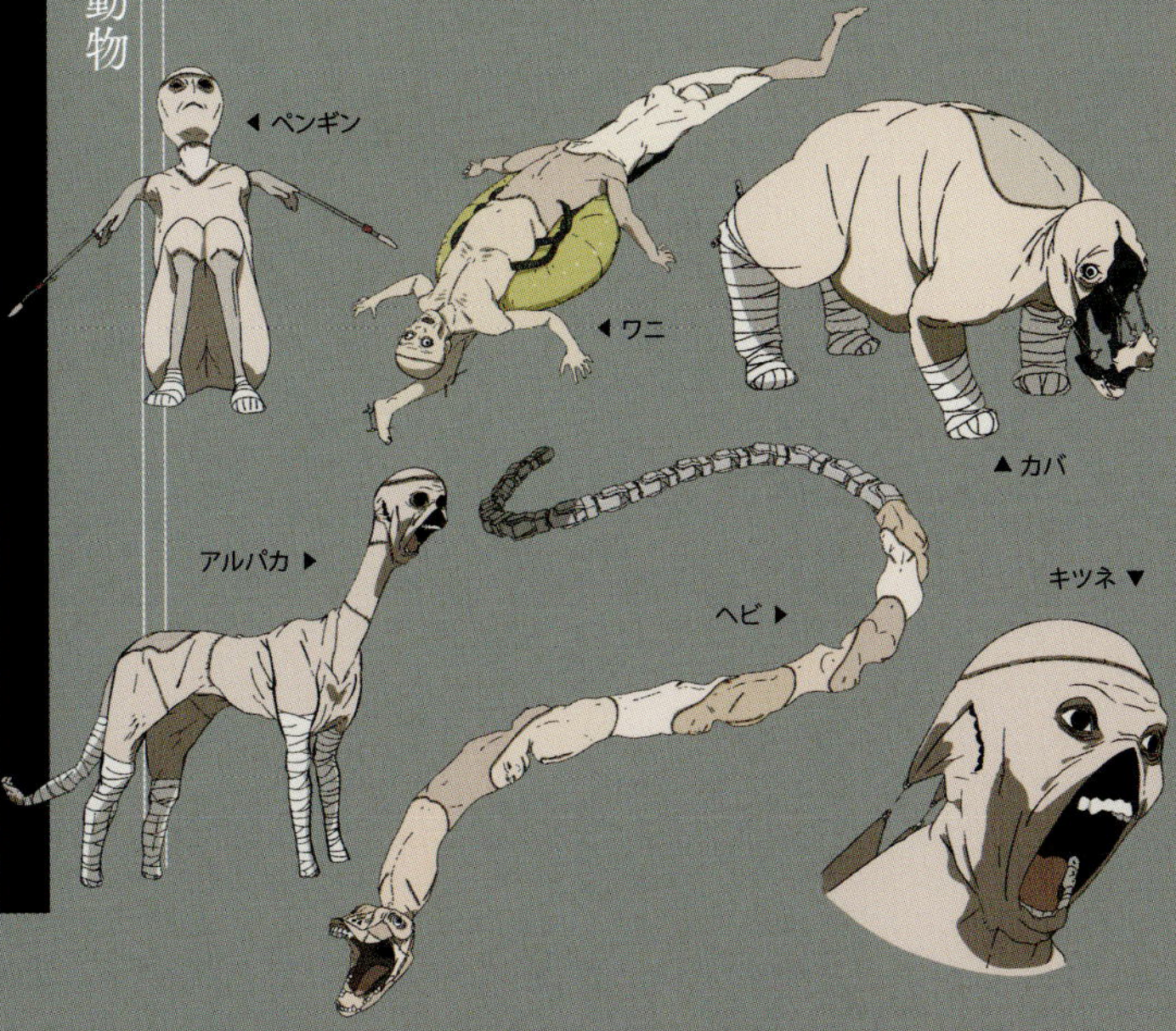

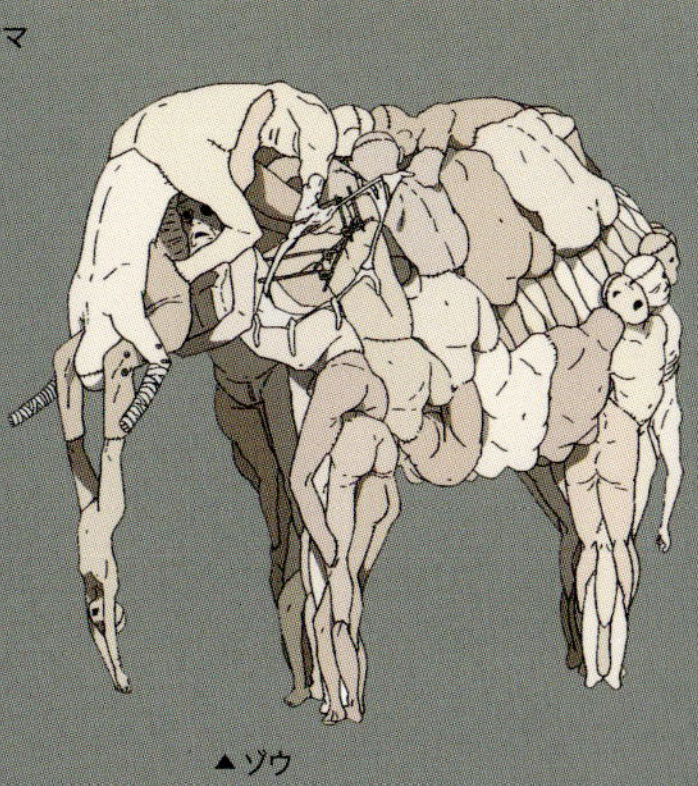

WORLD VIEW 2114

冲方丁（第2期シリーズ構成）
塩谷直義（監督）
第2期・事件解説

公安局広域重要指定事件107、無差別連続爆破事件

▽2114.09-2114.10.20(第2期・1話〜2話)

冲方丁 シビュラシステムが運営される世界で、最もつくりやすい武器は「薬品を調合してできるもの」。「毒」などいろいろな武器の候補がありましたが、第2期の最初の事件なのでわかりやすく「爆弾」を使っています。

なお、この「爆弾」は鹿矛囲の狼煙でもあります。「ラクーゼ」という東金財団が関係している精神を安定する薬の広告ホロを爆破することで、シビュラシステムの中に組み込まれているだろう東金美沙子を表に出そうと仕向けているんです。ただ、喜汰沢旭は人を殺すことのできない性格なので、犠牲者ゼロで犯行していました。第1話のラストシーンで、実は違う事件が進行しているのだということを「WC?」のメッセージに込めました。メッセージが笑えるものほど、気味が悪い感じがする。そういうニュアンスを意識しています。

塩谷直義 シビュラシステムの運営下において「爆弾」は扱いが難しい武器。「爆弾」を使って悪いことをしようと思うだけで色相が悪化し、潜在犯として執行されてしまうからです。色相をクリアにできる鹿矛囲のシンパだからこそ使える武器ということです。尋問中の喜汰沢のサイコパスがクリアになるのは、あたりまえですけど鹿矛囲が扮した向島陸（カウンセラー）と接触したから。鹿矛囲は喜汰沢を逃がそうとしていたけれど、青柳監視官に執行されてしまうんです。

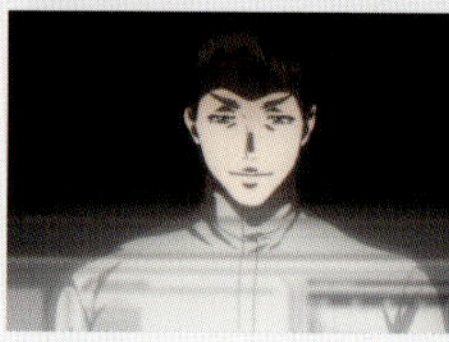

メンタルケア施設立て籠もり事件

▽2114.11.08(第2期・3話〜5話)

冲方丁 酒々井監視官から奪ったドミネーターで、監視官を裁けるのかを検証しています。もちろん裁けるのはわかっているんだけど、サイコパスが曇ったら潜在犯に堕ちて裁けるようになるのか。監視官の立場のまま裁けるのか。厳密に検証しようとしているわけですね。メンタルケア施設では美馬老人が立て籠もって暴れるわけですが、これは実際に起きたとある事件をモデルにしています。マッチョな老人が暴れるというアイデアを提案したのは虚淵さんですね。このとき、鹿矛囲は大津享平という薬剤師のホロをまとっていますが、彼の人格は犠牲者を減らそうと思っているんです。でも、みんな死んでしまった。その人格が残っているから、鹿矛囲は泣いているんですね。ここに鹿矛囲の矛盾、つじつまの合っていないところが出ています。

塩谷直義 青柳監視官を強襲型ドミネーターで撃ったのは二係執行官の須郷徹平。このことが原因で、青柳と仲が良かった宜野座と微妙な関係になります。ホン読み（脚本打ち合わせ）のときに青柳を執行する人物を須郷に決めました。このシビュラシステムの運営下の世界で、執行官に対して最も有効な武器はドミネーターなんです。鹿矛囲はそれが監視官にも有効かを試していたんですね。

ドローン乗っ取り無差別殺傷事件

▽2114.11.15(第2期・5話〜7話)

冲方丁 元軍事ドローン研究施設に勤めていた須郷くんがんばれ！という事件です。劇場版との兼ね合いもあり、軍事ドローンが登場しています。この国の国境はこの軍事ドローンで守られているんですね。鹿矛囲はここでたくさんの執行官を殺害することで複数のドミネーターを入手するだけでなく、東金美沙子が禾生局長になって対処せざるを得ないところまで事件を大規模化しようとしているんです。東金美沙子と朔夜親子は、鹿矛囲に非常対応しようと動きはじめます。ところがその矢先に雛河が鹿矛囲の正体を見抜いてしまい、朱が鹿矛囲の執刀医を確保してしまう。東金美沙子はいよいよ追い詰められていく、という流れになっています。なお、この研究施設の港には、役人たちがいたぶっていた密入国者たちが秘密裏に運びこまれています。

塩谷直義 ドローンを操作するゲーム「ハングリーチキン」は、脚本では「ポップンジャッジメント」という名前でした。僕のほうからゲームのコンセプトをりょーちもさん（「ハングリーチキン」コンセプトデザイン）にお伝えして、ゲームの世界観をつくっていただきました。自分がイメージしていたゲームは「親鳥が卵を助けにいく」というもの。打ち合わせの最中に「イッツ・ア・スモールワールド」的な世界観にしたいというアイデアが出て、メルヘンなんだけど若干不気味にも思える空間で、かわいらしいゲームキャラクターがいるというコンセプトにしました。そこからぶっとんだものになったのは、りょーちもさんのおかげです。この事件の前後で雛河翔が活躍するんですけど、雛河にはツメを噛むというクセがあったり、また会話をしているときに、雛河だけが会話している人の方向をちゃんと向いているんです。とくに第8話の会話劇のシーンが顕著なので、ぜひ確認してください。それぞれのキャラクターにはクセやキーワードを必ず入れるようにしていて。霜月はストレスを溜めたときに「机を指でトントンと叩く」し、雑賀先生は情報をインプットするときに「メガネをクイっとあげる」。狡噛は考えるときに「煙草を吸う」というように、行動とクセが一致するようにしているんです。

地獄の季節

▽21世紀末頃（第2期・8話）

冲方丁 厚生省によってシビュラシステムが運営される中、ほかの省庁は厚生省に対して最後の抵抗を試みます。それが経産省が中心となって進めた銀行および交通の管制システム「パノプティコン」なんです。劇中で語られているように、これは人の行動と経済活動の全てを把握しようとするシステム。だけど、各省庁の足並みがそろわず、経産省に横やりがはいったり、人材が操作されたり、予算の奪い合いが起きたりすることで結果的に、航空・交通事故が例年の数十倍に跳ね上がってしまいました。厚生省が陰謀を企てて事故を起こしたというケースはないようですが、結果としてシビュラシステムの運用が維持され、新薬開発や健康管理施設を支配する東金財団は巨万の富を得ることになるんです。

代議士及び省庁職員集団殺害事件

▽2114.12.07（第2期・9話）

冲方丁 鹿矛囲の本当の協力者である桒島浩一が登場します。彼は鹿矛囲の同級生であり、飛行機事故で死を免れてしまった仲間です。この役人たちは現行のシビュラシステムに反感を持ちながらも、密入国者をいたぶり、犯罪係数が悪化すると鹿矛囲に頼ってきた者たち。シビュラが統治している平和な社会の中で起きる、最も陰惨な部分を公安局に見せつけ、シビュラシステムと朱に訴えかけようとしているんです。

塩谷直義 役人たちは密入国者の肉体を使って、奇妙な動物をつくっています。冲方さんとシリーズ構成の打ち合わせをしているときに、「動物が好きすぎて自分の肉体を動物に改造してしまう人がいる」という話になったんです。アメリカのほうではトラに憧れすぎて自分の歯に牙を生やしたり、尻尾をつけたり、鼻をトラのように改造してしまう人もいるそうです。それを聞いて、なるほどなあ、と感嘆していたら、シリーズ構成の中に密入国者を改造してしまうネタがアイデアのひとつとして入っていたんですよ。役人たちがサイコパスをクリアに保ちながら、自分たちのストレスケアをするために密入国者たちに歪んだ欲望をぶつけている……ということですよね。アイデアとしてはおもしろいと思って採用しました。このあたりはもうちょっと深く掘り下げたかったところですね。もう少し話数があれば、その内容を明らかにすることができたんですが。

地下鉄立て籠もり事件

▽2114.12.07（第2期・9話～11話）

冲方丁 シビュラシステムと東金美沙子に対する、最後の狼煙ですね。人質を取り、ドミネーターの機能を維持したまま、鹿矛囲をシビュラシステムのもとへ送り込む。そのドミネーターでシビュラシステムを裁けるのなら、それはそれで良し。もし裁けないのであるならば、シビュラシステムの悪徳を知っている朱にバトンタッチする。だから、「朱とともにシビュラシステムのもとに行く」というところまでが鹿矛囲の計画でした。脚本をいじっているうちにアイデアがふくらんでいったのですが、「集合的サイコパス」というものは、その測定者までもが集合の一部に含まれるので、ドミネーターを持つ者（測定者）によって数値が変わる可能性があるんです。鹿矛囲はそこまでを計算していて、シビュラシステムの「集合的サイコパス」を測定するときに朱がいれば、シビュラシステムを良いものに変えられるんじゃないかと。鹿矛囲としては「集合的サイコパス」を成立させて、朱というキーファクターを生存させることができた時点で、彼の目的は達成したわけです。ただし、東金朔夜にとってはそんな考え（シビュラシステムを白くすること）は冒涜の極みになるわけで。朱と鹿矛囲を止めようとするんですね。だけど、結局朔夜の考えは排除されてしまう。東金美沙子と東金朔夜はシビュラシステムとひとつになろうとするんだけど、結局はシビュラシステムの奴隷にすぎなかった。2人が排除されたあと、シビュラシステムのお世話係として、その役目を受け継いだのが霜月美佳。それでおしまい、という物語です。なお、物語としては細かく描かれていませんが、鹿矛囲の協力者は全員更生施設に送り込まれるか、執行されるという運命をたどっています。臓器を入れ替えて各界に侵入した密入国者たちも、一網打尽に捕まっています。ただ、次の種は残している。そういうエンディングになりますね。

塩谷直義 最終話はバランスがすごく難しい内容でした。鹿矛囲桐斗と東金朔夜、霜月美佳、常守朱の4人の決着を1話で見せなくてはいけない。とくに朔夜に関してはバックグラウンドをしっかり描いているので、どうしても印象が強いんです。そのやらなければいけないことが多い中で、鹿矛囲の多重人格表現をしっかり見せるかどうか。最後まで悩みました。悩んだ結果、第9話のアフレコを行ったとき、収録現場にいた冲方丁さんに相談して、一度は決定稿を出した最終話の脚本を再調整していただくことにしたんです。その再調整の中で、当初は霜月自身が朔夜を殺害していたのですが、殺害しない方が彼女の内面に大きなものを生み出すだろうと思って「殺意は見せるけれど殺さない」という結末に変更していただきました。そのアイデアを冲方さんに相談したとき、すぐに霜月の会話のアイデアを冲方さんが提案してくれて。その方向性で脚本を書きなおしていただいています。最後の最後で冲方さんには負担をかけてしまいましたが、その手直しをして良かったと思っています。ちなみにエピローグで、朱は家を引っ越しています。引っ越した先は劇場版に出てくる部屋ですね。第1期から住んでいた部屋よりも大きくて、生活レベルは上がっていますね。ただし、新しい部屋で朱はホロアバターを使っていません。

禾生と朱

PSYCHO-PASS サイコパス

KASEI and AKANE

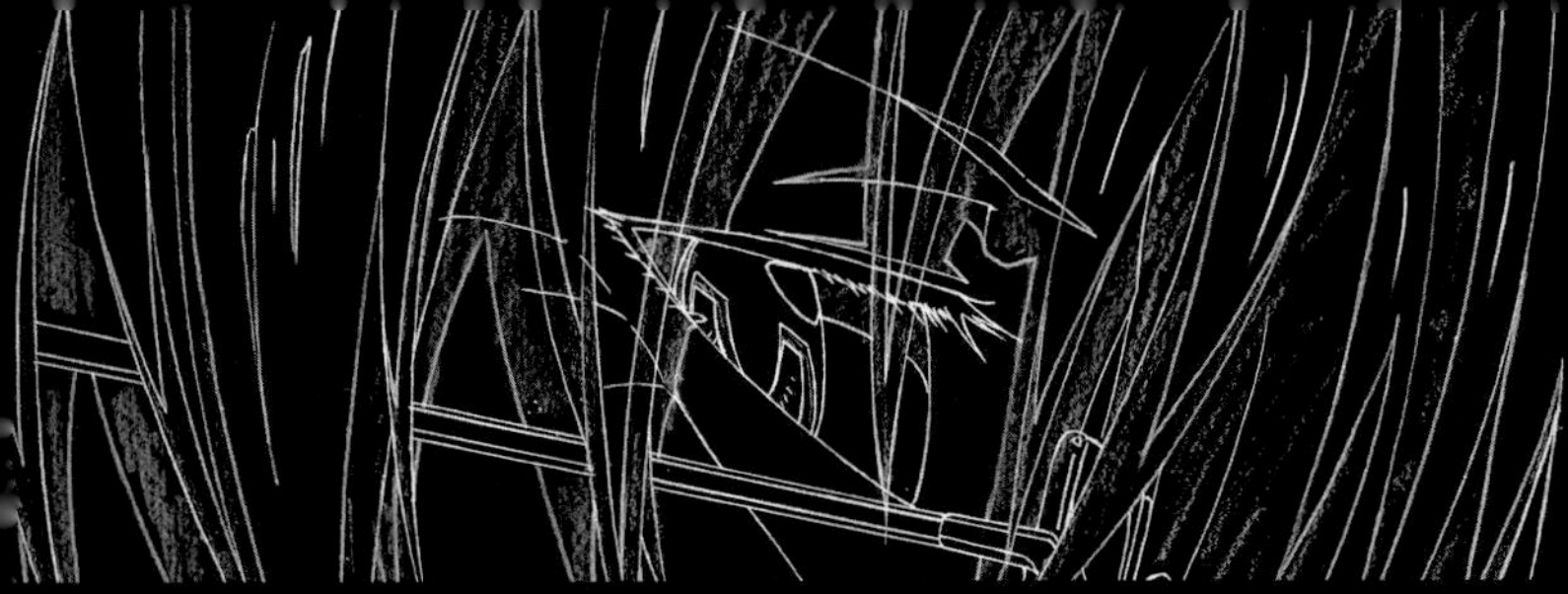

>DIALOGUE 01

禾生　「なにを考えている」
朱　「全能者のパラドクス」
朱　「鹿矛囲の目的は、シビュラシステムを裁くこと。あなた達はそれを受け入れるべきよ。それが、鹿矛囲を裁くことにも繋がる」
禾生　「……」
朱　「あなた達は、免罪体質者という裁くことができない例外を取り込むことで、完全な裁きを実現させてきた。しかし、新たな例外が生まれた。個人ではなく集合体としてカタチを成す鹿矛囲」
禾生　「……」
朱　「彼を裁くには、彼を成り立たせている概念をシビュラが認めるほかない」
禾生　「君はなにを口にしているのかわかっていない。あれを裁くには、集合体としてのサイコパスを計測する必要がある。だがそうなれば……」
朱　「集合体である、シビュラも裁きの対象になる」

KASEI and AKANE

KASEI and AKANE

>DIALOGUE 02

朱　「それが彼の狙いだった。自ら社会の脅威となることで、集合的サイコパスを認めざるを得ない状況を作り、あなた達をパラドクスに追い込んだ上で、裁く……」
禾生　「ならば余計に奴をシビュラに近付けるわけにはいくまい」
朱　「そうして裁くことなく彼を処分するの？　自らの完全性を否定して」
禾生　「君は目先の目的に囚われ、事の重大さを理解していない。集合的サイコパスを認めた社会が、どのようなものになるかを」
朱　「個人個人がクリアでも、集団として裁かれる可能性がある社会。そのリスクは理解しているわ。でも、今まで目を背けていたその問題を直視することは、あなた達の進化にも繋がるはず」
禾生　「……」
朱　「逆にこの問題から目を背け、鹿矛囲の処分という逃避を選ぶなら、あなた達に未来はない」
禾生　「君の御託は聞き飽きた。独走する気なら、君の監視官権限を剥奪する。君をこの社会から抹消することも考えねばな」
朱　「あなた個人の見解はどうでもいいと言ってるの、東金美沙子！」
禾生　「……！」

>DIALOGUE 03

朱　「シビュラシステム。あなた達がこの社会に存在を許されている理由は、平等で完璧な裁きを行えるからよ。その完全性にほころびが生まれた今、あなた達の存在価値そのものが揺らいでいると言っていい」
禾生　「知った風な口を……！」
朱　「あなた達がこの社会に必要で在り続けるため、なにを選択するべきか。全員でじっくり考えることね」

※EPISODE10　脚本より

KASEI and AKANE

Complete Original Soundtrack Blu-ray BOX & DVD Audio Drama

◀ PSYCHO-PASS Blu-ray BOX

発売:フジテレビ/東宝　販売:東宝　本体:32,000円+税
収録内容:TV第1期全22話/新編集版全11話

Blu-ray BOX特典
●キャラクターデザイン・浅野恭司描き下ろし三方背BOX&デジパック
●虚淵玄(ニトロプラス)・深見真・高羽彩　シナリオ・ブック完全版TV第1期Blu-ray&DVD初回限定特典として収録されたシナリオ・ブックに新編集版カットパートを追加し編集した、脚本担当・虚淵玄(ニトロプラス)、深見真、高羽彩による前・後篇約440ページのシナリオ・ブック完全版
●映像特典 ノンテロップOP&ED、PV、CM ほか

TV第1期、新編集版の物語を味わいつくせるBlu-rayディスク6枚組、本編総尺1,005分収録のBOXセット。

▶ Blu-ray & DVD TV 第2期

発売:フジテレビ/東宝　販売:東宝
本体:VOL.1〜4　Blu-ray:6,500円+税 DVD:5,500円+税
VOL.5　Blu-ray:7,500円+税 DVD:6,500円+税

[通常仕様特典]
浅野恭司描き下ろし特製アウターケース・キャラクタープロファイリング、本編収録話の完全シナリオを収録したスペシャルブックレット(約100ページ)・(完全新作)オリジナルドラマCD

鹿矛囲事件をめぐる常守朱たち一係の活躍がここに。映像だけではわからないキャラクターの細かな仕草や思いが見える完全シナリオを収録したスペシャルブックレット、完全新作のオリジナルドラマCDなどの特典も。

▶ PSYCHO-PASS サイコパス 2
VOL.1　収録内容:#1〜#2

[オリジナルドラマCD内容]
新体制となった一係。ある日、朱と狡噛の距離を少しだけ近づけるような事件が起き……。

▶ PSYCHO-PASS サイコパス 2
VOL.2　収録内容:#3〜#4

[オリジナルドラマCD内容]
はじめて1人で事件の現場指揮をする霜月。垣間見える彼女の事件捜査への思い。

▶ PSYCHO-PASS サイコパス 2
VOL.3　収録内容:#5〜#6

[オリジナルドラマCD内容]
執行官になる前の雛河。彼が朱を「お姉ちゃん」と呼ぶ契機になったとある事件の顛末。

▶ PSYCHO-PASS サイコパス 2
VOL.4　収録内容:#7〜#8

[オリジナルドラマCD内容]
禾生の便宜で再び執行官となった東金。朱や潜在犯を黒く染めるための手法が語られる。

▶ PSYCHO-PASS サイコパス 2
VOL.5　収録内容:#9〜#11

[オリジナルドラマCD内容]
鹿矛囲という〝透明人間〟がいかにして生まれ、復讐心に燃えることになった経緯とは。

▼ PSYCHO-PASS サイコパス/ゼロ　名前のない怪物 上巻/下巻

発売:フジテレビ/タブリエ・コミュニケーションズ
販売:タブリエ・コミュニケーションズ
本体:上巻[初回生産限定盤]3,500円+税　[通常盤]3,000円+税
本体:下巻[初回生産限定盤]4,000円+税　[通常盤]3,500円+税

「標本事件」の真相が描かれる同名小説のドラマCD。初回生産限定盤の上巻では一係の面々が登場する「刑事たちの短い平穏」が、下巻では槙島聖護とチェ・グソンによる「気まぐれな犯罪者たち」が楽しめる。

▼ PSYCHO-PASS サイコパス Complete Original Soundtrack

発売:ソニー・ミュージックレコーズ
本体:完全生産限定盤:4,612円+税/通常盤:2,833円+税
仕様:[完全生産限定盤]CD2枚組+Blu-ray
[通常盤]CD2枚組

『PSYCHO-PASS サイコパス』第1期を彩る全49曲を満喫できるオリジナル・サウンドトラック。

▼ PSYCHO-PASS サイコパス Complete Original Soundtrack 2

発売:ソニー・ミュージックレコーズ
本体:完全生産限定盤:4,611円+税/通常盤:3,056円+税
仕様:[完全生産限定盤]CD3枚組+Blu-ray
[通常盤]CD3枚組

第2期と、『劇場版 PSYCHO-PASS サイコパス』の、全52曲にも及ぶ楽曲を網羅。

※掲載の情報は2015年3月現在のものです

Illustration Gallery

ChimiChara PSYCHO-PASS

illustrated by yupon

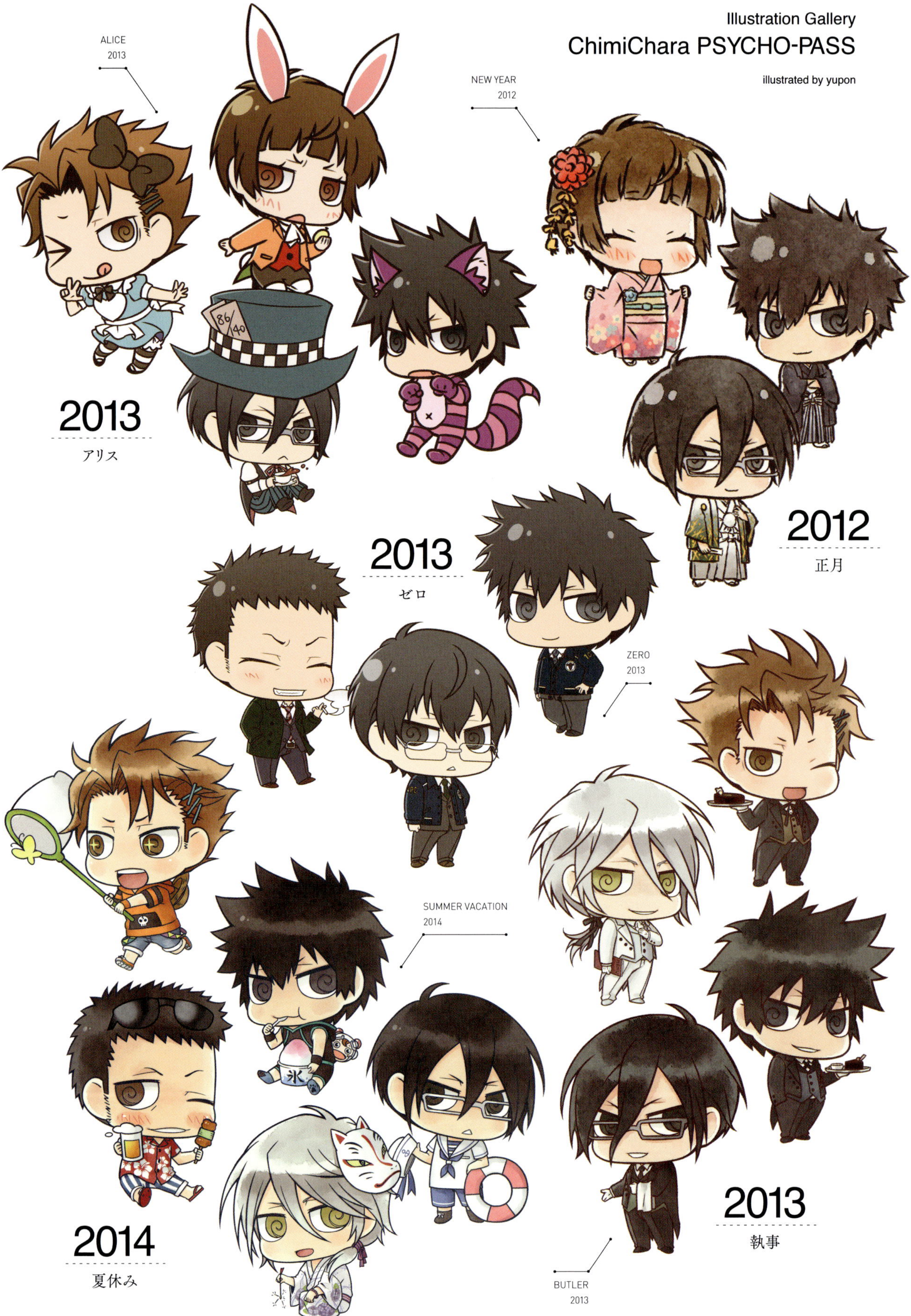

CHIMI CHARA

PSYCHO-PASS

2014

狡噛、宜野座、雛河バースデー

BIRTHDAY
2014

2014

クリスマス

CHRISTMAS
2014

MILITARY UNIFORM
2014

2014

軍服

2015

正月

NEW YEAR
2015

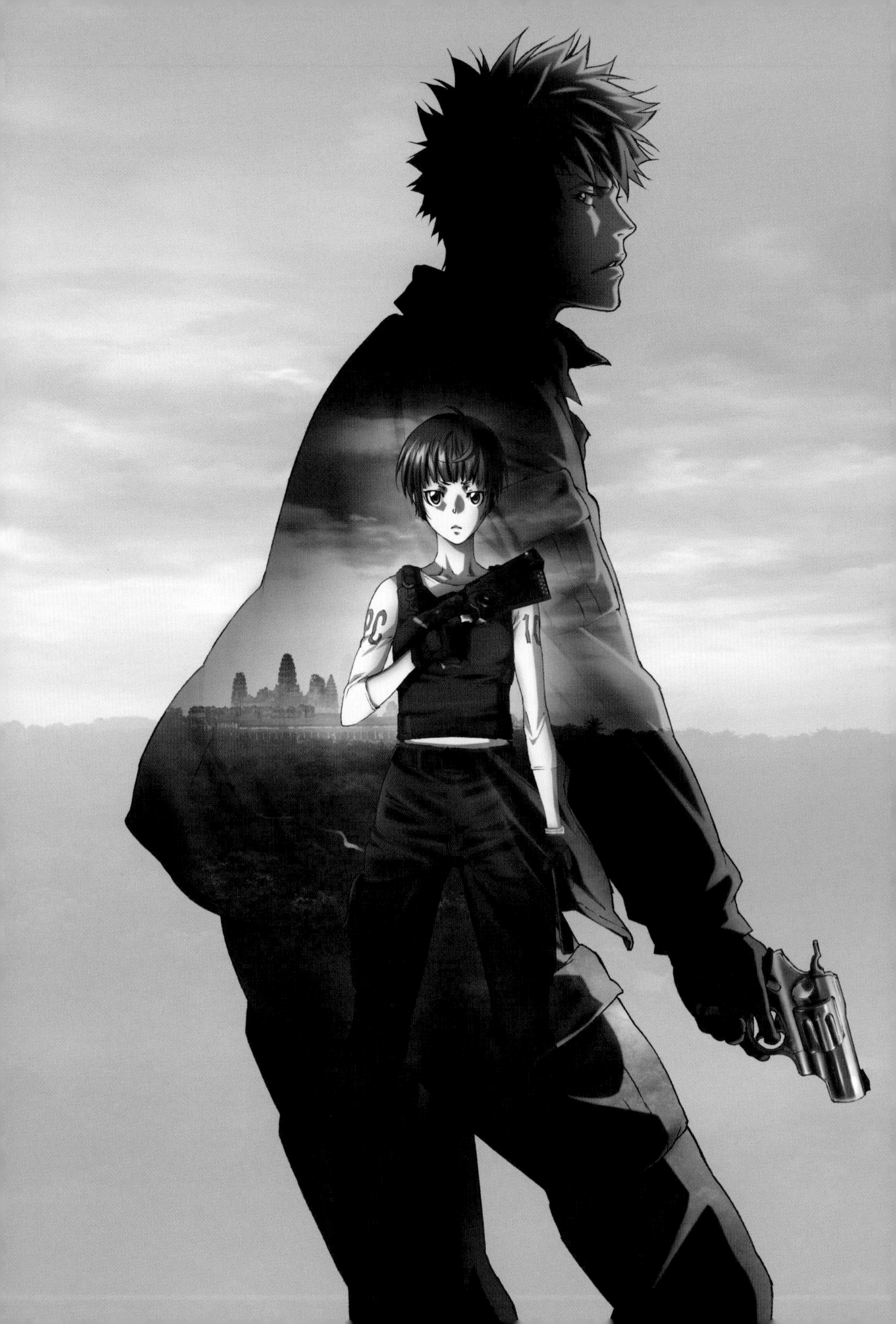

CHARACTER DIAGRAM FROM 2116

生存者
死亡者

劇場版 PSYCHO-PASS サイコパス
人物相関図 2116年〜

Akane Tsunemori	Zhuang Hang
Mika Shimotsuki	Nicholas Wong
Nobuchika Ginoza	Nhan Yeo
Yayoi Kunizuka	Desmond Rutaganda
Sho Hinakawa	Shinya Kogami
Teppei Sugo	Shogo Makishima
Shion Karanomori	Joji Saiga
Jyosyu Kasei	

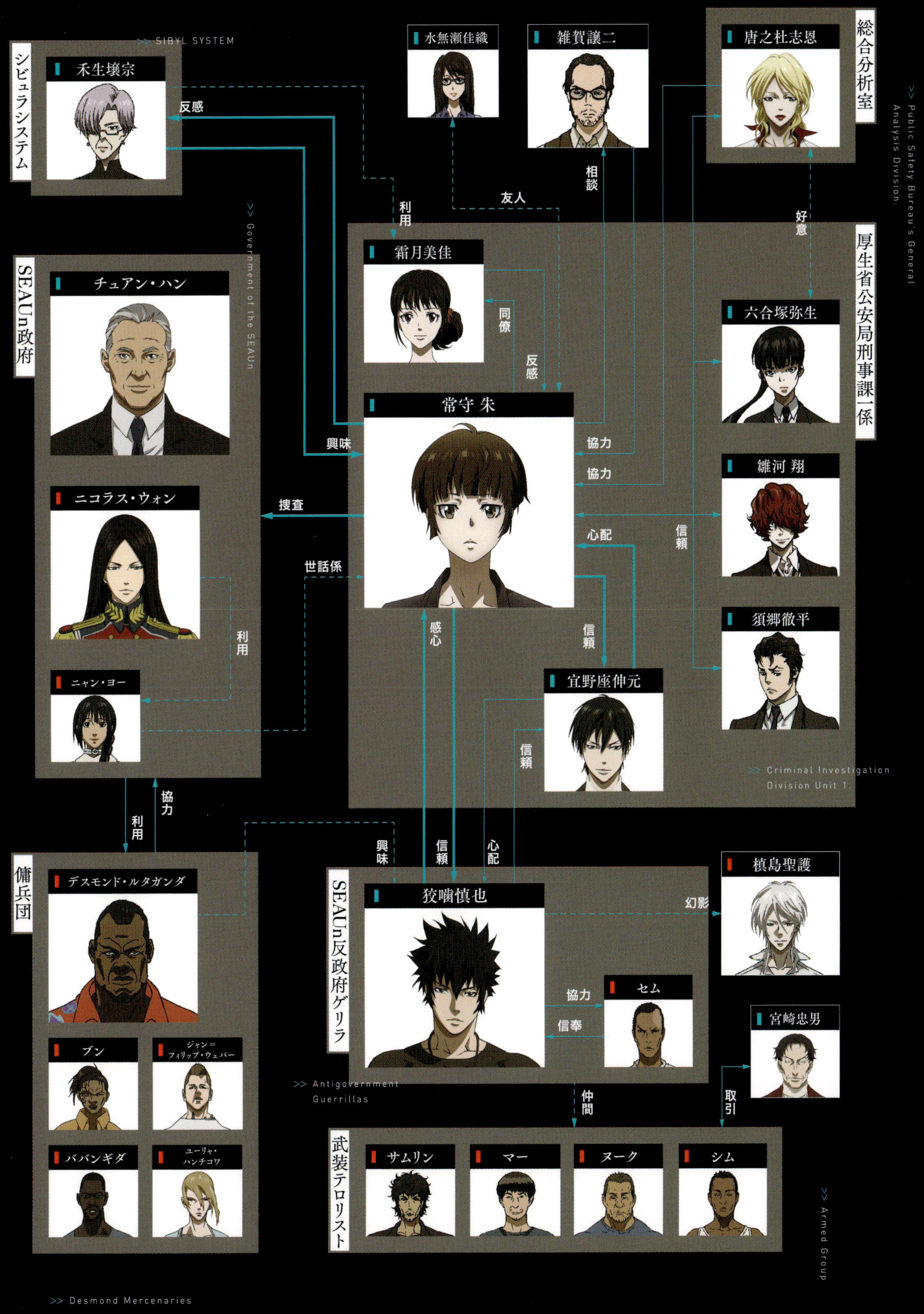

PSYCHO-PASS THE MOVIE

劇場版 PSYCHO-PASS STORY

PSYCHO-PASS THE MOVIE

塩谷直義コメンタリー

COMMENTARY

▼ 冒頭で狡噛慎也が英語で読み上げるテキストは、マルセル・プルーストの『失われた時を求めて』文庫版の最終巻の一節。実は狡噛（関智一）の声だけでなく、槙島聖護（櫻井孝宏）の声もかぶせてあります。狡噛と槙島が同化した印象にしようと思いました。

▼ SEAUnの軍事ドローンを、狡噛が狙撃します。狡噛のとなりでスポッティングスコープを構えているのは、観測手（スポッター）のセム。優秀な観測手は狙撃手がスナイパーライフルの引き金を引いた瞬間に弾丸が命中するかどうかがわかるそうです。標的に着弾する前にセムが「ヒットだ、狡噛」と言うのは、次の行動にすぐ切り替えるため。スナイパーは自分の射撃位置が敵にバレないように、射撃後すぐに移動するのです。なお、狡噛の狙撃弾は前線から2台目のスカンダに命中。地面に仕掛けたナパーム爆弾に引火し、次々と炎が燃え広がり、最終的に大爆発になっています。

▼ 日本に上陸したサムリンたちテロリストグループは、廃棄区画で非合法ブローカーの宮崎と接触します。これはシビュラシステムがSEAUnのニコラスを通じて手引きをしたもの。もちろんサムリンたちはその真相を知りません。

▼ シビュラシステムの運営下においても、宮崎のような非合法ブローカーは存在します。第1期のころのチェ・グソンに似た存在ですね。スラム街に潜んで、いろいろなコネで非合法武器を流通させているんです。

▼ 地下駐車場の戦闘シーンは、今回協力してくださった田村装備開発さんが実際に戦闘シーンを再現しながら、段取りを考えてくださいました。エレベーターから霜月と雛河、須郷が突入する場面は、本来の戦闘ではエレベーターから出た瞬間に狙われる可能性があるためそんな無謀な作戦は立てないのですが、本編では、盾役になるドローンがいたから可能にしています。

▼ 駐車場を脱出したサムリンはドローンに包囲されてしまいます。自爆しようとしたサムリンを朱はドミネーターで撃ち、確保します。ただ、そのとき朱はドミネーターがパラライザーだったことに疑問を持っているん

PSYCHO-PASS THE MOVIE

STORY

鹿矛囲事件から1年半後となる2116年。シビュラシステムはついに国外に輸出され、初の試験導入先となったSEAUnの首都・シャンバラフロートはつかの間の平和を得る。一方日本では、東京湾から武装テロ集団が密入国を果たしていた。情報屋から一報を受けた常守朱監視官は、一係と現場へ急行。激しい銃撃戦の末、テロリストを制圧する。集団が使用していたシューティンググラスからは、日本の警備システムを知り尽くした人間がその開発に関わっていると推測された。霜月美佳監視官は禾生壌宗局長の命令を受け、薬物を用いてのメモリースクープを実行。異例の捜査で得られた映像には、SEAUnの反政府ゲリラと行動を共にする狡噛慎也の姿があった……。朱は、現地調査を局長に直談判し、初の海外捜査に赴く。SEAUn空港へ降り立った朱を出迎えたのは憲兵隊隊長のニコラス・ウォン。政府の代表であるチュアン・ハン議長との面会も行われたが、狡噛を追うため、朱はすぐさま憲兵隊の反政府ゲリラ掃討作戦に同行する。犯罪係数を計測し、潜在犯であれば容赦なく軍事用ドローンで殺害していく様を見て、朱はその蛮行に憤るが、ニコラスは反政府ゲリラを内戦時代の残りカスと呼び、新たなSEAUnには必要のない人間として虐殺を正当化する。反撃に転じたゲリラ側に狡噛の姿を確認した朱は、とっさの判断で外に飛び出す。3年ぶりに再会した2人だが……。

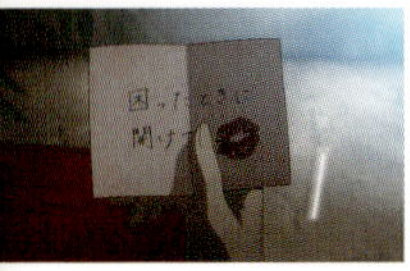

です。実は、その前の戦闘シーンで六合塚弥生が爆発物を持ったテロリストをデコンポーザーで倒しているんですよね。当然、サムリンのときもデコンポーザーになるはず……。

▼ 倒れたサムリンが落とした本はマルセル・プルーストの『失われた時を求めて』の最終巻。ちなみに第1期の最終回で狡噛が船の中で読んでいた本は『失われた時を求めて』の第1巻です。

▼ 朱は自室でスパーリングロボット相手に格闘訓練をしています。ここで使う格闘技はシラット。第1期で狡噛や槙島が使っていた東南アジアの伝統的武術です。なお、このトレーニングルームの天井には曼荼羅が描かれています。部屋のどこかに朱らしい意匠が欲しいと美術監督の草森秀一さんにリクエストしたところ、このデザインがあがってきました。

▼ 朱はリビングで弁当を食べています。第1期のころはホロアバターのナビゲーションのもと、オートメーションで作られた料理を食べていました。この部屋に引っ越してからは、なるべくシステムに頼らない生活をしているようです。

▼ 朱は横田飛行場（東京都福生市）から国防軍の輸送機でSEAUnへ向かいます。この飛行機の中で朱は雑賀や禾生の幻と語らいます。モチーフは天使と悪魔。幻影であることをわからせるため、雑賀と禾生はライティングを変え、飛行機の窓にも映りこんでいません。ちなみにこのシーンは朱が3重の映り込みをしているため、スタッフにとっては大変な作業量になりました。

▼ 朱がSEAUnに渡航する際、機内から眺める景色に富士山が見えています。

▼ SEAUnのスラム化した市街地は「一度発展して崩壊した」というコンセプトで美術設定を描いていただきました。未来感があるシャンバラフロートとのギャップを出そうと思っていました。

▼ 劇場版の制作が決定した2013年の夏にカンボジアへ僕とレイアウト作画監督の横田晋一さん、そしてアニメーションプロデューサーの黒木 類さんの3人でロケハンに行きました。日本を発った日は7月19日。劇中で朱がSEAUnに向かったのと同じ日です。カンボジア

STORY

朱は日本で起きた密入国テロ事件について狡噛に問いただすが、回答を聞く前に憲兵隊の戦車が接近。朱は狡噛と行動を共にすることを選択する。一方ニコラスは、朱がゲリラを追って失踪したことをハンに報告するも、議長は「君はさらなる不測の事態に備えておくべきだ」と忠告した。ニコラスは事態を重く受けとめ、朱と狡噛の始末をデスモンド・ルタガンダが率いる傭兵団に依頼する。狡噛と共に反政府ゲリラのベースキャンプへ到着した朱は、組織のリーダーであるセムから「狡噛に導かれし同志」として歓迎を受ける。その夜、狡噛は「静かな場所を求め戦い続ける中、SEAUnにたどりついた」と、失踪後の出来事を朱にこう語った。「ハンの一方的な政策とドローンを使ったゲリラ狩りに対抗すべく、反政府組織にドローンとの戦い方を教えることにした。そうすれば粘り勝ちでハンは日本と手をきると考えたが、気が付けばシャンバラフロートが完成し、シビュラの統治が始まっていた……」と。朱は狡噛が密入国テロ事件に関与していないことに安堵した一方で、手引きした者が誰かわからない深い闇に憂慮した。久々にともに時間を過ごす狡噛と朱だが、2人を引き裂くように、傭兵団がベースキャンプに襲い掛かる。騒ぎに気づいた狡噛は明らかに憲兵隊の戦い方と違うことを感じとり応戦。朱を逃がすことに成功するが、自身は捕えられてしまう。

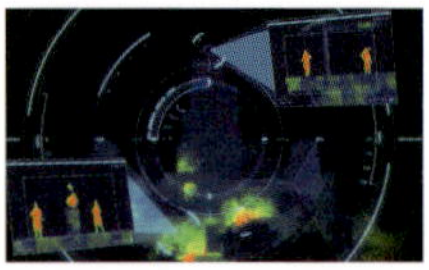

についたときに肌で感じた暑さや目で見た空の青さは、そのまま作品に落とし込みました。

▼ニコラスは、いわゆる老人に仕える若いリーダーとして描いています。王道のキャラクター設定ですが、短い尺でも立ち位置をはっきりさせて単なる小物ではないんだとわからせたかったんです。ニコラス視点で今回の事件を撮ったとしても、ちゃんと彼が意志を持って行動していることがわかるように描こうと考えました。

▼ヨー（朱の世話係のメイド）は、キャスティングが一番難航したキャラクターです。長い内戦に巻き込まれながらも、シビュラシステムを信じているという14歳のキャラクターだったので、まごうことなき純粋な声が必要だったんですね。3回ぐらいオーディションをしたと思います。ヨーと同い年くらいの方に演じてほしかったので子役の中から探して、諸星すみれさんにたどり着きました。あの声を聴けば、シビュラシステムを否定することはできないだろうと。

▼朱はSEAUnに着いて食事をしたあと、公園で瓶ビールを飲んでいます。ラッパ飲み……。

▼狡噛と朱が再会する場所は、カンボジアのセントラルマーケットあたり。実際にロケハンを行い、資料写真を大量に撮影しました。

▼SEAUn軍が使う二足歩行型戦闘ドローン「スカンダ」。頭部にガトリングガンを装備し発砲するシーンが多く有りますが、発砲時には排莢していません。では、どこで排莢するのか？　実は1カットだけ排莢するスカンダがいます。面白い機構なのでぜひ探してみてください。

▼ルタガンダのモデルはモーガン・フリーマンです。モーガン・フリーマンは昔からファンで、見ているのか見ていないか、視点があっているのかわからない目の芝居がすごく印象的だったんです。本人が自覚しているのかわからないんですけど、アップになるときに、目が必ず震えているんですよね。その目力が好きで。ルタガンダのキャラクターデザインにその要素を入れてほしいとお願いしたんです。本当はそばかすまで再現したかったんですけど、作画の作業量的に、さすがにそれは無理でしたね。ただし、肌と手のひらの色味が違うところなどはきっちりと再現しています。キャラクターの内面として

は「狡噛に興味を持つ人物」にしようと。若いころは狡噛みたいな男だったキャラクターですね。狡噛から見ると「このまま旅を続けているとルタガンダになるかもしれない、到達点のひとつ」にしたかったんです。だから、ルタガンダも狡噛もインテリだし、敵同士なのに話が合っているように思えるんです。似た者同士なのに命の取り合いをしなくちゃいけない。そういう関係ですね。

▼本編中、狡噛がお茶をだすシーンがあります。お茶はジャワティーです。熱々のお茶を氷の入ったグラスに入れて飲む。お茶の入れ方に凝っています。

▼狡噛と朱はともに一夜……いや一夜に満たない時間を過ごします。シーンとして演出では「キャラクター同士が意識して眠れない空間」「お互い語りたいけど語りにくい空間」という描写を意識してあります。そこからいたたまれず、部屋を出ていく朱。そしてそれは狡噛も同じだった。その後、場所を変えたことで自然と会話できる2人という流れで描いています。

▼アンコールワットの夜のシーン。敵が来たことをいち早く犬だけが気づいて反応しています。

▼ルタガンダの傭兵団は、戦闘集団であることをひと目でわかるようにしたかったんです。そこでキャラクターのデザインを自分の身体を武器に改造している人たちという括りにしました。ルタガンダが右腕と左足、ユーリャが腰から胸元、右手にかけて。ブンは片目。ウェバーとババンギダはボディアーマー的なものをメカ化していて、強化外骨格を撃ち抜かれても死なないようにしています。

▼傭兵団は多国籍なんですよ。ユーリャはロシア系。傭兵のロシア女性というと、ついつい「007」のボンドガールを考えてしまいます。ボンドガールならばスタイルが良いに違いない。そのスタイルの良さと、ふわっとしたきれいな髪の色味を表現したいなと思いました。ババンギダはアフリカ系ブラック。ルタガンダはまた違うブラック。それぞれ肌の色味を変えています。ブンはアジア系、ウェバーはヨーロッパ系の白人。個性をはっきり描き分けています。

▼ルタガンダが捕えた狡噛に拳銃を突きつけるシーンは、狡噛に絶対的な屈辱を与えたかったんです。救われたくない人物に救われる屈辱をしっかり描きたいなと。

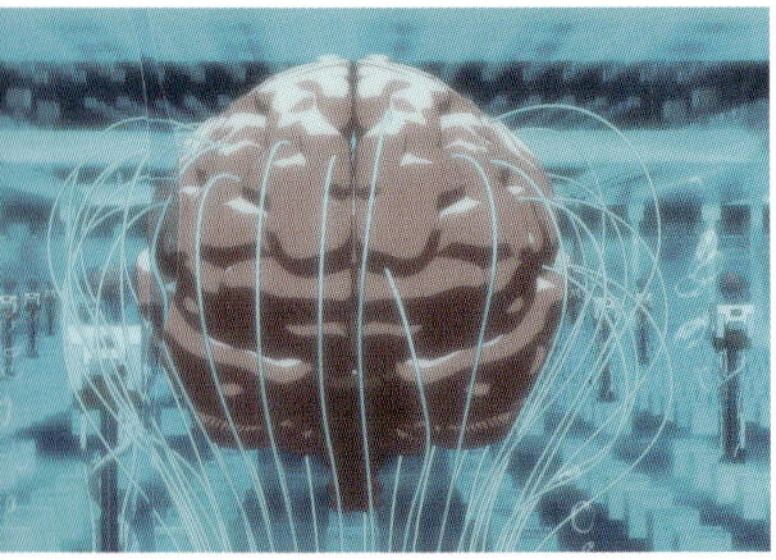

それでリボルバー銃にウィスキーを流し込んで、狡噛に
むりやり注ぎました。ちなみに、ルタガンダが狡噛に突
きつけるリボルバー銃はそもそも征陸智己の銃なんで
すよ。一度、その征陸の銃はルタガンダに奪われてしま
うんですが、後半のエレベーターでの格闘の中で征陸の
銃を宜野座が手にし、狡噛に渡すわけです。第1期で
は征陸から銃を受け取り、劇場版ではその息子の宜野
座から銃を受け取る。父親と息子がともに狡噛を救う
という重ね合わせをやりたかったんです。

▼ 狡噛が槙島のようなカリスマ性を身に付けていく
……というのは、第1期で槙島を殺したことだけが原
因なのではなくて、あのシビュラシステムの世界を飛び
出したことが大きいんだと思います。現実社会でもカ
リスマや人を惹きつける魅力のあるのって、枠からはみ
出ているところを持っている人物ですよね。本人が「枠
からはみ出ていることを自覚している」かどうかはとも
かく。……冒頭の日本に侵入したテロリストのひとり、
サムリンは狡噛に心酔するあまり、髪型などを狡噛っ
ぽくしているんです。朱に撃たれたときの目線は、狡噛
をイメージして恩田尚之さん（総作画監督）に描いても
らいました。

▼ 宜野座のポニーテールは僕のほうから恩田さんに
リクエストしました。「ポニちか」と呼ばれたりして反響
が大きいみたいなんですが、なんででしょうね（笑）。た
しかに『PSYCHO-PASS サイコパス』のシリーズを通じ
て、宜野座はバックボーンが最も描かれているキャラク
ターだから、みんなが理解しやすいというのがあると思
うんですが……。でも、もう宜野座も30歳を超えてい
ますからね。髪型をいろいろ変えている場合じゃないと
思うんですよ!!（笑）

▼ 狡噛の目の前に槙島聖護が現れたとき、その部屋
に大きなチェスのコマのオブジェがあったかと思います。
あれはナイトのコマで、槙島の象徴ですね。劇場版でチ
ェスのコマを出すことが決まって、急遽、第1期の新編
集版の新規カットで槙島がチェスを指すシーンを追加し
ました。

▼ 狡噛がシャッターに挟まれそうになったとき、ルタ
ガンダが引きいれたのは「ここで決着をつけよう」とい
う覚悟の表れです。あそこで見逃しておけば、ルタガン

PSYCHO-PASS THE MOVIE

STORY

シャンバラフロートにたどり着いた朱は憲兵隊に捕まり強制送還されそうになるが、ハンが監視付きで自室に戻すように指示。朱は、志恩が忍ばせたマイクロドローンのダンゴムシを放ち、日本にいる志恩にシャンバラフロートのサイコパス診断装置の調査を依頼する。一方、狡噛は拷問を受けながらも、高い資質を買われ傭兵団に加わらないかと打診されるが、これを断りそのまま憲兵隊に引き渡された。朱と狡噛は憲兵隊に捕らわれ、ヘリコプターによる護送中のトラブルを装って殺害されそうになる。ルタガンダは、ハンは日本政府の依頼で暗殺され、今いる議長は影武者であるとほくそ笑む。傭兵団と憲兵隊員が朱と狡噛に銃を向けると、軍事用ドローンが起動しブンと隊員を殺害。一係を乗せたヘリも到着し、宜野座が強襲型ドミネーターでニコラスを殺処分する。志恩がデータを解析した結果、色相スキャナーの不正改造が発覚し、公安が緊急出動したのだ。一方、逃亡したルタガンダを追った狡噛だが、疲れ果てて槙島の幻影を見る。死者からの愚弄に再び息を吹き返す狡噛は、追ってきたかつての仲間・宜野座と共にルタガンダを倒す。その後、狡噛は、宜野座の配慮で再び姿を消した……。一方、ハンの正体がシビュラ自身であることに気づいた朱は、国の将来を国民に委ねるように迫った。ハン議長の辞任を見届け、朱たちはSEAUnを後にする。

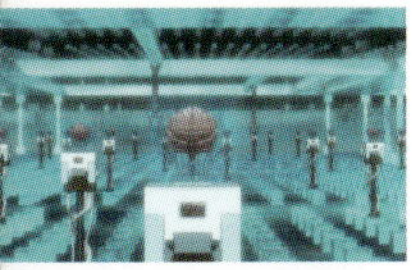

ダとしては狡噛を殺すつもりもなかった。だけど、狡噛
が戦おうとしてくるので受けて立ったんです。
▼今回の劇場版のクライマックスは、狡噛と朱の「動
と静」のアクションシーンで締めくくろうと思っていまし
た。狡噛がルタガンダと激しい格闘をしているとき、朱は
ハン議長と対峙しています。朱はハン議長に向かってゆっ
くりと歩いていくんですが、そのときシャンバラフロート
の完成予想ホロを踏み壊していくんですよね。怪獣映画
のようなイメージで、レンズをきつめにしたカメラで朱が
歩く迫力を出そうと思いました。
▼今回の劇場版で唯一男女間の感情的なニュアンスを
意識したのは最後の朱と宜野座の会話です。「宜野座さ
ん、変わりませんね」と朱が言ったあとに、宜野座と一瞬
見つめ合う。この一瞬に心が通うニュアンスを入れたいな
と思っていました。宜野座が再び姿をくらませてしまっ
た狡噛のことを「あいつは悪党になった」というセリフは
おもしろかったですね。よりによって「悪党」って……。宜
野座はわかりやすい嘘をつくなあって。個人的な感想で
すが、宜野座と朱は恋愛関係には絶対にならないと思
いますよ。髪型に迷っているような男はダメです（笑）！
▼エピローグで、狡噛がAK（アサルトライフル）を持
っている少年と会うシーンを描いたとき、この作品は「映
画」になったな、と思いました。結局、国民選挙でシビュ
ラシステムが認められ、ゲリラの人々は戦い続ける。何
も変わらなかったのかもしれない。狡噛や朱の行動は
何も残せなかったのかもしれない。だけど、やらなけれ
ばいけなかったことがある。その結末を描くことができ
てうれしかったです。

GOVERNMENT OF THE SEAUN

MAIN CHARACTER［MOVIE］

劇場版キャラクター

SEAUn政府関係者

ニコラス・ウォン ［NICHOLAS WONG］

▼ PROFILE

ID：00477-SEAU-00002-3　年齢：28歳

誕生日：2088年6月6日　職業：SEAUn憲兵隊隊長

SEAUnの国家憲兵隊隊長を務める冷静沈着なエリート軍人で、シャンバラフロートの治安維持および、反政府ゲリラ鎮圧を任されている。故郷であるSEAUnの平定へ彼なりの信念を持って行動しているが、目的のためには手段を選ばない。ルタガンダ率いる傭兵団との交渉から要人の案内役まで、様々な実務を担当する実力派。実際には潜在犯であり、他の憲兵隊とともに軍の認識コードを利用してサイマティックスキャンの結果を詐称し、シビュラシステムの目を逃れていた。秘密裏に行われたハン議長暗殺にも関係し、日本とSEAUnについての暗部を把握していた数少ない人物の1人でもある。

CV：神谷浩史

チュアン・ハン ［CHUANG HANG］

▼ PROFILE

ID：00477-SEAU-00002-1

誕生日：2060年8月8日

年齢：55歳

職業：SEAUn議長

現在のSEAUn議長。旧カンボジアに生まれて国境紛争で功績をあげ、陸軍基地の司令官就任を機に軍の権力を掌握し、軍閥として勢力を拡大する。シビュラシステム導入とそれに付随するシャンバラフロート建設を条件に日本政府から経済・武力援助を得て、SEAUn内部紛争の平定に着手。圧倒的な武力によって反チュアン派最大勢力を制圧、SEAUnの事実上のトップとなり、2114年にSEAUn議長に就任した。2116年の段階で既に本物のハン議長は暗殺され、シビュラシステムが送り込んだ義体と免罪体質者の脳が議長になりすましている。

CV：佐々木勝彦

SEAUN NATIONAL MILITARY POLICE

SEAUn国家憲兵隊

シャンバラフロートの治安維持や反政府ゲリラ鎮圧を担当する。ニコラス・ウォンが隊長を務めていた時点では軍の識別信号を使った偽装工作により、高い犯罪係数を持つ者たちばかりが所属しており、一連の事件の解決後、迅速に再編が行われた。SEAUnを去る刑事課一係のメンバーを見送ったのは再編後の部隊。

ニャン・ヨー ［NHAN YEO］

▼ PROFILE

誕生日：2101年10月23日

年齢：14歳　職業：SEAUn潜在犯作業員

SEAUnの政府用宿泊施設で、朱の身の回りの世話をするために派遣された現地スタッフ。その「首輪」から、潜在犯であることがわかる。兄に付けられた首輪を外すことを条件に、ニコラス・ウォンの命令で朱を捕えることに協力するが、証拠隠滅のためにニコラスの手で殺害される。

CV：諸星すみれ

DESMOND
MERCENARIES

デスモンド傭兵団

デスモンド・ルタガンダ

［ DESMOND RUTAGANDA ］

▼ PROFILE

誕生日：Unknown　年齢：Unknown　職業：傭兵

南沙諸島の小島を拠点とする傭兵団のリーダー。右腕と左足を義肢化しており、推進器が仕込まれている。傭兵という荒っぽい職業に就きながらも読書を好む知性派で、思考はあくまで現実的。ニコラス・ウォンの要請で反政府ゲリラ拠点を襲撃して狡噛を捕えた際には、狡噛の実力やカリスマ性を感じ取って傭兵団に誘い入れようとした。

CV：石塚運昇

傭兵団員

［ MERCENARIES MEMBER ］

ユーリャ・ハンチコワ

［ YULIA HANTUCHOVA ］

ババンギダ

［ BABANGIDA ］

ブン

［ BUN ］

ジャン＝フィィリップ・ウェバー

［ JEAN=PHILLIP WEBER ］

ルタガンダ配下の傭兵たち。近接戦闘と潜入工作に優れるユーリャ、強行突入用の強化外骨格を操るババンギダとジャン、ジェットパックで狙撃ポイントを自在に移動するスナイパーのブンと、それぞれが異なる得意分野を備えている。米海兵隊で使われていた兵器や独自ルートで日本からの技術供与を受けた最新兵器を装備しており、戦闘力は非常に高い。

ユーリャ・ハンチコワ CV：小林未沙 ／ ブン CV：山本兼平
ババンギダ CV：東地宏樹 ／ ジャン＝P・ウェバー CV：利根健太朗

ANTIGOVERNMENT
GUERRILLAS

反政府ゲリラ

武装グループ

［ ARMED GROUP ］

SEAUnから海路を通じて日本に密入国した武装グループ。リーダー役のサムリンと、ヌーク、シム、マー、ムセ、ソバンの6人のメンバーからなり、以前には狡噛から戦闘の指導を受けたこともある。シャンバラフロートを管理するシビュラシステムへの襲撃を企てるが、刑事課一係によって計画を阻まれた。

サムリン CV：利根健太朗 ／ソバン CV：駒田航
マー CV：水内清光 ／ ヌーク CV：山本兼平
ムセ CV：利根健太朗 ／ シム CV：咲野俊介

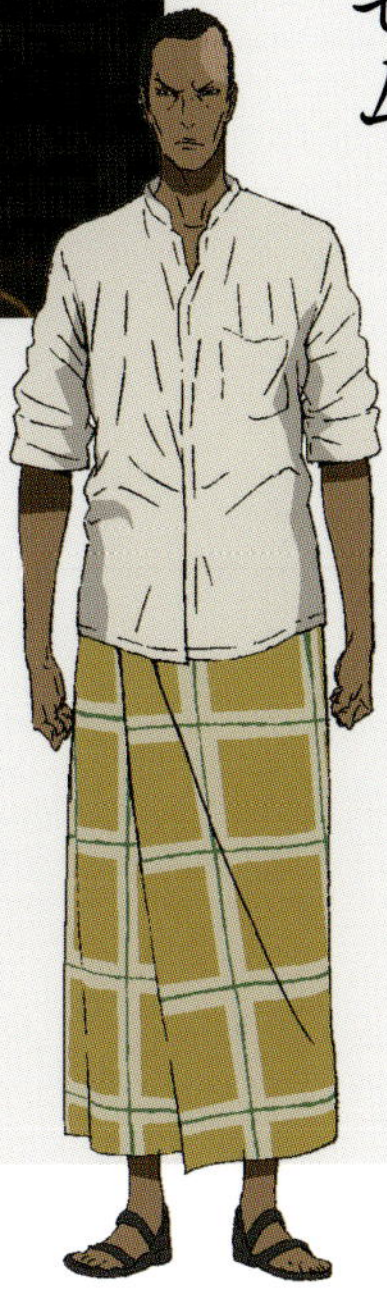

セム

［ SEM ］

▼ PROFILE

誕生日：2081年6月29日
年齢：35歳
職業：反政府ゲリラリーダー

古代遺跡を拠点にゲリラ鎮圧部隊に対抗する、反政府ゲリラグループのリーダー。かつては優秀な軍人だったが内戦で足を負傷し、現在は最前線から一歩退いた形で仲間を指揮する。狡噛とは戦場で出会い、対ドローン戦の指導を通じて意気投合し、前線部隊の指揮を任せている。

CV：木村 昴

CHARACTER SETTING

>> 劇場版 キャラクター設定

常守朱
Akane Tsunemori

「第2期」から1年半を経た「劇場版」の朱。SEAUnではボディアーマーや狡噛から借りた大きめのアーミーシャツ姿などの凛々しい姿を見せてくれる。一方で私服は、可愛らしさと動きやすさを備えたシンプルなスタイルが好みであることを感じさせる。

宜野座伸元
Nobuchika Ginoza

執行官となり、積極的に筋トレを続けている宜野座は「第2期」時と比べ、肉体的にも精神的にもたくましさを増した様子。しかし外見上の最大の変化は、やはり伸びた髪をポニーテールにまとめたことだ。

▲ 宜野座の義手

普段はスーツと手袋で隠れていて、なかなか見ることのできない宜野座の左腕の義手。父である征陸智己が使用していた義手とは、肩のデザインが多少違っている以外はよく似ている。同メーカーの新型だろうか。

▲ ボディアーマー着用

狡噛慎也

Shinya Kogami

世界を放浪したのち、SEAUnの反政府ゲリラ組織に腰を落ち着けた狡噛。戦闘服やジャングルブーツを始め、身に付けるものは戦地での実務性に特化している。左目の大きなあざが痛々しい負傷時の表情は、ルタガンダに拷問を受けた際のもの。

▲ 手当後

◀▼ 負傷

ボディアーマー着用 ▶

▲ 認識プレート

戦地の兵士が身元確認のために持つ認識プレート。死亡確認時は味方が持ち帰る。

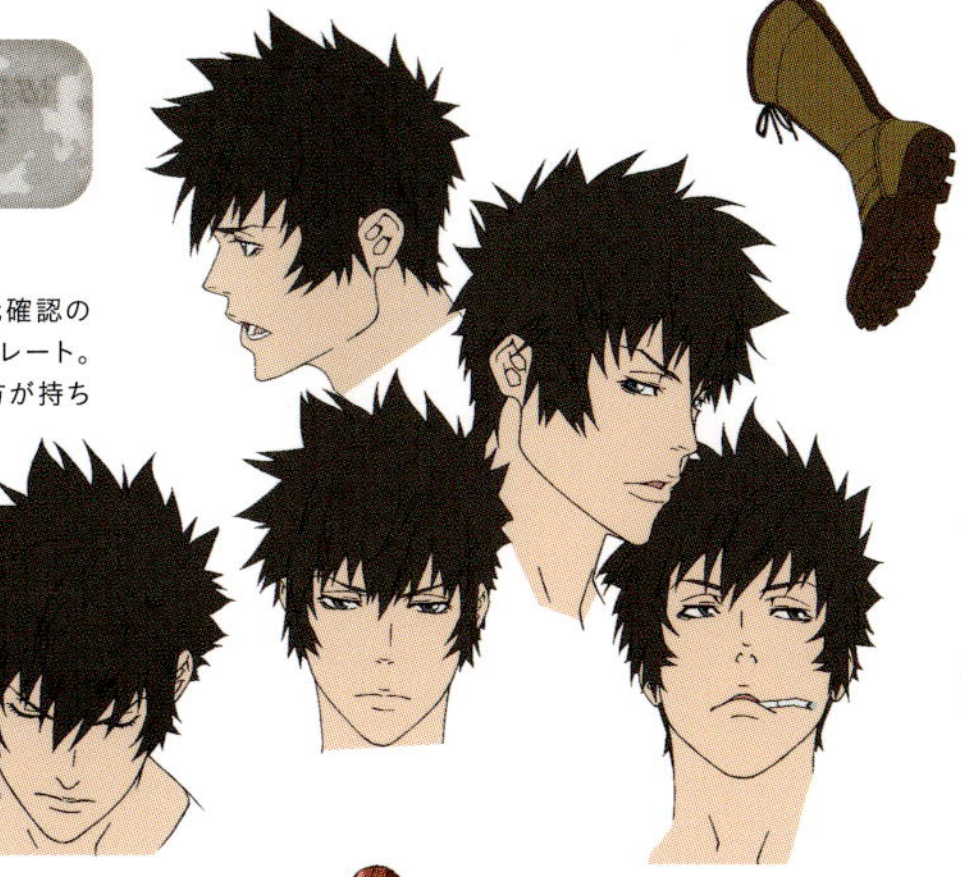

▲ シャツ着用

▼▶ 救護キットアイテム

負傷者の治療に使う救急キット。劇中で狡噛がヘッドギアや治療針で仲間を治療するシーンは綿密な取材の上で再現されている。

▲ ジャワティー

狡噛の部屋にある使い込まれたジャワティーのセット。氷入りのグラスに熱々のお茶を注いで飲むこだわりが狡噛流だ。

槙島聖護

Shogo Makishima

狡噛が執行官の立場を捨て自らの手で殺害した免罪体質者、槙島。彼は死してなお、狡噛の脳裏に幻影として現れ、運命にあがく「猟犬」にシニカルな問いを投げかける。「劇場版」でも、傷ついた身体でルタガンダを追う狡噛に対し、その無益さをおなじみの微笑を浮かべつつ語る姿が見られる。

▲▶ マスク＋
タクティカルベスト着用

チュアン・ハン

Chuang Hang

チュアン・ハン議長はスーツ姿の印象が強いが、そのがっしりした体つきから経験豊富な元軍人であることもうかがい知れる。穏やかな表情を崩さずに相手に語りかける姿勢も落ち着きを感じさせ、シャンバラフロートの住民たちからの支持も厚いようだ。

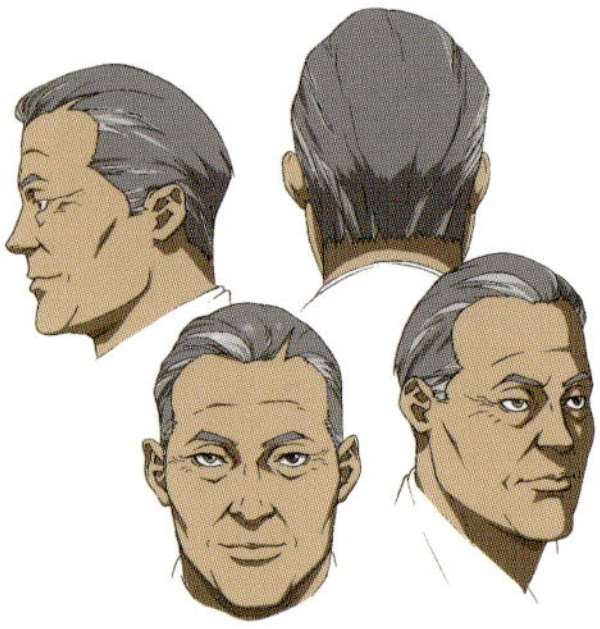

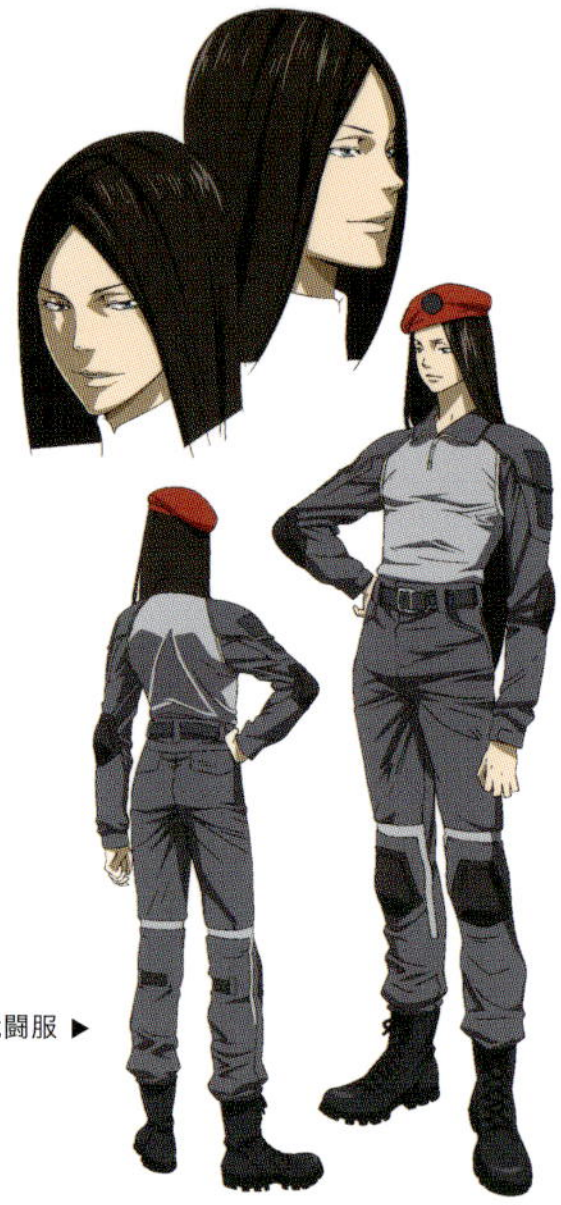

戦闘服 ▶

正装 ▶

腕時計型
端末 ▼

ニコラス・ウォン

Nicholas Wong

エリート然とした表情と、腰まである長髪がトレードマークのニコラス。平時に着用する国家憲兵隊の制服は他の隊員とほぼ共通のものだが、隊長の位を示す肩章が付けられている。腕時計型の端末についても、他の一般隊員と同じデザインとなっている。

ブン

Bun

右目の脇に取り付けられているのはスナイパーライフルと接続が可能な照準補助機器。5人の中で最も小柄で、それを活かしてジェットパック装備で援護を行う。

私服 ▶

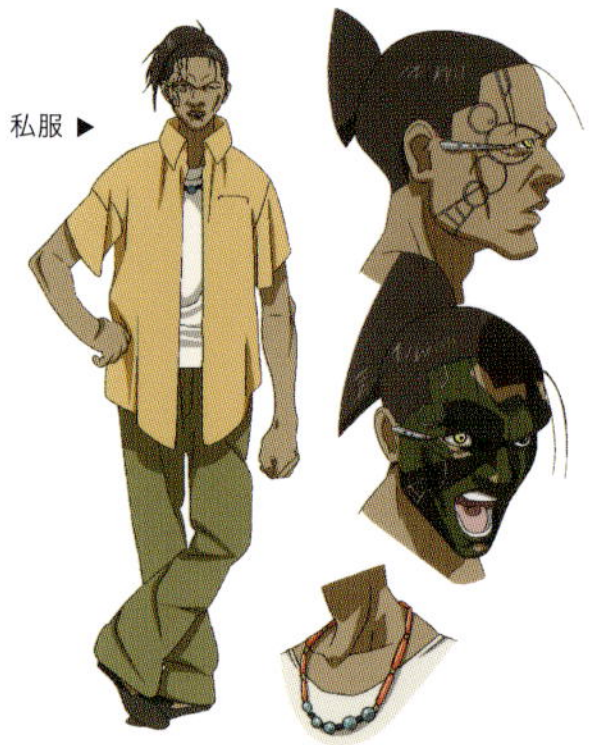

◀ 私服

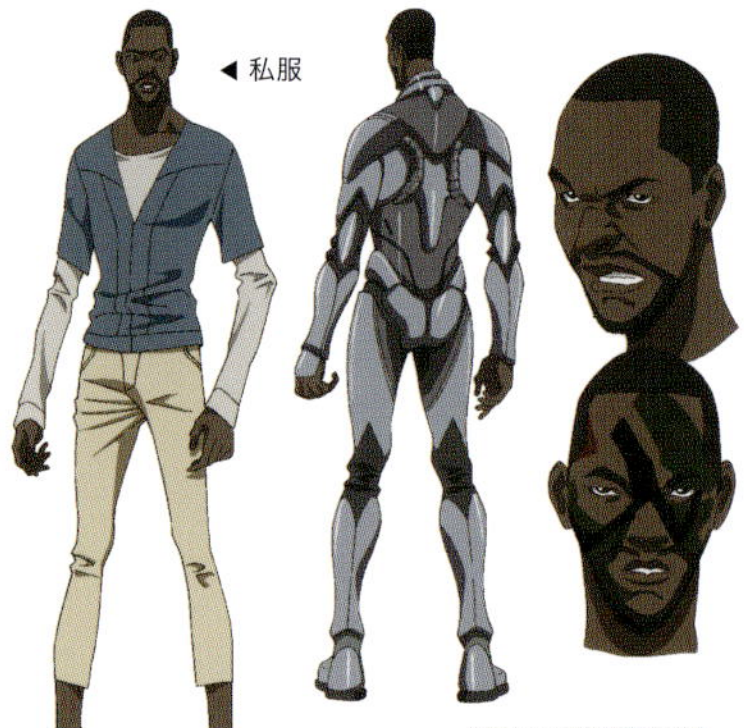

ババンギダ

Babangida

強靭なバネを感じさせる長い手足が特徴のババンギダ。戦闘の際には全身を覆う形状をしたバトルスーツを着用し、大型の強化外骨格を操って突撃役を担当する。

デスモンド・ルタガンダ

Desmond Rutaganda

戦闘服は右腕と左足の義肢化部分がむき出しになっているが、これは義肢に仕込まれた推進器の使用を意図したもの。趣味である読書の際にはメガネを着用する。

私服 ▲

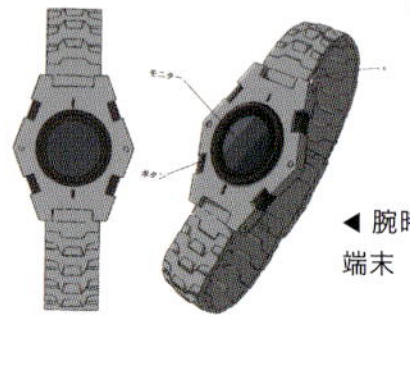

◀ 腕時計型
端末

ジャン＝フィリップ・ウェバー

Jean=Phillip Weber

個性派揃いの傭兵団の中では珍しい、兵士らしい体型と髪型が目を引くウェバー。劇中は強化外骨格を操縦する姿が描かれるが、機械化された上半身からは白兵戦も得意そうな印象を受ける。

▲ 私服

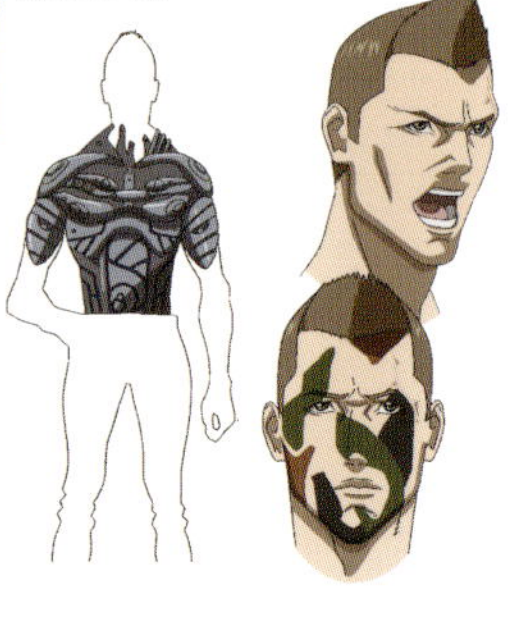

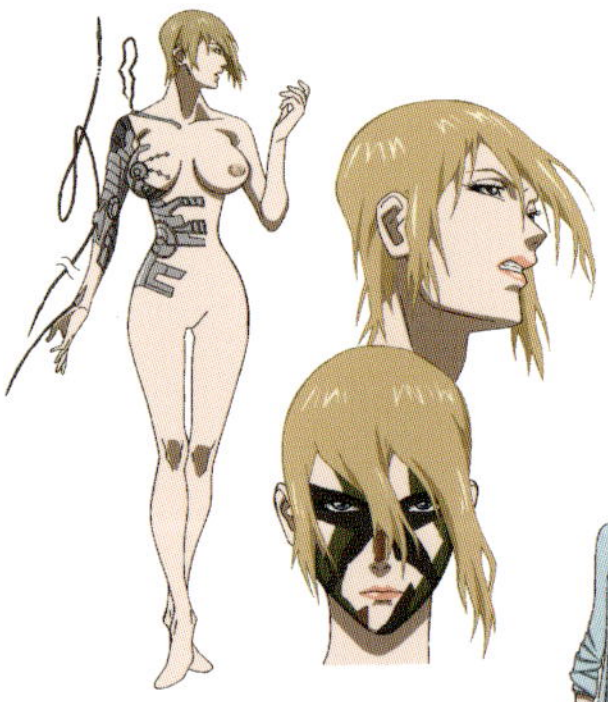

私服 ▼

ユーリャ・ハンチコワ

Yulia Hantuchova

右腕から脇腹にかけて機械化を行っているユーリャ。手首から出ているケーブルは地中に潜らせて周囲の熱源などを探知する機能を持ち、潜入作戦に活かされる。

武装グループ
Armed Group

コートの下に爆薬を仕込んだ武装グループの面々。バックパックには武器が詰め込まれている。日本のセキュリティ情報が記録されたシューティンググラスは、シビュラシステムが自らの計画を成功させるために仕込み、傭兵団経由で彼らの手に渡ったものだ。

◀ 腕時計型端末

バックパック ▲

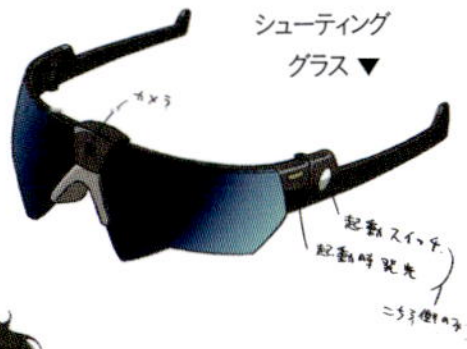

シューティンググラス ▼

▲ サムリン

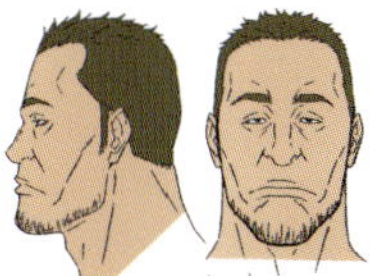

▲ ヌーク

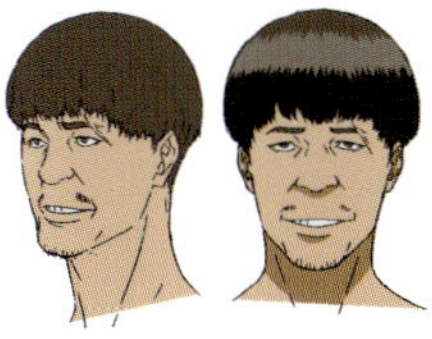

▲ マー

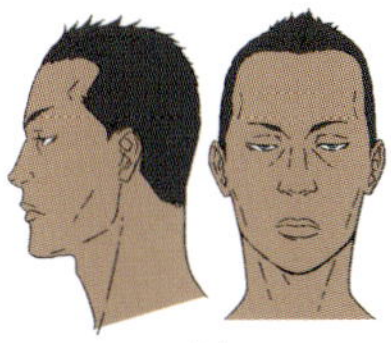

▲ シム

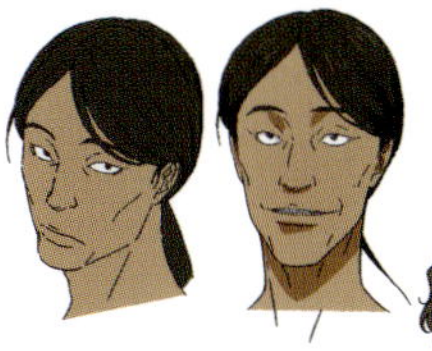

▲ ムセ

▲ ソバン

セム
Sem

「劇場版」の冒頭では狙撃手に指示を与える「スポッター」として狡噛をサポートする姿が見られるセム。ニコラス・ウォンの元同僚で優秀な軍人だったが、戦闘時の負傷で足が不自由になり、用済みとなって軍から放逐された過去を持つ。

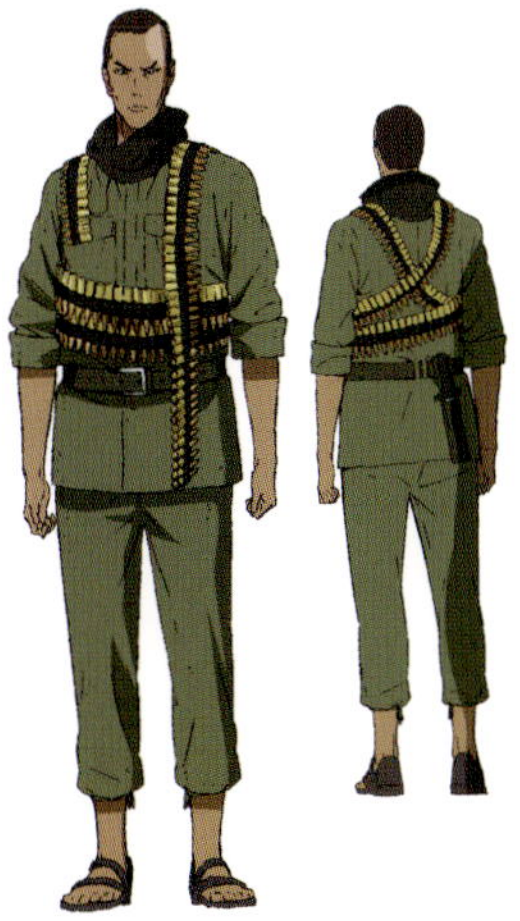

水無瀬佳織
Kaori Minase

「第1期」での登場から4年を経て、大人びた雰囲気に磨きがかかった感もある佳織。「劇場版」では結婚も決まり、立派なダイヤがはめ込まれた婚約指輪をしている。

ニャン・ヨー
Nhan Yeo

清潔感のある服装と長い三つ編みのおさげが目立つヨー。明るい笑顔の裏では、ニコラスの命令で朱の動向を調べるスパイ的な役割を背負わされていた。

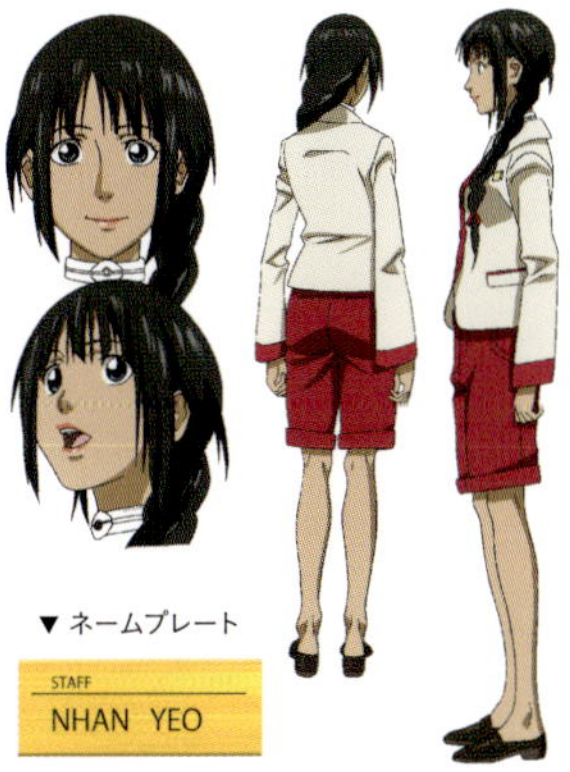

▼ ネームプレート

情報屋
Informant

東京のスラム街をうろつく、中型犬を連れた冴えない姿のホームレス。実は朱が抱える情報屋のひとりで、スラム街に紛れ込んだ武装グループの情報をいち早く伝えた。

◀ 腕時計型端末

宮崎忠男
Tadao Miyazaki

密入国した武装グループに、武器と引き換えで車を斡旋した闇ブローカー。派手な腕時計型端末をした、いかにもうさんくさい風貌だが、用意するモノは確かなようだ。

Movie setting

International Affairs in 2116

劇場版から垣間見える世界情勢

2116年の世界

21世紀初頭の経済崩壊に端を発した大規模なモラルハザードが世界全域に混乱をもたらし、以降100年に亘って人類の文化の停滞が起きている2116年の世界。シビュラシステムによる秩序が築いた強固な社会システムの上で繁栄を続ける日本を除き、世界では民族対立をも巻き込んだ無数の紛争が、それまでと変わることなく人々を苛んでいる。

　しかし、その世界に一石を投じる出来事が2113年に起きた。それがSEAUn（東南アジア連合・シーアン）に対して行われた「シビュラシステム輸出政策」である。海上特区であるシャンバラフロートにおいて実現された同計画だが、2116年には十分に成功といえる経過をたどっており、ここからさらに導入を検討する地域が出てくることが予想される。

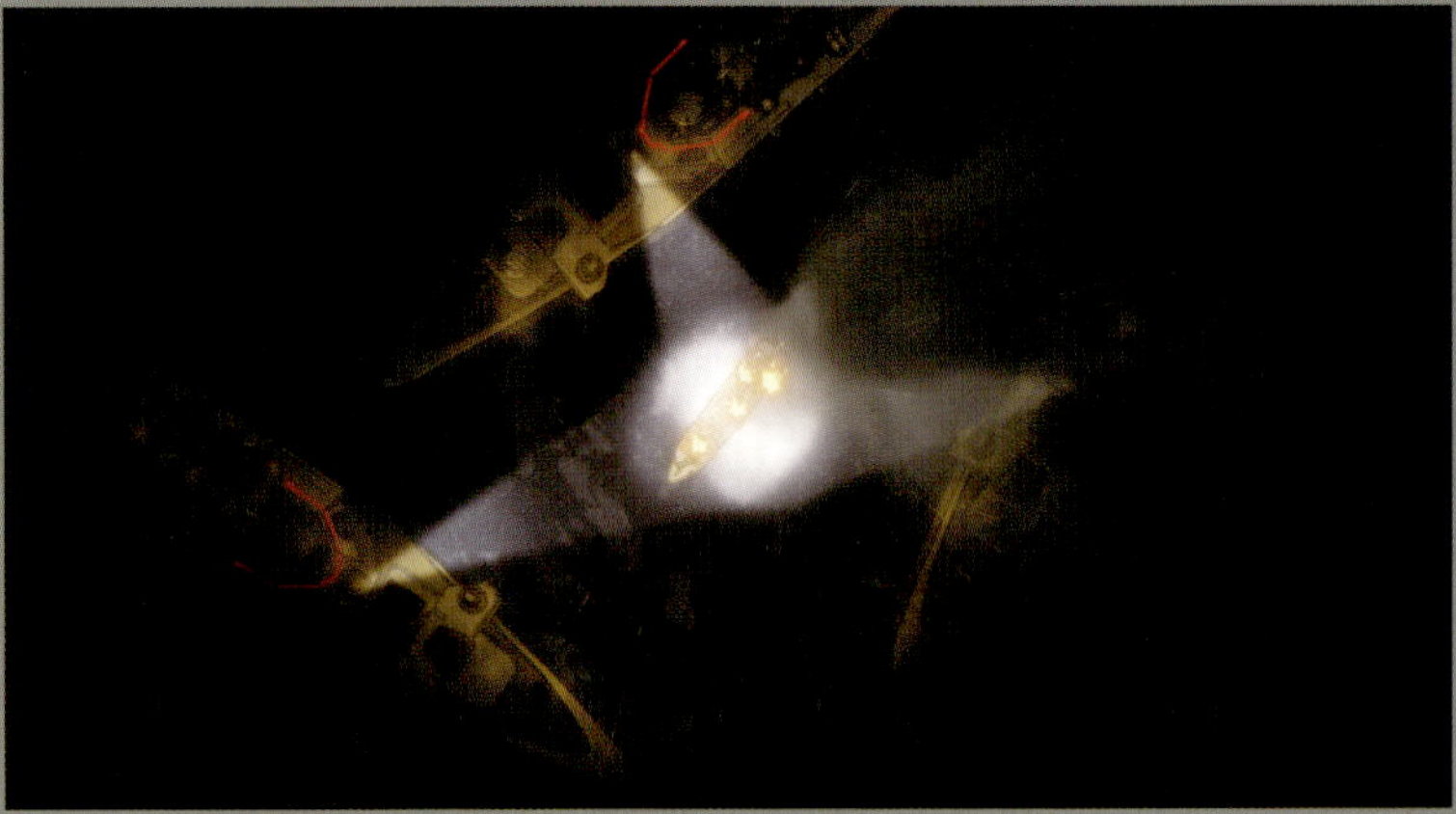

▲東南アジアも内戦により都市の大部分が崩壊。日本は難民の流入を厳しく規制し、鎖国政策を保っている。

▼国家間の通信インフラ

国外とのネットワーク通信は、過去に打ち上げられた人工衛星を利用して行われている。日本とシャンバラフロートの間で発生するシビュラシステムの処理に関する通信も、衛星を利用したものだ。なお日本以外の地域から衛星通信システムにアクセスできる人間はごく少数に限られる。

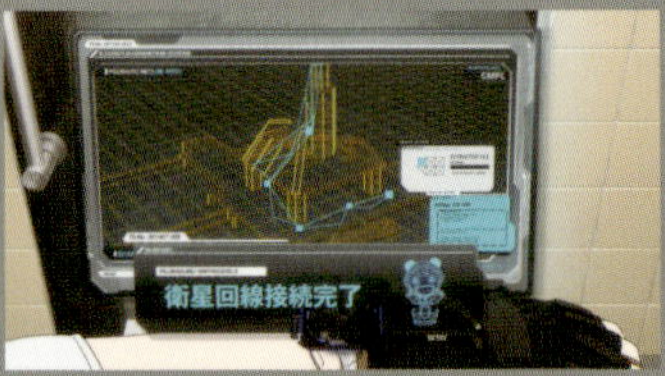

▼日本と世界の格差

石油や原子力に変わるエネルギー「メタンハイドレート」と究極の収穫率を持つ遺伝子組み換え麦「ハイパーオーツ」の産出で自給自足体制を確立し、鎖国状態にある日本。シビュラシステムにより治安もほぼ完璧に保たれており、内戦に追われた人々が行き場を求める海外との格差は大きい。

▼海外から見たシビュラシステム

正確な日本の状況を把握する者は少ないが、繁栄を司るシビュラシステムの存在と実用性をめぐる噂は、ある種の伝説のように世界に広まっている。導入先のSEAUnでは平和を求めてシャンバラフロートに集う人々が多数いる反面、その管理体制に反感を覚え、ゲリラとして反抗する者たちも存在する。

▼外交・流通状況

基本的に鎖国政策が継続されているため、日本と海外の公式な外交関係は、難民の一部受け入れと、若干の輸出入が行われているのみとされる。例外的に、シビュラシステムが導入されたSEAUnとの間には、厚生省による設備等の運搬のための定期航空便が行き来している。

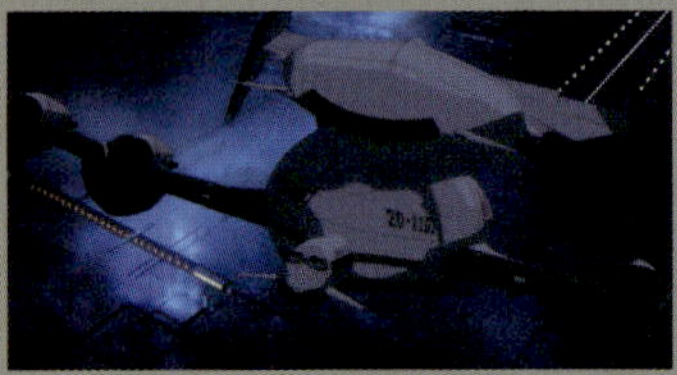

日本国外初のシビュラシステム導入先
SEAUn（東南アジア連合・シーアン）

Movie setting　Association of southeast asia

初のシビュラシステム輸出先となったSEAUnは、旧カンボジアやベトナム、タイといった東南アジアの国々が寄り集まって構成された地域統合体である。21世紀の中ごろから各地域の軍閥が争う内乱状態が始まり、宗教的・民族的な対立をも巻き込んで、地域統合体としての政治システムが機能しない状態に陥っていた。しかし、有力軍閥の代表者だったチュアン・ハンと日本政府が接触したことで状況は一変。SEAUnへのシビュラシステム導入を条件に日本政府の後ろ盾を得たハンは、長年に亘る紛争を制してSEAUnの事実上のトップとなり、2114年には自ら樹立した議会の承認を受けてSEAUn議長に就任した。現在は他の有力軍閥の制圧は完了し、散発的に抵抗を続ける反政府ゲリラの鎮圧が着々と進んでいる。

◀ SEAUn議会や議長官邸をはじめとする主要な政治機関は、シャンバラフロート内に集約。周囲の国土は80年にも亘って続けられている内乱で焼け野原と化している。

［国家憲兵隊］

シャンバラフロート周辺の治安維持と反政府ゲリラ制圧の任を負う国家憲兵隊。部隊には日本からの支援によって多数の軍事ドローンが配備されている。

SEAUn連合旗 ▲

◀ 旧カンボジア領のメコン川流域を遡る憲兵隊の軍事ドローン部隊。現在のSEAUn議会に反発するゲリラには複数のグループが存在し、各地域で掃討作戦が実施されている。

［NEWS］

SEAUnでの記念式典を報じた日本のテレビニュース番組

日本国政府が支援策として行っている『シビュラシステム輸出プログラム』の受け入れ先であるSEAUnで、今日記念式典が行われ、日本からは田上厚生大臣が出席しました。シビュラシステムを実験稼働中の首都シャンバラフロートではこの日祝日とされ、SEAUn軍による盛大なパレードが行われました。革命広場にはおよそ3万人のシビュラ認定居住者が集まり、日本よりもたらされた平和と秩序を祝いましたが、エリアストレスは非常に穏やかで、懸念された暴動は一切起こりませんでした。群衆を前に、SEAUnのチュアン・ハン議長は「秩序こそが平和への道である」と述べ、「その妨げとなる因子は1つ1つ取り除いていかなければならない」と、強く訴えました。

ハン議長

「シビュラシステムにより秩序がもたらされ、その結果ここシャンバラフロートでは現在10万人を超える市民が平和な生活を享受している。しかしこれはまだ途中経過に過ぎない！　これまでの成果を確たるものとし、より平和な秩序ある社会にするために、妨げとなる因子をひとつひとつ排除していかなければならない！秩序と平和、繁栄のために」

式典の後、シャンバラフロートの議長官邸室で、議長と田上厚生大臣は約30分間、シビュラシステムについての意見交換を行いました。

Movie setting　Shambhala Float

シビュラに守られたSEAUnの楽園 シャンバラフロート

SEAUn沿岸の海上に建設されたシャンバラフロート。総面積およそ100平方キロメートル、パリやバンクーバーとほぼ同等の広さを持ち、2116年の時点で約10万人が暮らすSEAUnの「楽園」だ。シビュラシステムによる管理は日本との衛星通信を介して行われ、フロート内でのサイマティックスキャンのデータが瞬時に日本に送信・処理され、迅速な対応が実施される。

居住区にはサイマティックスキャン判定で認められた者のみが住んでおり、その中には潜在犯も多数存在。だが潜在犯には常時監視用の首輪型リングの着用が義務付けられ、利用できるバスなどの交通機関も一般市民と明確に区別されるなど厳しい管理体制が敷かれている。住民の受け入れは随時進められており、最終的には100万人ほどの居住が見込まれている。

◀陸地側からの外観はまるで要塞。陸地とはメインゲートに続く2本の橋でつながり、人の出入りは厳しく監視されている。

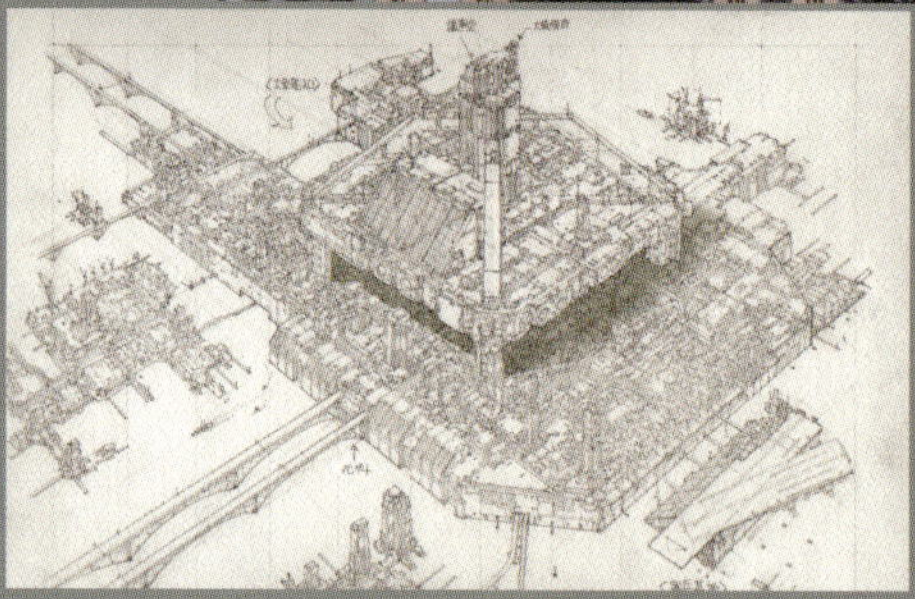

▼首輪型リング

十分な隔離施設を用意できないシャンバラでは、潜在犯の監視に首輪型リングが使われている。首輪は装着者のサイコパスを常に計測しており、悪化した場合は致死毒が注入される。

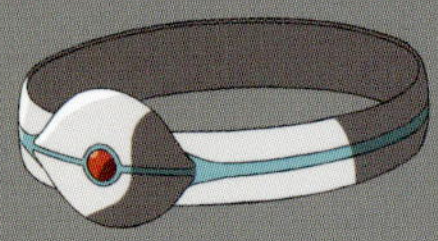

▼シャンバラフロートの構造

シャンバラフロートは、下層部のドバーパラ・ユガ、その上層のトレーター・ユガ、さらにその中央部のタワーの上に作られた空中庭園のようなクリタ・ユガの3層になっている。各区画には、インド由来の神々や東南アジア各国の都市の名前が付けられている。なおシャンバラの外はカリ・ユガと通称されている。

▲クリタ・ユガ（最上層・タワー上部）

▲トレーター・ユガ（上層）

▲ドバーパラ・ユガ（下層）

［国家憲兵隊施設］

フロートの脇に作られた国家憲兵隊施設。小型機が発着できる甲板や憲兵隊宿舎などが内包される。大型機の離着陸にはフロート外の空港を利用。

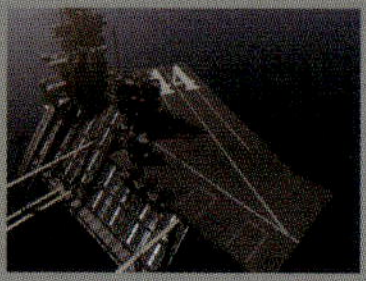

▲SEAUn国家憲兵隊海上基地

▲フロート外空港施設

▼区画区分

層	区画	番号
上層部	Vishnu	01～20
	rama	01～20
	Krishna	01～20
	Buddha	01～20
	Lakshm	01～20
	100区画	
下層部	Siva	01～20
	Mahakala	01～20
	Parvati	01～20
	Durga	01～10
	Kali	01～10
	80区画	
	Brahma	01～20
	Saraswati	01～20
	40区画	
	Ganesh	01～10
	Hanuman	01～10
	Indra	01～10
	30区画	
	New Phnom Penh	01～10
	New Ho Chi Minh	01～10
	New Bangko	01～10
	New Kuala Lumpur	01～10
	New Vientiane	01～10
	New Naypyidaw	01～10
	New Bandar Seri Begawan	01～10
	New Singapore	01～10
	New Manil	01～10
	New Jakarta	01～10
	New Dili	01～10
	110区画	
	合計360区画	

◀▲ 議長官邸外観

議長官邸・議事堂

シャンバラフロートの中央部、最上層のクリタ・ユガ区画には、チュアン・ハン議長が執務を行う議長官邸や、2114年に組織されたSEAUn議会の議事堂といった、政治機能の中枢が置かれている。同区画にはほかに3つの大型ヘリポートと3つのドームがあり、各施設が空中の庭園を取り囲むように配置されている。

▲ 議長執務室

▲ ヘリポート(夜)

応接室 ▲

ドームB ▲

ドームA ▲

官邸内通路 ▲

執務室へ続く廊下 ▲

エントランス ▲

▼ シャンバラフロート内の行き来

▲ 上層階・官邸行きエレベータ

▲ 地下通路

メインゲート通路 ▶

フロートの出入りにはメインゲートを通過する必要がある。無秩序な難民の流入を防ぐ措置だ。

フロート内の交通機関は一般車両に加え、公共のバスや運河を行き来する比較的小型の船舶なども利用されている。上層と下層の行き来に制限はないが、議長官邸などのエリアには専用の大型斜行エレベータを利用する必要がある。ほかに輸送用の大型船向け港湾施設も存在。

シャンバラフロート市街

国家憲兵隊が警備するメインゲートをくぐると、シビュラシステムの管理のもと、人々が安全に暮らすシャンバラフロートの市街が広がる。高層ビルが立ち並ぶ市街の外観は、一見東京とそう変わらないようにも見えるが、人々が集う屋台が立ち並ぶ通りや、木目を基調にした各ショップの内装、運河を使った水上交通網など、随所に東南アジアらしい雰囲気を感じさせる場所も多い。また斜面状の外観を備えた建築物や、屋台村を見下ろせる位置に配された公園といった、上下2層の都市の構造を活かした施設が目立つのも特徴だ。

▲メインゲート付近

▲整然と区分けされた階層構造の市街

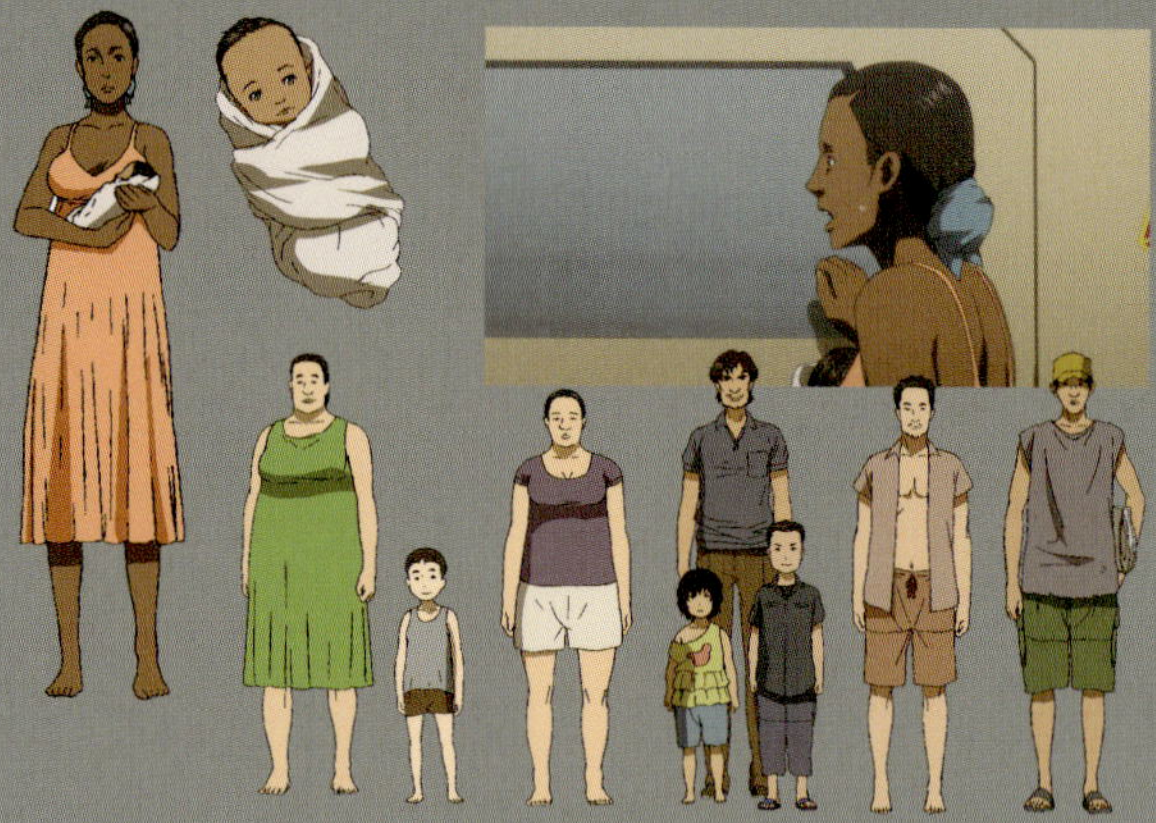

▲ゲートに詰めかける人々

メインゲート周辺には、戦火を逃れて集まった着の身着のままの人々が安全な暮らしを求めて列をなす。その中で、サイマティックスキャンを始め、厳しい審査と手続きをパスした者のみが都市に受け入れられる。

▼朱が宿泊した施設

朱のシャンバラフロートでの滞在先となった政府用宿泊施設。部屋は木目を主体にしたコテージ風のつくりで、ロフト構造。大きな窓からは市街の景色を一望できる。

▼部屋の全景

▲外観

▲客室前通路

▲バスルーム

▲洗面台

食事▶

米粉を使った麺料理のフォーは、東南アジアのポピュラーな食材。施設で提供されたのはチキンとフライドオニオンが入ったもので、付け合せのライムを絞るなどして味を調整できる。

繁華街

夜になるときらびやかな電飾に彩られ、昼間とは違った活気を見せる繁華街。シャンバラフロートの治安のよさをうかがわせる光景だ。飲食店や屋台では、首輪を付けた潜在犯も数多く働いている。

▲船着き場

▲屋台

▲公園

◀繁華街

朱が入ったレストラン

▲レストラン（内部）

繁華街の船着場のすぐ近くにあるレストランも人気のスポット。エスニックな雰囲気にあふれる店内では、人々がゆったりと食事や会話を楽しめる。開放感を求める客には、屋外の席も用意されているが、この地方特有といえる集中的なスコールには注意が必要だろう。

▲レストラン（外観）

▲料理

乗り物

▲バス

▲バイク

▲船

交通関連で注目したいのは小型バイクで、シャンバラフロート内はもちろん、外の旧市街地でも活躍。3人乗りや積載量超過が当たり前のタフな使われ方をされている。

Movie setting　Out of Shambhala Float

シャンバラフロート外

「楽園」の外にある秩序を失った世界

東南アジアの全域に広がる荒廃した世界。SEAUn内の軍閥同士の内紛はほぼ平定されたものの、シビュラシステムによる管理を選択した現体制に反発する複数の反対勢力が各地で活動中。かつて首都機能を有した旧プノンペン市街や、やや遠方の遺跡群を舞台に国家憲兵隊との戦闘が繰り返され、未だ内乱状態は続いたままだ。戦いに追われた避難民は、比較的治安が安定したシャンバラフロート周辺に集まって収容を希望する者が多いが、難民保護活動を行うゲリラ集団とともに行動する者もいる。

SEAUn旧市街

メコン川に面する旧市街。立ち並ぶビルはかつての繁栄を感じさせるが、長い戦乱に巻き込まれたことで都市機能は完全に失われ、放棄されている。廃墟に身を隠すゲリラに対して、国家憲兵隊による掃討作戦が行われることも多い。

▼セントラルマーケット

巨大なアーケードがシンボルのセントラルマーケット。過去には多くの人びとが行き交ったであろう街路には様々な廃棄物が積み上げられ、その中からまだ使用できる資材を探すためにゲリラが潜入することも多い。

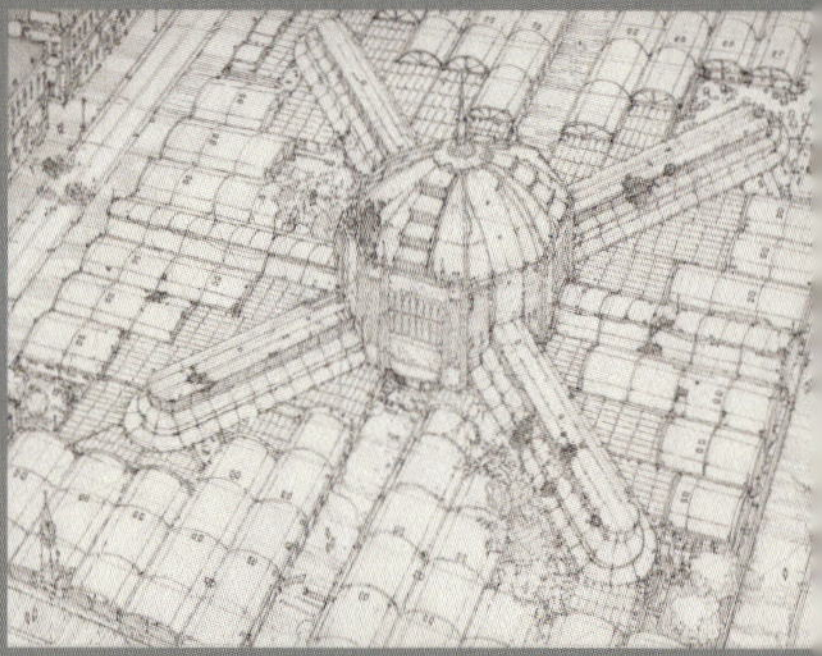

▼高層ビル廃墟

爆撃によるものか、外壁部分のほとんどが剥がれ落ちた高層ビル。ゲリラが狙撃場所として利用することも。

▼メコン川

支流も含めて広い流域を持つメコン川は、陸路と並ぶ重要な交通の要所。国家憲兵隊の水陸両用の戦闘車両やドローンが、川をさかのぼって作戦地域を目指す姿も見られる。

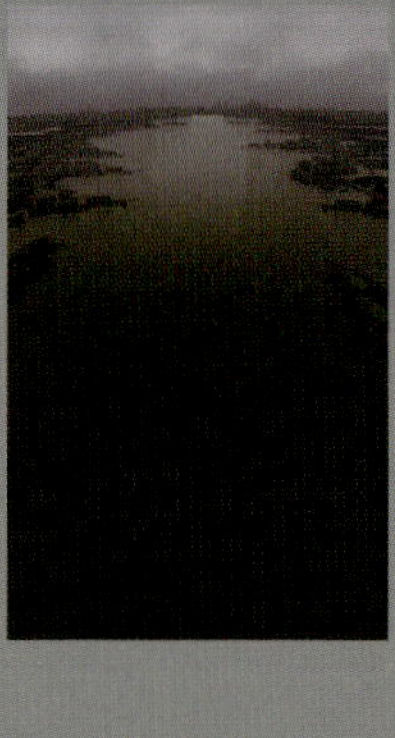

傭兵たちのアジト

傭兵団は南沙諸島に含まれる海岸線長4～5キロメートルほどの島に拠点を構えている。島内には傭兵団員のほか、強制的に連れて来られた難民の労働者が30人ほど存在し、奴隷として酷使されている。作戦地域への移動はVTOL（垂直離着陸機）などの航空機で行われる。

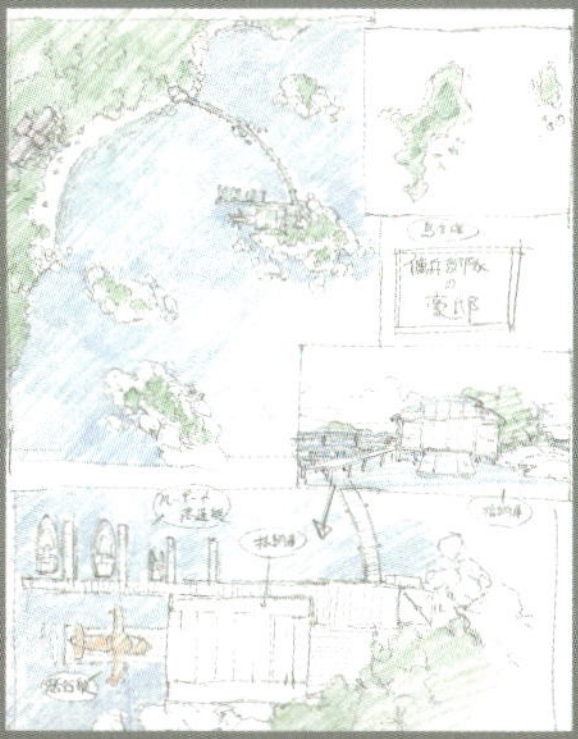

▼『黒い皮膚・白い仮面』

ファノンの著書。傭兵団のアジトでルタガンダが読んでいた。金色の文字はニコラスの電話を受けたときのルタガンダのメモ。

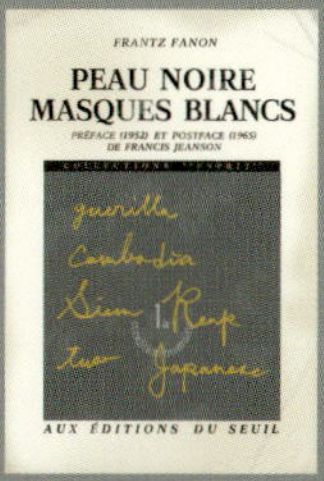

▼狡噛が捕らわれた劇場

傭兵たちが狡噛を拷問した劇場は、ゲリラの拠点となっている遺跡群からほど近い都市にある。場内は半ば崩れているものの、円形ステージのあるホールは往年の姿を比較的とどめている。

反政府ゲリラ拠点

反政府ゲリラ組織はSEAUn内に複数あり、その戦力は避難民やハン勢力に敗れた軍閥の残存兵、シビュラシステム導入に反対する極右勢力、流れ者の傭兵などで構成される。中には旧カンボジアのアンコール・ワットなどの古代遺跡が集まる地域を拠点とするグループもあり、寺院内に居住区や訓練施設などを設置している。

見張り塔▲

十字回廊▲

ゲリラ居住区▲

▼ゲリラ拠点の住民たち

▼傭兵団の作戦地図

デスモンド傭兵団による突入作戦で使われた地図。遺跡の西側から侵入し、目標の「ジュリエット（朱）」「デルタ（狡噛）」を確保する作戦内容が見て取れる。

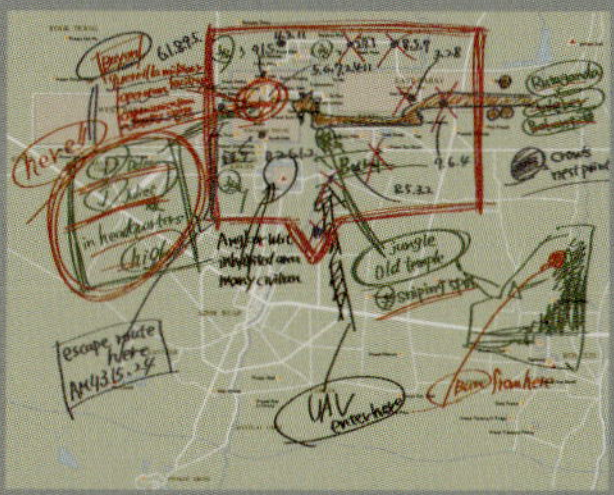

▼狡噛の部屋

◀『失われた時を求めて』「見出された時」

マルセル・プルーストの大著の最終篇。「第1期」で狡噛は第1篇を読んでおり、読了までに長い時間が過ぎたことを示している。

日本

鎖国政策とシビュラシステムの管理のもとで繁栄を続ける日本。国内の情勢は2116年になっても変わらず、人々は平和な生活を享受している。数年前から実験的に開始されたSEAUnへのシビュラシステム輸出事業については、政府広報や報道を通じて一般に認知されており、好意的な目で見られているようだ。

▼ブティック

市街地にあるブティック。店内のアイテムはホロコス化されており、客は鏡の前で瞬時に選んだ服を着用した姿について確認できる。

▼コンテナターミナル

市街から隔離されたコンテナターミナル。

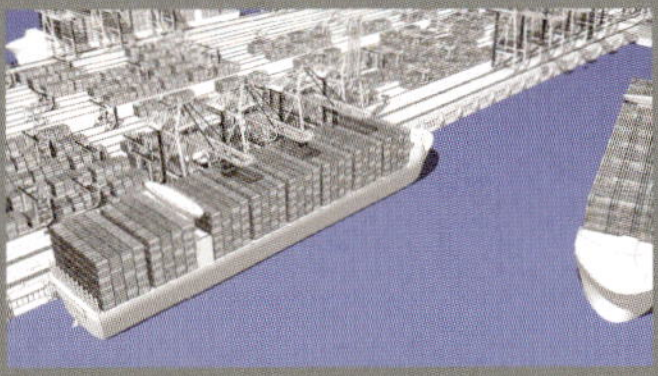

▲大型コンテナ船の発着所

▲コンテナ集積所

▼地下駐車場・スラム街

▲スラム街の地下駐車場

▲スラム街入口

貧しい市民や潜在犯が集まるスラム街も存在する。シビュラシステムの完璧な管理の中ではありえない場所といえるが、「必要悪」としてあえて見逃されている。

▼朱の部屋

◀リビングスペース

2116年の時点で朱が居住しているのは、高層マンションの上層階にある2階構造の部屋。1階部分にはリビングダイニング、書斎、物置に使われている部屋がひとつ、2階部分には寝室、浴室、トイレ、広いトレーニングルームがあり、窓の外にはテラスもついている。以前使用していた人工知能ホロアバターのキャンディの姿は見ることができない。

▲階段

▲トレーニングルーム

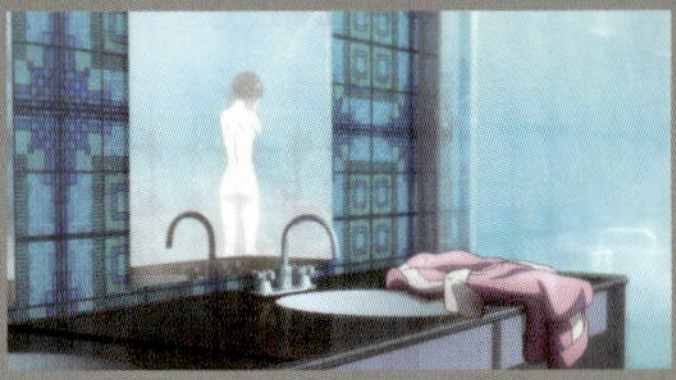

▲バスルーム

紛争地域でも活躍する多彩なメカ群

ドローン・ビークル等

Movie setting

Drone and Vehicle

2116年の日本で一般的なドローンといえば、警備・看護・運搬といった分野向けのもの。しかし内乱が続くSEAUnでは、反政府ゲリラ鎮圧のために武装した軍用ドローンが当たり前のように運用されている。一般の目に触れることはあまり多くないが、日本でも国境警備などの場で軍用ドローンは数多く運用され、航空機型や艦船型など様々なタイプが存在。日本からSEAUnに提供されている軍用ドローンにも、そのノウハウが活かされている。動作に関しては完全自律型から、遠隔操作型までいくつかの方式が存在するようだ。車両などの軍用ビークルは21世紀初頭のものから大きな変化はない模様。しかし、強化外骨格のように新たな戦略を実現する強力な支援兵器も登場している。

▼スコルピオ／強化外骨格

全高2.8メートルの個人用倍力装甲兵装(パワードスーツ)。対人制圧力に優れ、脚部オムニホイールと背部スラスターにより不整地でもある程度の高速移動が可能。軍の特殊部隊用装備を傭兵団が独自に入手・改良したもの。

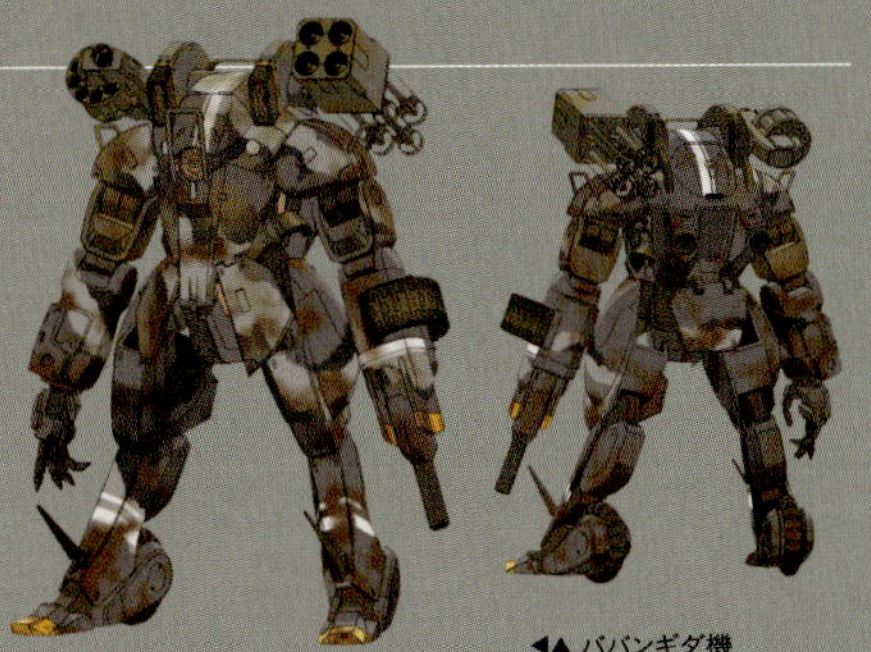

◀▲ ババンギダ機

◀▼ ジャン機

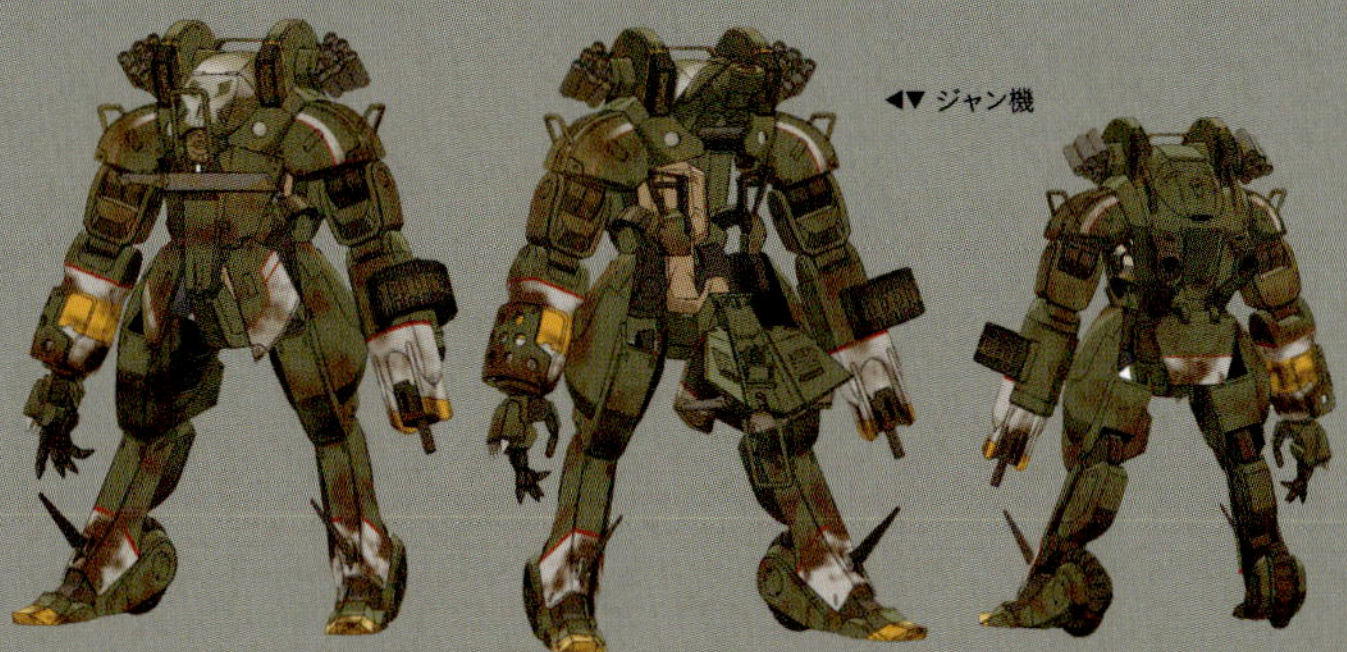

▼ダンゴムシ・収納ポーチ

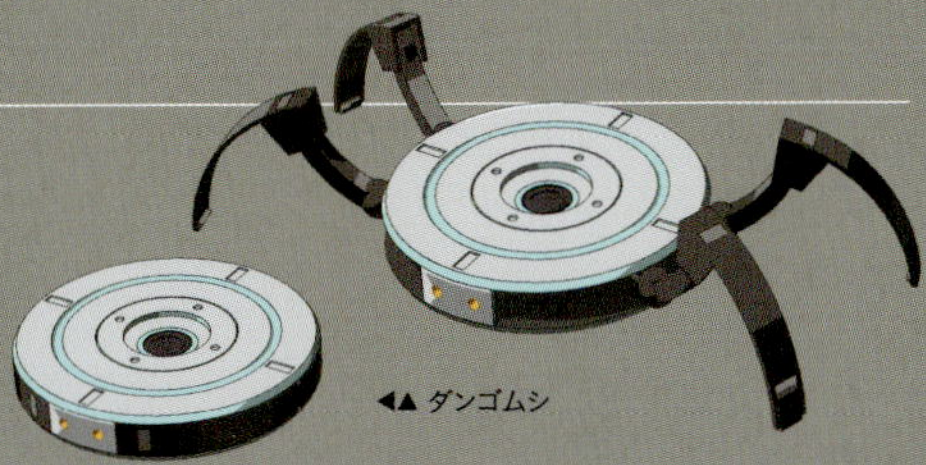

◀▲ ダンゴムシ

公安局刑事課に新たに導入された高機能小型サポートドローン。他のデバイスと連携して偵察、ハッキング、通信環境の確立など、様々な用途に利用できる。複数台が繋がり、複合的な処理を行う機能も持っている。

◀▲ 収納ポーチ

▼ジェットパック

傭兵団のスナイパー、ブンが使用する飛行用ユニット。高速かつ立体的に狙撃ポイントを移動できるため、スナイパーには最適の移動手段となる。

▼コミッサボール・閃光ドローン

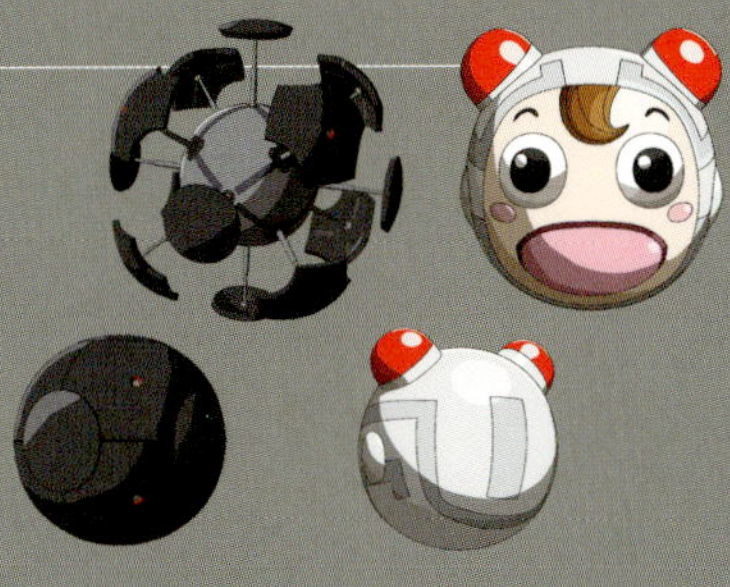

▲ 閃光ドローン　▲ コミッサボール

シヴァ／作戦指揮車両

ドローン部隊を集中管理、運用する大型特殊装甲車両。オペレーターと指揮官が車体後部の指揮所に搭乗し、後方より部隊の空・陸ドローンに指示を行う。車体前部には操縦室と兵員輸送区画も存在。

アグニ／兵員輸送用装甲車・スカンダ／重武装小型ドローン

◀アグニ

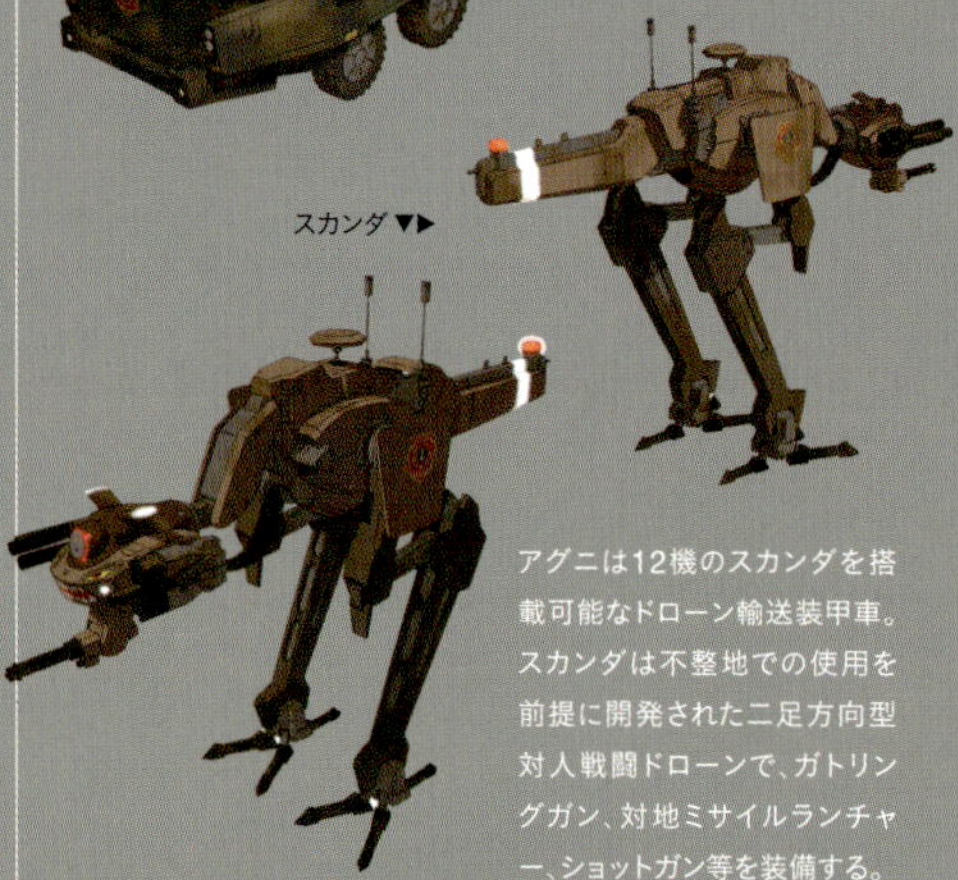

スカンダ▼▶

アグニは12機のスカンダを搭載可能なドローン輸送装甲車。スカンダは不整地での使用を前提に開発された二足方向型対人戦闘ドローンで、ガトリングガン、対地ミサイルランチャー、ショットガン等を装備する。

ガネーシャ／戦車型軍用ドローン

高い攻撃力と防御力を備えた戦車型ドローン。通常は履帯により行動するが状況に応じ、四足歩行形態に移行する。主武装は120ミリ滑空砲と対地・対空機関砲。四足歩行形態時の被弾率の上昇よりも起動戦闘の優位性が勝ると判断され、開発された。

ドルアーガ・カーリー／高機動多用途装輪車両

国家憲兵隊の有人型ビークルがこの2台。どちらもパワフルなエンジンを搭載した大型の軍用4輪駆動車で、様々な路面に対応できる高い走破性能を備える。ルーフ部分には必要に応じて機関銃や対戦車用ミサイルなどを搭載でき、8人ほどの人員を輸送できる。

ガンガー／攻撃ヘリ型ドローン

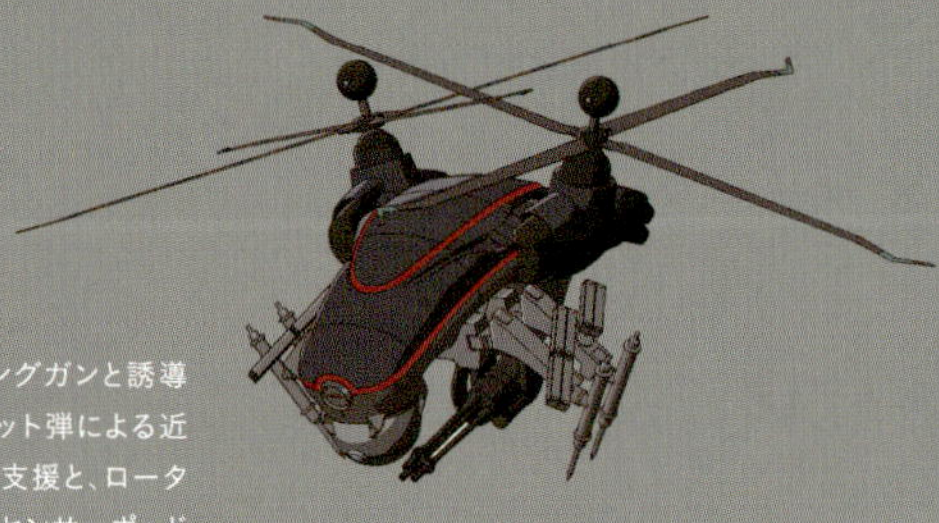

ガトリングガンと誘導型ロケット弾による近接航空支援と、ローター上のセンサーポッドでの情報収集を行うヘリ型ドローン。高機動性能を活かして市街地低空などで運用され、一般のライフル弾に耐えうる装甲を備える。

パールバティー／偵察型ドローン

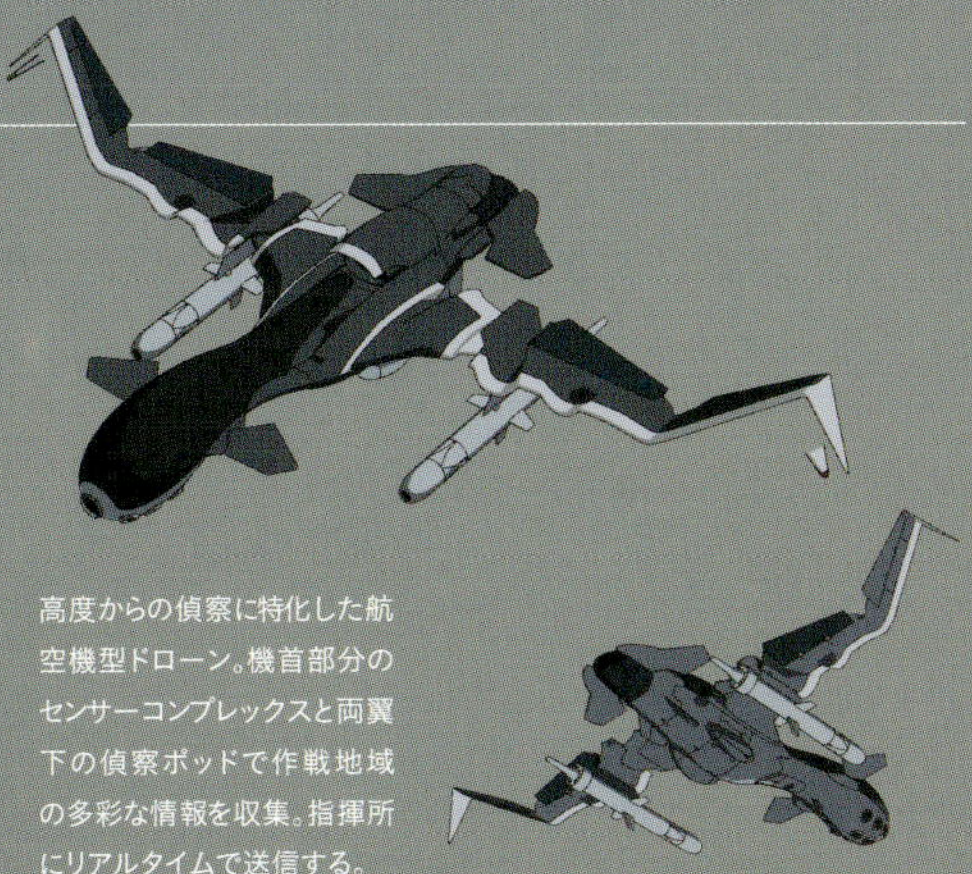

高度からの偵察に特化した航空機型ドローン。機首部分のセンサーコンプレックスと両翼下の偵察ポッドで作戦地域の多彩な情報を収集。指揮所にリアルタイムで送信する。

大型輸送機

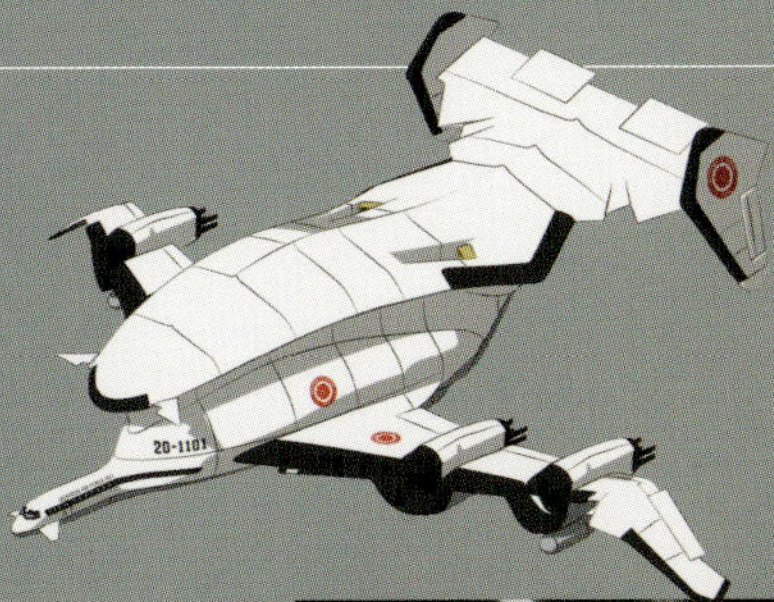

日本とSEAUn間を定期的に行き来する国防省所属の輸送機。大量の物資を収容できる巨大カーゴスペースと人員輸送用のキャビンを備えている。こちらはシビュラ運搬用の特別仕様。

反政府ゲリラ使用車両

反政府ゲリラの戦闘車両は一般車に後付けで武装を搭載したものが多い。指揮車とドローンを分断できるECM（対電子装備）を搭載したタイプも。

マハーカーラ／攻撃機型ドローン

対地攻撃が主任務の攻撃機型ドローン。クラスター爆弾を装備し、低空進入からの空爆で敵勢力を無力化。

憲兵隊ヘリコプター

国家憲兵隊に配備されている有人ヘリコプター。各種の武装も搭載できる仕様ではあるが、シヴァなどと同様、有人兵器が最前線に出ることは少ないようだ。

傭兵団VTOL機

滑走路のない場所でも運用できるVTOL（垂直離着陸）機。後部に大型のカーゴスペースを備え、ジャンとババンギダが搭乗する2台の強化外骨格や軍用車両が輸送できる。

公安局大型ヘリコプター

多くの人員の輸送に対応し、国境を超える長距離輸送にも対応する公安局所属の大型ヘリコプター。同軸反転方式のツインローター方式を採用し、後部ローターがない。

SEAUn議長リムジン

SEAUnで要人向けの公用車として利用されているリムジン。運転は自動で行われ、一種のドローンともいえる。

ナイフ・携行火器

成長を止めた世界にあふれる武器

やむことのない紛争が続く2116年の世界。日本にドミネーターのような驚くべき携行武器が登場した反面、世界中の紛争地帯ではナイフや拳銃、マシンガンといった、現代と大きく変わらない兵器が戦いの主役のままだ。この理由は、かつて兵器開発の主役だった海外の軍需産業が、21世紀初頭の経済と治安の崩壊により機能を失ったことにある。兵器の数自体は、各地の紛争に向けて大量にばらまかれたものの、性能向上のための研究は進められず、結果的に現代の兵器がほとんど姿を変えずに100年後まで生き残っている格好だ。兵器の普及傾向としては、比較的資金力のある軍閥や傭兵が精度に優れる旧西側諸国の兵器を採用し、使用環境が過酷なゲリラなどにはメンテナンス性に優れた旧東側諸国の兵器が好まれている。

▼ナイフ

◀ 狡噛のコンバットナイフ

◀ ルタガンダのナイフ

近接戦闘には欠かせないアーミーナイフは100年を経ても健在。世界各地の紛争地域を渡り歩いた狡噛も、歴戦の傭兵であるルタガンダやユーリャも、愛用のナイフを身に着けて戦場に臨んでいる。

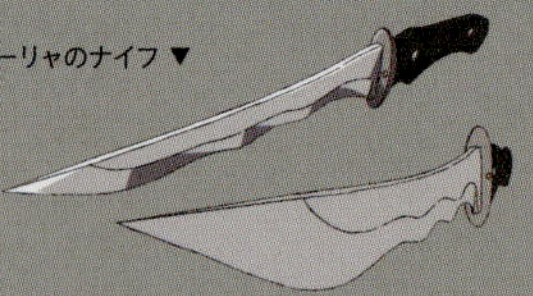

ユーリャのナイフ ▼

▼ハンドガン

携行しやすいハンドガンも、戦場の兵士には必携のアイテム。各人物の銃を見ると、全体的にストッピングパワーに優れた大口径のハンドガンを好む者が多いようだ。狡噛は、かつて槙島との決着を付けたリボルバーをそのまま使い続けている。

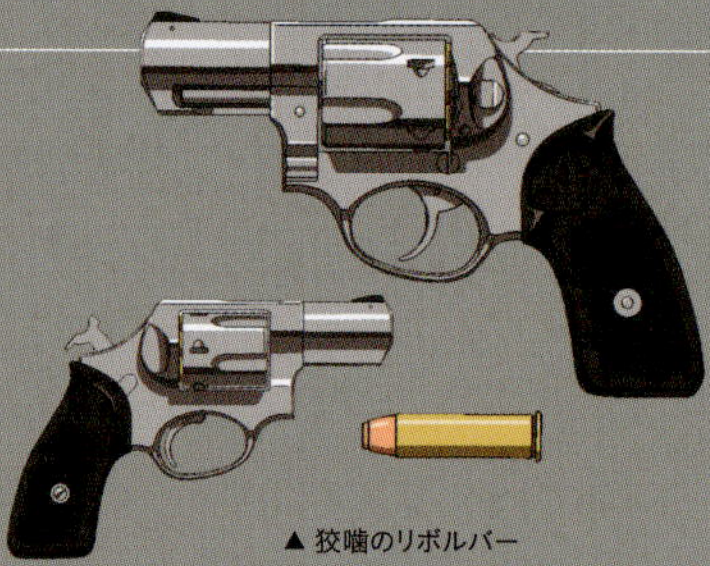

▲ 狡噛のリボルバー

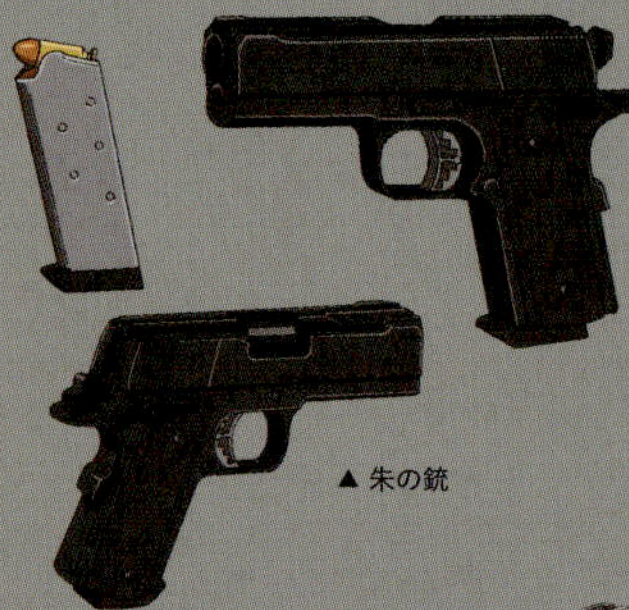

▲ 朱の銃

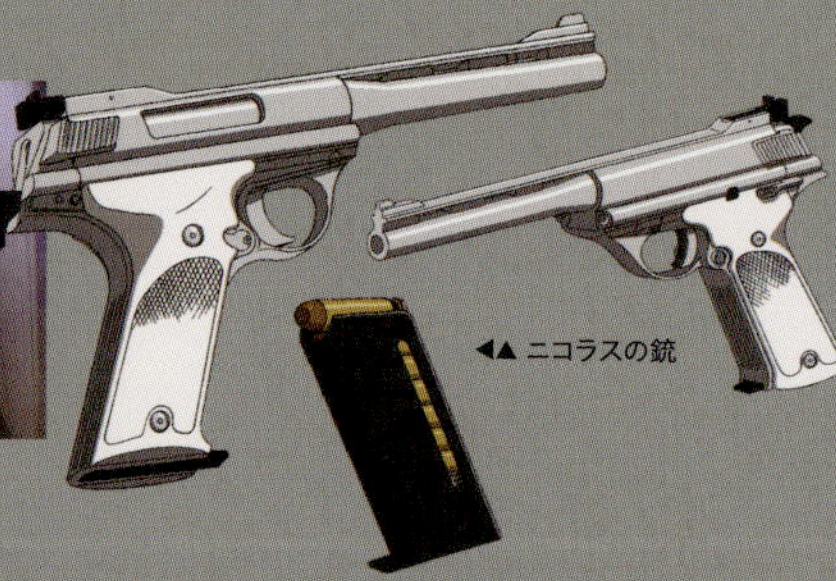

◀▲ ニコラスの銃

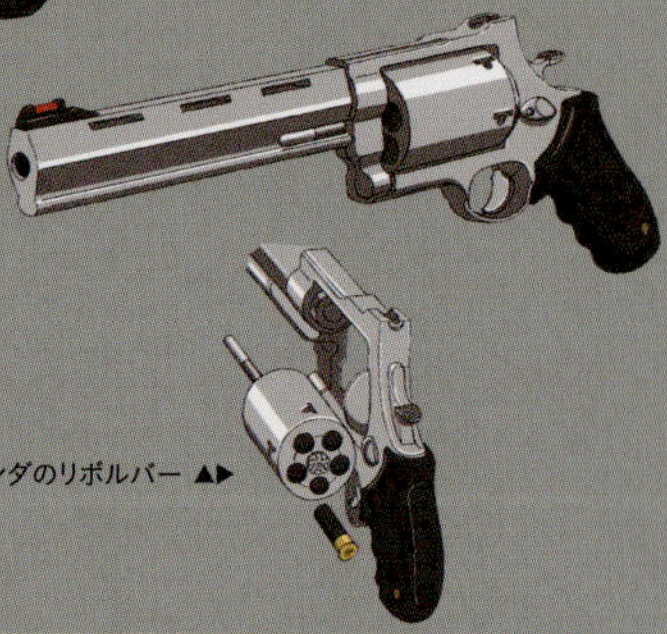

ルタガンダのリボルバー ▲▶

武装グループの銃 ▶

憲兵隊兵士の銃 ▶

▼ハンドグレネード

ゲリラたちが多用する破片手りゅう弾。内部の火薬の爆発で鋭い破片をまき散らし、周囲に被害を与える。直接投げて使用するほかに、ワイヤーなどと組み合わせることで罠としても利用される。

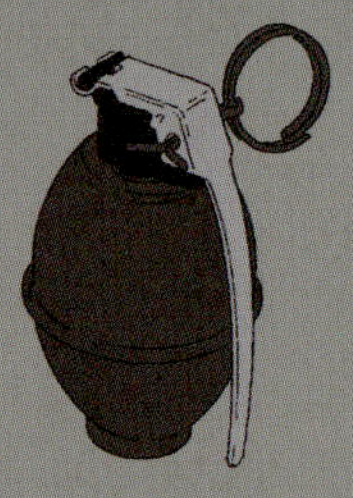

アサルトライフル・サブマシンガン等

連射による制圧力を重視した銃の数々。反政府ゲリラはこれらの装備に、狙撃ライフルや重火器、ECM（対電子装備）によるかく乱戦法などを組み合わせ、国家憲兵隊が繰り出す軍事ドローンにかろうじて対抗している。

◀▼ 反政府ゲリラのサブマシンガン

◀▼ 反政府ゲリラのアサルトライフルA

▼▲ 反政府ゲリラのアサルトライフルB

◀▲ ユーリャのサブマシンガン

◀▲ 憲兵隊のアサルトライフル

狙撃用ライフル

憲兵隊のスナイパーライフル ▲

▲ 狡噛のアンチマテリアルライフル

▲ ブンのスナイパーライフル

重火器

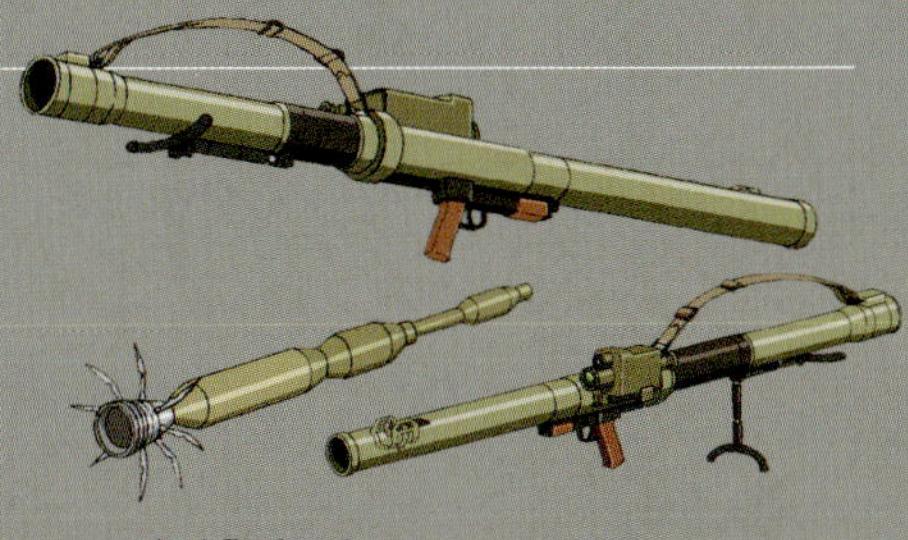

▲ ロケットランチャーA

▲ ロケットランチャーB

▲ 回転弾倉式グレネードランチャー

狡噛慎也の足跡を追って

『劇場版 PSYCHO-PASS サイコパス』カンボジア王国 ロケーションハンティング報告

Cambodia Location Hunting Report
2013.07.19-2013.07.29

実際に自分の足で確認した嘘をつかない世界観づくり

『劇場版 PSYCHO-PASS サイコパス』の制作にあたり、劇場版制作スタッフは海外ロケハンを敢行した。行き先はSEAUn(東南アジア連合)のモデルとなったカンボジア王国。

2013年の7月19日、劇中で常守朱が日本を発ったのと同じ日に、塩谷直義監督とレイアウト作画監督の横田晋一氏、そしてアニメーションプロデューサーの黒木類氏の3人はカンボジアに向かった。

「脚本を読んだときに『ジャングル』とト書きにあったからこれはうっかり作ると『ランボー／怒りの脱出』になりかねないぞと赤いハチマキを巻いた狡噛の姿を思い浮かべてしまったんです(笑)。虚淵さんは『舞台はどこでもいい』とおっしゃっていたので、狡噛が行くべき場所はどこだろうと考えたんですね。それでアンコール・ワットの寺院だろうと。ならば実際に見てみなくてはいけないなと思って、カンボジアへ向かったんです」(塩谷)

真夏っ只中。飛行機から降りると、抜けるような青空と蒸せるような熱気が3人を包み込んだ。

「現地の印象はそのまま映像に落とし込みたいと思っていました。劇中のSEAUnはくすんだ世界観で、本来なら曇った空を描こうと思ったんですが、向こうへ実際に行くと青空があまりにも印象的だったので、劇中も青空を美術さんに描いてもらいました」(塩谷)

ロケハン初日と2日目はカンボジアの首都プノンペンを取材。朱と狡噛が会うセントラル・マーケット、王宮をめぐった。狡噛が負傷兵を治療する場所もプノンペンの寺院。

「狡噛がラペリング(ロープ降下)する場所はきっとあのへんだろうと想定して資料写真を撮影していました。実際にはあそこまで大きなビルはないんですけどね。100年後の未来の東南アジアなので、都市は一度繁栄してから壊れてしまったという設定です。空港からシャンバラフロートに行くときの道沿いをよく見ていただくと、今とは違った建物とかが荒廃の中にあるのがわかると思います」(塩谷)

3日目からはシェムリアップに移動。アンコール・ワット近辺の取材を開始する。彼らのロケハンの最大の障害は……その暑さ。

「プノンペンは暑いけど耐えられない暑さじゃなかったんですよ。でもアンコール・ワットのあるシェムリアップに行ったら暑すぎて。2リットルのボトルを2本持って行きました」(塩谷)

現地では人々の生活の雰囲気などもあますことなく記録した。10日間にわたるロケハンで撮影した資料写真の枚数は数万枚に達したという。

「遺跡や建物だけでなく普通の建物や料理なども資料写真として撮影しました。そういったところで嘘をつきたくなかったので。レイアウト作監とロケハンへ行ったので、それがすごく実作業に役立ちましたね。美術監督の草森秀一さんにも参考資料としてロケハン写真をお渡しして、背景を描いていただきました」(塩谷)

ロケハン珍道中レポート

「泊まったホテルにプールがあったんです。これは汗を流すのにちょうどいいなと思って入ったら、水が緑色。視界ゼロで目も開けられないんですよ。そうしたら壁にぶつかって。前歯が欠けてしまいました。他にもロケハンはトラブル続きで。2日目には僕のiPhoneを盗まれてしまいました。他のスタッフはみんなガラケーで日本と連絡が取れるのが僕のiPhoneしかなくて。日本とまったく連絡がとれなくなるという有様。幸いにもホテルの方が良くしてくださってなんとかなったんですが……。最近はアニメのロケ現場に自分の足で行くのが流行っているみたいですが、『劇場版 PSYCHO-PASS サイコパス』の聖地巡礼は……あんまりおすすめできないかなあ」(塩谷)

▼美術ボードは美術監督が描く、背景美術の方向性を定めるための指針。美術監督の草森秀一氏は塩谷監督のロケハンの写真をもとに、アンコール・ワット西門の遺跡群を背景美術として緻密に描いた。夕景の色味も美しい。

PSYCHO-PASS サイコパス

狡噛と槙島

KOGAMI and MAKISHIMA

SHOGO MAKISHIMA

DIALOGUE 01

槙島 「遊んでいる場合じゃあるまいに。お前だってさっさとこの場を退散しないと危ういぞ」

狡噛 「……」

槙島 「それとも、逃げる獲物を前にして、追いかけなくては気が済まないのか？ やれやれ、君という奴は、つくづく性根から猟犬なのか」

狡噛 「新しい軍閥を作ろうなんてほざいてる野郎を、野放しにしておけるか」

槙島 「あんな戯言を真に受けてどうする？ そもそも君が手を下さずとも、遠からず破滅する男だろうに」

KOGAMI and MAKISHIMA
KOGAMI and MAKISHIMA

DIALOGUE 02

槙島 「何が君をそこまで駆り立てる？ 正義感？ 違うな。あんな奴は、この世界にごまんといる。奴ひとりを仕留めたところで何ひとつ変わらない。それでも、君は命を賭けてまで奴を追う。その執念は何なんだ？」

狡噛 「……死人は……もう、黙ってろ……！」

GINOZA NOBUCHIKA

KOGAMI and GINOZA
KOGAMI and GINOZA

狡噛と宜野座

KOGAMI and GINOZA

DIALOGUE 01

狡噛 「……」

宜野座 「狡噛……」

狡噛 「……」

宜野座 「……お前には借りがある」

狡噛 「ギノ……」

宜野座 「今すぐ消えろ。そして、二度と俺たちの前に姿を現すな。常守監視官に、これ以上余計な重荷を背負わせるんじゃない」

狡噛 「……お前はそれでいいのか？」

宜野座 「俺は妥協をおぼえた」

狡噛 「っ……！」

宜野座 「これで良しとしておく」

—シビュラシステムと朱

SIBYL SYSTEM and AKANE

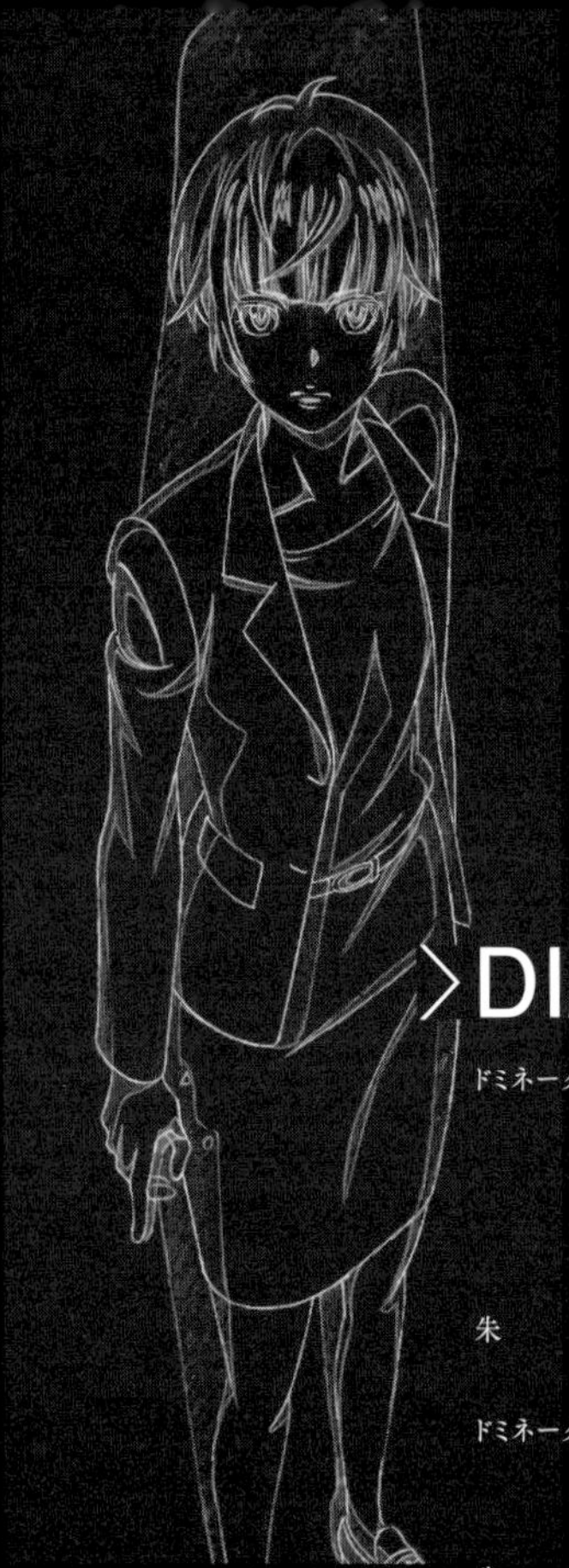

>DIALOGUE 01

朱　「……免罪体質。やっぱりね」
ハン　「気付いていたのかね?」
朱　「あなたが影武者だと暴露した男がいる。でも彼も知らなかったでしょうね。日本の省庁はとっくに影武者だらけだってこと」
ハン　「ああ。ニコラス大佐も私のことは、ただの整形手術を受けただけの人間、として理解していた。実際、今の私は彼と会ってまだ2日しか経ってないんだがね。実は私も君と同じ便でSEAUn入りしたんだよ。海を跨ぐと義体のローテーションも一苦労だ」
朱　「結局、霜月監視官の読み通り……すべてあなたたちの筋書き通り、ってわけね。シビュラシステム」

>DIALOGUE 02

SIBYL SYSTEM and AKANE

ドミネーター「ニコラス大佐は、上官であるハン将軍の反対を押し切ってでもシャンバラフロートの建設を推進する意図でした。その対価として提供される日本の無人化兵器群が、SEAUn全域を制圧する切り札となり得たからです。そして我々にとっても外地におけるシビュラシステム運用のモデル都市は魅力的でした。両者にとって必要だったのは、プロジェクトにGOサインを出す協力的な議長を擁立すること」
朱　「他国への内政干渉。本物のハン議長の暗殺を共謀した。これは明確な犯罪行為よ」
ドミネーター「この国に『内政』と呼びうる制度は実体として存在していません。汚職、差別、宗教的、民族的な対立……2年前の時点で既に、SEAUnは連合国家の体裁を喪失していました」
朱　「シビュラの支配地域を広げたかっただけでしょう!」
ドミネーター「『我々』にそのような単純な領土拡大欲は存在しません。『最大多数の最大幸福』……つまりは、どこまでを『最大』と考えるかです」

>DIALOGUE 03

ドミネーター「あなたは我々の計画を犯罪行為と判定した。だが犯罪とは法の逸脱です」
朱　「機能が法のすべてじゃない。法は民衆の支持なくしては成立しないわ。あなたたちはこの国を支配する上で、国民の承諾を得ていない。独裁者を騙して言いくるめただけよ」
ドミネーター「虐殺されるか餓死するしかない国民に、平和と安息をもたらすためには、可及的速やかな処置が必要でした。その効率的最適解を、我々は選択しただけです」

>DIALOGUE 04

朱　「辞任しなさい、ハン議長。そして公平な選挙で新しい元首を選ぶのよ。シビュラシステム導入の可否を、国民の総意として決めるために」
ドミネーター「……この国の民衆が、我々を拒むと?　ひとたび手にしたこの安息、この輝ける希望の街を、人々が自ら捨て去るとでも?」
朱　「何が守るに値するか、それは自分の意志で決めるものよ。ただ従うのでなく、守り通すものとして、法律を受け止めるために」
ハン　「結果の見え透いた茶番のために、そこまで強硬に主張する君(あなた)の意志は、私には理解しかねるが……」
ドミネーター「そんな君(あなた)だからこそ『我らが総意』の関心を買っているのかもしれないね(しれません)」
朱　「社会の形を選び、認める。その権利のために、昔から人は血の滲むような努力をしてきた。歴史には敬意を払いなさい。シビュラシステム」

SIBYL SYSTEM and AKANE
SIBYL SYSTEM and AKANE

SIBYL SYSTEM and AKANE

そのいでたちじゃ警察、
あるいは政府関係者だって宣伝してるようなもんだ。
オレの服をかぶっとけ。

PHASE 04

PSYCHO-PASS 2, PSYCHO-PASS MOVIE

SHORT SHORT STORY

SHORT SHORT STORY

>> Short short story

著・深見真
挿絵・作画：杉泊朋子／作画監督：恩田尚之

Author: Makoto Fukami
Illustration: Tomoko Sugidomari
Animation director: Naoyuki Onda

short story 01

——『あたかも人生は生きた竹馬の上に乗っているようなもので、その竹馬はたえず成長して、ときには教会の鐘楼よりも高くなり、ついには歩行をひどく困難で危険なものにしてしまう』

——逃亡執行官となり、日本を脱出した狡噛慎也。

海外を放浪し、自分を鍛え直し——今、彼はSEAUn《東南アジア連合》にいた。世界が混乱期に入って、いくつかの国が再編し乗り切ろうとするも、結局失敗した独裁と内戦のモザイク国家。狡噛はこの地域で、民主化運動のゲリラ戦に軍事顧問として参加している。

「……来たぞ」

狡噛の隣には、ゲリラのリーダーであるセムがいた。

過去を訊ねたことはないが、戦い慣れていることと大怪我の痕跡から、元軍人ではないかと狡噛は推測している。

狡噛とセムは、小高い丘の上、かつての遺跡に狙撃待機地点を構築していた。

東南アジア連合内における長い内戦。状況が一変したのは、一軍閥の首領にすぎなかったチュアン・ハンが、日本政府——シビュラシステム——と手を組んだ時期からだった。犯罪係数を測定し、都市の管理が日本に委託された海上特別区シャンバラフロートの建設。

——なにが起きている？

敵対勢力や国民たちが戸惑ううちに、短い時間でチュアン・ハンはすべての準備を整えてしまった。そして日本政府から提供された無人機《ドローン》軍隊が、治安維持活動という名目で虐殺を開始する。

その頃にはもう狡噛慎也はゲリラ戦に参加していて、チュアン・ハンの強引なやり方をひっくり返そうとしていた。——チュアン・ハンは独裁者だ。日本政府。シビュラシステムのやり方とは絶対に相容れない存在。政府軍は内部から崩壊する——それが狡噛やセムの予測だった。

しかし、そうはならなかった。シャンバラフロートは順調に試験運用が進み、ハン議長は日本政府の言いなりとはいえシーアン政府をよくまとめている。

そして、反政府グループが虫のように殺されていく。

田園地帯の道路を、政府軍の車列が通過している。兵員輸送車、指揮官用の装甲車、日本製の無人多脚戦車ガネーシャ……。一個機甲中隊だ。これを放っておけば、またゲリラの駐屯地で虐殺が繰り広げられる。

だから、ここで片付ける。

セムはアサルトライフルを背負って、スポッティングスコープを構えている。そのスコープは、レーザー測距装置と風力測定機能がついている。

狡噛の前には、二脚でアンチ・マテリアル・ライフルが設置してある。伏せ撃ちの姿勢をとった狡噛は、開放されていた薬室に、先が尖った巨大な弾丸を送り込む。

「…………」

狡噛がスコープを覗きこむと、そこにはコンピュータ・グラフィックスで様々な情報が表示されていた。レーザー測距装置と連動した射撃補正装置《Shooting correction device》の画像だ。着弾予想位置にカーソルが浮かんでいる。

政府軍の車列が、スコープの中央に映るようにする。

距離は九〇〇メートル。

「風向きが変わった」

と、セムが鋭く言った。

今回、彼にはスポッターをやってもらっている。

狙撃手の補佐役のことだ。

大型ライフルで長距離射撃を行う場合、スコープを使えば倍率が上がるぶんどうしても視野が狭まる。それをフォローするのがスポッターだ。弾道計算の手伝いもするし、着弾観測もする。大型ライフルは発砲した瞬間どうしてもスコープの画面がぶれるので、メインの射手以外が着弾観測を行う利点は大きい。

「——三時方向の風になってる。さっきまでは逆じゃなかったか？」

「風向きが変わってるのに、射撃補正装置に反映されてない……」

狡噛は小声で告げた。

「勘違いじゃないのか?」と、セム。

「いや、間違いない。デバイスの不調だ」

「悪いな、なにしろ何十年も前の装備だ……」

「調整しよう」

狡噛は射撃補正装置を切った。スコープからコンピュータ・グラフィックスが消え、通常のレティクルとミルドットに切り替わる。

「…………」

手首の携帯端末で、ホログラムを表示。そこには、狡噛が使っているアンチ・マテリアル・ライフルの弾道計算表がある。その表をセムが覗きこんで、言う。

「右に五クリック」

「了解」

と、狡噛は慎重な手つきでスコープのウインデージ・ノブを横にカチカチ……とクリック。

「いけるか?」

「風力に、スピンドリフトも加算すみ……」

と、セム。「アングルも、インパクトにさほど影響がない程度だ。問題ないよ」

狡噛は引き金に指をそえる。

狙撃の訓練を積んでいるので、狙っている時も片目を閉じたりはしない。本物のスナイパーならば、両目を開けて狙う。

戦闘の兵員輸送車を狙って、撃つ。

タイヤをふっ飛ばして、動きを止める。

「ヒット」と、セムが着弾位置を確認。

——次だ。

先頭の足回りを潰して、車列を前に進めなくした。

次は、最後尾を狙う。装甲車のタイヤに二発。

そうやって前後をふさいでから、「本命」を狙う。

今回の狙撃の本命——。

田園地帯の道路に仕込んだナパーム弾だ。

高機能燃焼剤に、増粘剤を添加した油脂焼夷弾。

狡噛はアンチ・マテリアル・ライフルに徹甲焼夷弾を装填し、ナパーム弾に撃ち込んだ。引火させて、大爆発を引き起こす。連鎖して、周囲に仕掛けた旧式の対戦車地雷も起爆する。地上に咲く美しい花火。破壊力の破裂とともに炎が踊る。

ナパーム弾は、一千度を超える高温でおよそ一〇分間は燃え続ける。どんな重装甲の多脚戦車でも、内部の精密機器がもたない。黒く燃え上がる炎のカーテンのなかで、多脚戦車のシルエットが痙攣し、崩れ落ちていく。


——『私は言おう、芸術には残酷な法則があって、それは、人々が死んでこそ、また私たち自身がありとあらゆる苦悩をなめつくして死んでこそ、草が生い茂るということだ、忘却の草ではなく、永遠の生命の草、豊穣な作品にうっそうと茂る草が』

short story 02

日本に密入国してきたテロリストグループの脳内に、逃亡した元執行官の記憶映像があった。それを受けて、常守朱はSEA《シーア》Un《ン》での海外捜査の許可を申請、受理される――。

――常守朱は、シーアンのシャンバラフロートに到着した。

そして、紛争地帯で狡噛慎也と再会する。

激しい戦闘後――ゲリラのキャンプに向かう途中の車内。

日本では味わったことのない段差の多い道路で、車が揺れるたびに常守は舌を噛みそうになった。よくこんな車を難なく運転するものだ……と常守は密かに感心する。交通管制システムもない、人工知能も積んでいない、オートブレーキやエアバッグさえ怪しい……。

常守が日本に残って犯罪と戦っている間に、狡噛はすっかり「外の世界」に馴染んでしまったのだろう。

「そのいでたちじゃ警察、あるいは政府関係者だって宣伝してるようなもんだ。オレの服をかぶっとけ」

片手でハンドルを操作しながら、狡噛は自分のシャツを常守に投げ渡した。

「ど、どうも……」

うっかりしていた。常守は、めったに出番のない公安局野戦服に身を包んでいた。あちこちに警察関係者を示す記号がある。この服装で狡噛に――ゲリラの拠点についていくことはできない。

常守は濡れた服の上に彼のシャツを着込んだ。

「…………」

懐かしいにおいが鼻腔に届いた。

その瞬間、常守の脳裏に、自分が新人監視官だったころの思い出がよみがえってきた。導火線に火がついたように、連鎖的に……。新人監視官とタフな執行官たち。異常な犯罪者たちとの戦いも、狡噛がそばにいるときだけは安心感があった。あのころにはもう戻れない。

(私たちは、あまりにもこの世界の正義に近づきすぎてしまったから)

――あれから、何もかもが変わって。

――でも、大事なことほど何も変わっていなくて。

「泳ぎは苦手だったんじゃないのか?」

狡噛が声をかけてきた。

車に乗り込む前、軍事用の大型ドローンの追跡から逃れるため、狡噛と常守は水たまりに飛び込んでいた。水たまりといっても、ちょっとした室内プール程度の水量があった。狡噛は覚えていた――雑賀教授が見抜いた、常守朱の弱点のひとつ。

常守は泳げない。

「あそこは浅かったので足がつきましたし……それに」

「それに?」

「いつまでも昔のままじゃないんです。少しは泳げるようになりました」

公安局刑事課が半壊した、鹿矛囲桐斗の事件――。あのとき、常守は犯罪者たちにかなりプライベートな部分まで切り込まれた。

「……『敵』は、私の弱点をついてくるので」

それを教訓とし、常守は少しでも自分の苦手を減らすようにしている。

「……きつい事件に当たったようだな」

「…………」

「槙島よりきつい相手なんてのはめったにいないだろうと思っていたが……」

狡噛はため息をつく。

「シビュラシステム運営下では、たしかに犯罪件数は激減する。しかしそのぶん、システムの網の目をかいくぐることが可能な犯罪者は手強い。一度セキュリティの内側に入ってしまえばあとはゆるゆるだからな」

シビュラシステムの目的は「最大多数の最大幸福」。人々に道標を与えること。そして、間違った道を歩んでいる人間を潜在犯として隔離すること。決して完璧なシステムではないが、完璧に見えるように多数の人間が努力している。その「計算された不完全さ」を利用する犯罪者は、これから先も現れるだろう。

そんなシビュラシステムの正体を、常守は知っている。

(いつかは、狡噛さんにも話すべきなのだろうか)

――シビュラの本体を知ったら、狡噛はどう反応するのだろうか?

怒るのだろうか。悲しむのだろうか。

知っていて黙っていた常守朱のことを責めるだろうか?

(いや、狡噛さんは私を責めたりをしないだろう)

狡噛は怒りを身近な人間にぶつけたりしない。怒りを純粋化し、より強い敵に狙いを定め、集中していく――そういう男だ。

「とにかく、あんたが死んでなくてよかったよ」

そう言って、狡噛は苦みばしった顔に笑みを浮かべた。

彼の笑顔が少しまぶしくて、常守は思わずうつむいてしまう。

「それは……こっちのセリフです」

参考文献：集英社文庫ヘリテージシリーズ
鈴木道彦・訳、完訳版
『失われた時を求めて13 見出された時(II)』

PSYCHO-PASS サイコパス
スタッフ100問100答

※『PSYCHO-PASS サイコパス』公式サイトにて、2014年12月1日～2015年1月31日にスタッフへの質問を募集し、その中から厳選した100問への回答になります。
※都合により、質問文を調整させていただいたものもあります。

001 Q：サイコパスの世界でも、自然災害などは起こるのでしょうか？（PN・はるのん）
A：自然災害は起こります。

002 Q：結婚相手すらシビュラが選んでくれるそうですが、シビュラが薦める相手以外の人と結婚することも問題なくできるのですか？（PN・えみ）
A：可能です。ただ、幸せになれませんと言われているのと同義なので、サイコパスによる最適幸福を求める一般市民は、基本的にシビュラの判定を無視することはありません。

003 Q：PSYCHO-PASSの世界ではバレンタインデーは廃れているそうですが、クリスマスや正月などもないのでしょうか。（PN・マツリ）
A：季節行事は廃れてしまっています。個人的に保存活動をする人はいるかもしれません。

004 Q：シビュラの世の中では宇宙開発は進んでいるんですか？（PN・アポロ）
A：進んでいません。日本以外、国として機能しておらず、日本は鎖国によって国を維持できていますので、必要がなくなっています。

005 Q：ホロの服を触ってみたらどんな手触りなんでしょうか？（PN・ねみた）
A：服の上にホロが展開していますので、ホロを触ろうとするとすぐ下の服の布に触る形になると思います。ホロ自体には感触がありません。

006 Q：六合塚の過去話や『ASYLUM』で非公認音楽というものが出ましたが、逆に公認音楽の基準が気になります。（PN・名瀬）
A：サイコパスに悪影響を与えないとシビュラシステムが認めた音楽です。

007 Q：同姓婚が可という事は人口の増減に影響を与えないと判断している＝不妊治療の進歩やシングルでも子供を生み育てやすい環境が出来ている。……ような気がしますが、どうなんでしょう。家族としての形というものは多様化しているんでしょうか？（PN・ささこ）
A：同性婚が可能となっているので、現実よりは多様化していますが、どのような家族の形でも、基本的にはシビュラシステムによる最適幸福の結果なので、みんな幸せです。

008 Q：紙の本はアナクロだといいますが、普通に本屋さんはあるのでしょうか？（PN・海上）
A：ありません。

009 Q：サイコパスに出てくるお墓は仏式のようでしたが、宗教観はどのようになっているのでしょうか。（PN・kt）
A：宗教は廃れていますが、慣習としては残っています。

010 Q：サイコパスの世界では、「女性も適職に就いてキャリアアップしていくのが当たり前」のような印象を受けるセリフがいくつかありますが、専業主婦をやっている人は、あまりいないのでしょうか？（PN・よりっく）
A：シビュラシステムから主婦の適性が出た人は、基本的には専業主婦を選択します。

011 Q：色相の、濁りではなく色分けって何が基準なんでしょう？（PN・伊織）
A：幾つかの性格分類と対応する色が表示されています。

012 Q：少年法が廃止されたと一期であかされていましたが、飲酒や喫煙は一般的な未成年でも仮に色相さえ気にしなければ可能ということでしょうか？（PN・リヲ）
A：可能です。ただし、どちらも色相に悪影響があると言われていますので、一般的には避けられます。また、未成年がお酒を飲んだり煙草を吸ったりすることが、社会的脅威になる可能性があれば、犯罪係数が執行対象域まで上昇する可能性はあります。

013 Q：日東学院は制服ですか？ 寮はあるのでしょうか？ 狡噛さんと宜野座さんが特別ゼミや特講などで同じ授業を受ける機会はあったのでしょうか？（PN・くろろーる）
A：みなさんのご想像にお任せします。同じ授業を受ける機会はあったかもしれませんね。

014 Q：PSYCHO-PASS世界における「カウンセラー」と「セラピスト」の違いを教えてください。（PN・狩屋）
A：向島を指しているのかと思いますが、1期では監視官に対して相談援助をする人なのでカウンセラー表記、2期では潜在犯に対して治療をした人なのでセラピストと呼ばれています。彼は両方の仕事をしていたようですが、職業としては別ものです。

015 Q：歴史以外にサイコパスの世界の学校で一般的に習わなくなった教科はありますか？（PN・玄米茶）
A：シビュラシステムによって最適幸福が実現した結果、必要のなくなった教科は廃れています。

016 Q：シビュラの構成員には序列みたいなものってあるんでしょうか？ 扱いは均等というかまったくの並列なのでしょうか？（PN・まゆみ）
A：構成員に序列はありません。

017 Q：執行対象にドミネーターを向けて撃った瞬間に、対象外の人物が割り込んできた場合はどうなりますか？（PN・犯罪係数180）
A：発射された後であれば、割り込んできた人物にあたります。

018 Q：ドミネーターはどこかの企業が造っているのでしょうか？ それとも国家機関にドミネーター専用の工場があるのでしょうか？（PN・アーリー）
A：国家機密です。

019 Q：ドミネーターで計測できる犯罪係数のMAXはいくつなんですか。（PN・クロノス）
A：上限はありません。

020 Q：鹿矛囲たちはドミネーターの充電をどうやってしていたのでしょうか。（PN・まち）
A：充電装置を作って充電しました。

021 Q：ドミネーターから出される光線の3種類は鏡で跳ね返すことはできますか？（PN・おでん）
A：鏡で跳ね返すことはできません。

022 Q：サイコパスの世界では、潜在犯は全人口の何％くらいいるんですか？ また、犯罪係数300以上の人の面会は許されているんですか？（PN・ハッピー）
A：全人口に対してみると僅かです。また、面会は可能ですが、家族といえども潜在犯と接触するとサイコハザードの危険性がありますので、会いたがりません。

023 Q：カガリくんは5歳で潜在犯として施設に入所したとのことですが、施設に入所した子どもも学校教育を受けるのでしょうか？（PN・ななき）
A：更生のため施設内で教育を受けます。

024 Q：潜在犯になって収容された者に外から差し入れや手紙を送るとかは出来るのでしょうか。（PN・むかい）
A：可能です。もちろん本人に渡す前に検閲がありますので、不適切なものは廃棄されます。

025 Q：矯正施設の皆さんは、24時間365日あの部屋の中で過ごすのでしょうか？ 現代の刑務所みたいに労働させたり、広いところで運動するような機会はないんですか？（PN・すなこ）
A：更生プログラムの一環でたまに運動はします。

026 Q：執行官って定年退職あるんですか？ あったとして、退職後はどうなるんですか？（PN・midori）
A：定年退職はありません。体力がもたないなど、何らかの理由で執行官として適性がないとされると施設に戻されます。

027 Q：そもそも執行官は結婚は無理なんでしょうか？（PN・iluska）
A：可能です。

028 Q：逃亡もしくは死亡した執行官が使っていた部屋は誰が片付けるのですか？ また遺品はどうなるのですか？（PN・ルカ）
A：公安局の担当者が片づけ、遺品は廃棄します。征陸の遺品が残っていたのは、宜野座への朱の配慮です。

029 Q：レイドジャケットや護送車の「103」「105」にはどういう意味があるのでしょうか？（PN・善良な一般市民）
A：公安局創生期のころに執行件数が優秀だったチームの番号をげん担ぎで使用しています。

030 Q：執行官の乗る護送車に運転手はいるのか。それとも自動運転のみ？（PN・みるく）
A：ドローンが運転しています。

031 Q：潜在犯である執行官が捜査で外出しているとき、街頭や店頭に設置されているスキャナなどは反応しないのでしょ

うか？（P.N・とんかつお）

A：外出前に申請が出されており、デバイスで管理されています。

032 Q：公安局では、皆、美容院はどうしてるんですか？（P.N・サンク）

A：公安局で散髪ドローンが行っています。

033 Q：公安局は地方にも支部があるの？（P.N・雪乃）

A：みなさんのご想像にお任せします。存在するならば東京とは別の物語があるかもしれませんね。

034 Q：宜野座さんは、犬を飼っていますが執行官舎では動物は飼えるのですか？ また、シビュラの世界では愛玩動物はあまり一般的ではないのでしょうか？（P.N・紫石）

A：サイコパスケアの一環として執行官宿舎内で飼えるようになりました。なお、生きた動物は死などによってサイコパスを悪化させるリスクもありますので、愛玩ドローンが一般的です。

035 Q：1係で誕生日を祝いあったりすることはあるんですか？（P.N・巡）

A：縢は好きそうですね。

036 Q：公安の中の食堂のオススメメニューはなに？（P.N・美都執行官）

A：朱が食べていたカレーうどんです。

037 Q：1期の時に宜野座のカウンセリングをしていた向島は、結局、鹿矛囲だったという事でしょうか。（P.N・yokia）

A：そうです。

038 Q：サイコパス1期最終話で、マキシマが朱に「そうか君は……」と言ったけどどういった意味なんですか？（P.N・おかめもち）

A：塩谷監督だけが知っています。

040 Q：2期で、朱ちゃんの部屋に青い表紙のファイルが置いてあったり、執行官となった宜野座の部屋にベンチプレスが置いてあったり。あれらは狡噛さんの部屋から持ち出した物ですか？（P.N・Midori）

A：違います。

040 Q：2のオープニングは非常に複雑に作り込まれていて、何度も見直し考察を重ねましたが、結局わからない部分が多くありました。ぜひ、解説をお願いしたいです!!（P.N・まーち）

A：内緒です。いろいろ考察してみてください。

041 Q：1期も2期も劇場版も朱ちゃんの裸に近い下着とかシャワーシーンがありますが、あれは何か意味があるのでしょうか？（P.N・ラズベリー）

A：秘密です……。

042 Q：劇場版で朱ちゃんが密入国者に英語で取調べを行うシーンがありますが、一係には朱ちゃん以外で英語を話せる人はいますか？（P.N・いせぜ）

A：全員、日常会話程度なら話せます。

043 Q：劇場版では影武者用のシビュラの義体が朱ちゃんと同じ便でSEAUn入りしたとの事でしたが、具体的にはどのタイミングで本物のハン議長とすり替わっていたのでしょうか。（P.N・空翔）

A：シャンバラフロート建設が開始されたときには、すでに本物のハン議長は暗殺されていました。

044 Q：ニコラスさんとデスモンドさんの出会いが知りたいです。（P.N・悠々）

A：みなさんのご想像におまかせします。いずれ明かされるかもしれませんね。

045 Q：劇場版で最後の宜野座さんと朱ちゃんが話しているシーンでジャケットの前をいつもは開けてない宜野座さんが開けていましたが何でですか？ その後帰るときはきちんと着ていたので気になりました。（P.N・朱ちゃんのもとで働きたい潜在犯M）

A：あのシーンは任務遂行中ではなくオフの時間だったので開けています。

046 Q：劇場版で朱は自然食品の弁当を食べているように見えました。これは彼女の中で何か心境の変化があったということでしょうか？（P.N・キノクラッチ）

A：どこかで心境の変化があったのだと思います。

047 Q：朱ちゃんは髪をのばしたりはしないのですか？ 幼少期から髪は短かかったのですか？（P.N・秋都）

A：公式ガイドブック第1弾『PSYCHO-PASS サイコパス OFFICIAL PROFILING』を探してみると、その答えが……。（編集部註：好評発売中！）

048 Q：朱ちゃんは、宜野座さんのお父さんが征陸さんだということを、どのタイミングで知ったのでしょうか？ 一期当初は知らない様でしたが、最終回では知っててお墓参りに付き合ってるのか気になりました。（P.N・Maki）

A：途中のどこかで知ったのでしょう。

049 Q：劇場版の質問ですが、常守の自室はホログラムを使っていないのでしょうか。ホロアバターのキャンディも見当たらなかったのですがこれは偶然なのですか？（P.N・生しらす）

A：劇場版で住んでいる家では使用しなくなっています。

050 Q：朱ちゃんはなぜより動きやすいパンツスーツを選ばないのですか？（P.N・蛍原笹音）

A：好みです。

051 Q：宜野座さんが朱のことを「貴方」と呼ぶのが好きなのですが、何か呼び方に対してのこだわりなどあったりするのでしょうか？（P.N・ブルーバード）

A：宜野座にとって朱が、自然と「あなた」と呼べる存在になったということでしょう。

052 Q：宜野座さんは執行官になってから、お酒は飲んでいましたが、煙草を吸おうとは思わなかったのですか？（P.N・Onegl）

A：煙草は吸いません。

053 Q：公式ガイド第1弾の宜野座さんのプロフィールに、彼女いない歴20年とありましたが、それは7歳の時には彼女がいたということでしょうか？（P.N・すのう）

A：みなさんのご想像にお任せします。宜野座のみぞ知るですね。

054 Q：宜野座さんは好きな食べ物がパンだということですが、特に好きなパンはなんですか。（P.N・うさぽん）

A：フランスパンです。

055 Q：監視官なしの単独行動が許されない状況で執行官になった宜野座さんは愛犬ダイムの散歩をどうしているのですか？（P.N・ゴンちゃん）

A：ホロを使用したウォーキングマシンで散歩しています。

056 Q：劇場版の狡噛さんの胸の銃創痕のようなものは、この3年の間に出来た傷ですか？（P.N・midori）

A：そうかもしれません。

057 Q：狡噛慎也が槙島聖護を正面からでなく、後ろから殺したことに理由はありますか。（P.N・入夜）

A：塩谷監督だけが知っています。

058 Q：狡噛さんの母親である狡噛とも代さんは、息子の執行官堕ちやその後の公安局からの逃亡のことは知っているのでしょうか？（P.N・緑）

A：知っています。

059 Q：狡噛の弱点が「優しさ」というのは自称ですか？（P.N・ウィンストン）

A：狡噛自身はそう思っていないでしょう。

060 Q：狡噛さんは、海外生活において、生活費等どうやって工面してるんですか？（P.N・執行官候補生）

A：狡噛なので……様々な方法で生活しているのでしょう。

061 Q：劇場版の狡噛さんがドッグタグを2つ身に付けていることに、何か深い理由でもあるんですか？（P.N・midori）

A：戦場で戦死した場合、ひとつは遺族に持ち帰り、ひとつは遺体に残すため2つで1組となります。

062 Q：霜月美佳ちゃんが監視官になるという設定はどの段階で決まっていたのですか？（P.N・3月9日）

A：1期最終話の脚本打ち合わせで決まりました。

063 Q：霜月さんは六合塚さんと唐之杜さんの関係を知っているのですか？（P.N・ペリー）

A：知りません。

064 Q：霜月監視官は、公安局以外にどんな適性があったのでしょうか？（P.N・U-SUKE）

A：朱と同じように、様々な省庁の適性がありました。

065 Q：霜月さんは未成年で監視官になった訳ですが、同期は何人ぐらいいるんでしょうか？（P.N・MiKI）

A：同じタイミングで配属という意味では

同期はいません。

066 Q：霜月は1係ではあんな感じでギスギスと1人浮いてますし、桜霜学園時代の友人は喪っているし……きちんと精神的に休息できているのでしょうか。彼女のオフの様子をはじめ日常生活が気になります。心配です。（PN・隠居仙人）

A：霜月はシステムのおすすめに則って色相悪化に注意しながら日常生活を送っています。最適幸福が実現された日々を過ごしていますので、問題ありません。

067 Q：第2期最終話終盤、六合塚は自室に霜月と一緒にいましたが、上着を脱いでいたりノーネクタイだったり妙に恰好がラフな気がしました。つまりそういうことなんですか？（PN・前髪もしゃあギノザーりじー）

A：……つまり、どういうことでしょうか!?

068 Q：弥生さんと志恩さんは2人でどのような休日を過ごしていますか？（PN・まなか）

A：恋人の休日を過ごしています。

069 Q：弥生さんは、執行官堕ちした監視官に対し、狡噛さんは呼び捨て＋タメ口、宜野座さんはさん付け＋敬語で話していましたが、それぞれに対してどのような思いを持っているのでしょうか？（PN・ina006）

A：宜野座とは監視官として接していた期間が長いのでそれが定着してしまっています。

070 Q：縢くんの髪の色は地毛ですか？染めてますか？（PN・紫烏）

A：地毛のような……染めているような……秘密です。

071 Q：一係の皆のことを家族の様に思っていた縢を狡噛や朱たちも時々、思い出してくれているでしょうか……。（PN・チーズケーキ）

A：思い出していることでしょう。

072 Q：唐之杜さんが今日着けてる下着をかけてもいいと言った時に縢くんが「いらねぇよ！」と言ったのは、縢くんは唐之杜さんのことがタイプじゃないからですか？（PN・さくらもち）

A：みなさんのご想像にお任せします。縢は一係を家族のように思っていたようなので、タイプとかそういう次元ではないのかもしれませんね。

073 Q：縢くんは、幸せでしたか？　公安に入って、一係の皆と会えて、良かったと思えましたか？（PN・飛鳥）

A：幸せでした。

074 Q：征陸さんは好きな映画などありますか？（PN・ねみた）

A：「フレンチ・コネクション」と「寅さんシリーズ」です。

075 Q：征陸さんと奥さんのなれ初めを教えてください！　征陸さんが潜在犯になる前の親子の様子が知りたいです。（PN・さちまめ）

A：みなさんのご想像にお任せします。いずれ明かされるかもしれませんね。

076 Q：征陸さんや宜野座さんの義手は雨やお風呂で錆びたりしないんですか？（PN・蛍光灯）

A：錆びません。

077 Q：宜野座のタンクトップって征陸のお下がりですか？（PN・ブレンドのN）

A：新品です。

078 Q：唐之杜さんってちゃんとお休みもらってるんですか？　ある意味監視官より代えの効かないポジションだと思うので、そこら辺が疑問。というより、心配です。（PN・冤罪係数300over）

A：お休みはもらっています。

079 Q：志恩さんはヘビースモーカーですが、1日に大体どのくらいのタバコを吸うのですか？（PN・じぇしー）

A：1箱くらいです。

080 Q：唐之杜志恩は学生時代からあのような派手な容姿をしていたのでしょうか？（PN・がいや）

A：していました。

081 Q：槙島聖護の誕生日はいつですか？（PN・ガーランド）

A：不明です。

082 Q：他のキャラの髪の色が地味なのに対し、なぜ槙島の髪の色を白くしたのでしょうか？（PN・キタキツネ）

A：みなさんのご想像にお任せします。

083 Q：槙島が本編中でマドレーヌを紅茶に浸して食べるシーンが印象的なのですが、槙島は甘党なのでしょうか？（PN・そる）

A：とくに甘党というわけではありません。肉と卵は苦手なようですが、天然食材であればそれ以外の好き嫌いはないようです。

084 Q：槙島のシャツはなんで片方がいつもまくれていたのでしょうか？（PN・砂糖キム子）

A：それほど興味がないのでしょう。

085 Q：槙島くんの亡骸は、どのように弔われたのでしょうか？（PN・silk）

A：公安局に回収され、検死解剖後に火葬されたのでしょう。

086 Q：2期の8話にて、付き合いの長い宜野座にさえ敬語の常守が、とっさとはいえ東金にタメ口を利いたり、自宅のリビングにて東金が常守をからかったり大笑いしたり、常守と東金はもしかして上司部下や同僚以上に親しくなっていたのでしょうか……？（PN・りょんりょん）

A：そういった関係ではありませんが、いなくなった狡噛に近いものを感じ、気を許したのかもしれません。

087 Q：東金朔夜は狡噛と同じ銘柄の煙草を喫煙していましたが、元々、喫煙者だったのでしょうか？　それとも、朱に近付くために吸い始めたのでしょうか？（PN・にこちん）

A：朱に近付くためです。

088 Q：東金朔夜の机の上にある、美沙子との写真の隣にある緑のものは「まりも」ですか。何故「まりも」なのでしょうか。（PN・潜在犯C）

A：まりもです。何故なのかは秘密です……細かいところまで見ていただけて嬉しいです。

089 Q：第1話で東金が「お前は部品なんかじゃない。社会が強制しても抗う心がある限り、お前は1人の人間だ」という台詞を言っていましたが、これは本心ですか？　それともこれも演技だったのでしょうか？（PN・ジュン）

A：演技です。

090 Q：雛河くんは食に興味はないのでしょうか？（PN・わかな）

A：ありません。

091 Q：雛河くんの髪は天パですか？（PN・わくわーくわん）

A：天パです。

092 Q：雛河翔は普段左目を髪で隠していますが、7話で彼が185人もの子供のデータの解析中ご飯を食べている時は分け目を変えて左目が見えてる状態でした。何か分け時があるのでしょうか？（PN・まーくん）

A：見える角度の問題です。

093 Q：雛河くんは非番の時何をしてますか？（PN・イタリー）

A：ドラッグをブレンドしたり、ネットでコレクションしたいものを探したりしています。

094 Q：須郷さんの好きな女性のタイプは？（PN・綾佳）

A：自分を愛してくれる人。

095 Q：須郷徹平について詳しく知りたいです。過去の話、青柳さんに恋愛感情はあったのか？　4話で何故須郷さんが新型ドミネーターを撃ったのか……。（PN・Uーたん）

A：恋愛感情はありません。元軍人で射撃が得意なので任されました。

096 Q：カムイの中にいるハッカーはグソンよりも凄いハッカーなのでしょうか？（PN・チョリソー）

A：両方ともシビュラシステムに辿り着けるほどの凄い技術をもっています。

097 Q：槙島聖護（正午）、狡噛慎也（深夜）、東金朔夜（昨夜）と時間に関係する名前の人物がいますが、何か理由があるのでしょうか？（PN・3）

A：みなさんのご想像にお任せします。

098 Q：雑賀譲二の眼鏡は老眼鏡ですか？（PN・さかりょー）

A：老眼鏡です。

099 Q：雑賀は、矯正施設でなぜ厚遇されているのでしょうか？（PN・ひなまつり）

A：社会の役に立つ可能性のある潜在犯だからです。

100 Q：禾生壌宗がタバコを吸ったり爪を磨いたりしていましたが（そう言えば泉宮寺も）義体はそういうことができるのですか？（PN・膝裏のガングリオン）

A：禾生の義体はあの世界で最も優れた義体なので可能です。

100 QUESTIONS 100 - ANSWER

自らの魂を、
社会の中の役割という鋳型に填め込んで形作る。
それが職務に殉ずる生き方だ。
以前は狡噛もそういう人生を歩んでいた。
だが槙島という鋳型を外れた標的を追い求めるうちに、
彼もまた職務という鋳型から逸脱してしまった。

PHASE 05

PSYCHO-PASS 2, PSYCHO-PASS MOVIE

INTERVIEW

STAFF INTERVIEW

PSYCHO-PASS OFFICIAL PROFILING 2

▼GENERAL DIRECTOR
▼KATSUYUKI MOTOHIRO

▼総監督

本広克行

[KEY 1]

初期から目標にあった『劇場版』での展開

――本広総監督は企画の立ち上げから5年以上に渡り、『PSYCHO-PASS サイコパス』に関わっていらっしゃいます。この作品の面白さをどんなところに感じていますでしょうか。

▼本広　『PSYCHO-PASS サイコパス』はシビュラシステムの世界の物語なんですよね。だから、作品の器の中で、いろいろなキャラクターや物語をどんどん広げていくことができる。そこが面白いですね。これは、かつて自分が手掛けていた実写作品でやりたいと思っていたことなんです。湾岸署の物語もあれば、八王子署の物語もあり、九州の物語もあるというように。『PSYCHO-PASS サイコパス』の最初の企画書には、そういう構想が書いてあります。その初期構想にはもちろん、今回公開された劇場版の企画もありました。

――劇場版は企画初期から存在していたんですね。

▼本広　そうですね。せっかくすごいスタッフがスタッフィングされているし、塩谷直義監督もノリにノっている。そこに虚淵玄（ニトロプラス）さん、深見真さん、冲方丁さんまで加わって、どんどん作品は広がっています。そこから次のスターを生みだすところまでいけたら、それが僕の考える『PSYCHO-PASS サイコパス』の到達点だと思います。

――劇場版はどんな作品にしたいと考えていましたか。

▼本広　劇場版の構成は、早い段階から虚淵さんの中にあって。「第1期は国内のお話だったので、次はシビュラシステムを輸出して海外を舞台にしよう」という話を一緒にしていました。じゃあ、どこの国にしましょうか、というところから始まって。発展しようと頑張っている国が良いだろうということで、塩谷監督が東南アジアを選びました。そういうわかりやすさが良かったですね。

――今回は常守朱が狡噛慎也に会いに行く話になっていますね。

▼本広　やっぱり「人探し」というモチーフは面白いんですよ。『地獄の黙示録』や『プライベート・ライアン』もそうだし、『機動戦士ガンダム第08MS小隊 ミラーズ・リポート』も名作でした。定番だけど、画や表現に凝ることができる。アニメが好きな人はとんがっているから、いろいろなジャンルを受け入れてくださるんですが、『PSYCHO-PASS サイコパス』は性別問わず幅広い人に楽しんでいただける作品にしたかった。そういう幅広い層を目指すときは、「人探し」みたいな定番の内容の方が見やすいと思うんですよね。シビュラシステムという社会を輸出するというようなアイデアは、ほかの作品では見たことがないし。虚淵さんはそういう作品がお得意なので、「人探し」というモチーフとうまく混ぜられれば面白くなりそうだなと。

――劇場版の制作にあたり、本広総監督から塩谷監督にお話ししたことは？

▼本広　これがですね、……劇場版について2人で話したことはひとつだけなんです。「冒頭にすごい爆発を入れてよ」と。要は『地獄の黙示録』のナパーム爆撃みたいなものなんですけど。ビジュアル的に「何かが始まった！」という感じを出したいなと思ったんです。僕の中の『劇場版 PSYCHO-PASS サイコパス』のキービジュアルがその爆発だったんです。ただ、塩谷監督に強制しちゃうのはイヤだったので、やんわりと（笑）。「美味しいカレーを食べに行こうよ」と誘って、カレーを食べながら話をしました。あとは、大人も楽しめるアニメーションにしたかったので、（外国人との会話は）英語でいこうよと。ＳＦだから翻訳機を使ってもいいんだけど、使わないでしゃべっているほうが映画としてもいいよねと。いわゆる普通のアニメだと外国人の会話シーンは日本語で会話をしてしまうんですけど、あれは見ていて違和感があるなと思っていたんです。でも最初は「英語にしたい」と言ったとき、みんな「えぇっ!?」という反応でしたね。第1期の終わりのこ

ろ、関（智一）さんと花澤（香菜）さんにその話をしたときも、やっぱり「えっ!?」と言われて（笑）。それでも、塩谷監督は果敢に挑戦してくれました。

KEY 2

男と女の愛情を超えた関係を描くために

――本広総監督はTVシリーズ第2期にどのように関わっているんでしょうか。

▼本広　第2期はノータッチだったんですよ。みなさんのやりやすいようにやっていただいています。ただ、仕上がった映像は面白かったですね。さすが冲方さん、こう来たか！っていう感じで。第1期よりも見やすいフィルムだなと思いました。実写の海外ドラマ……たとえば『CSI：科学捜査班』と『PSYCHO-PASS サイコパス』の第1期を足したようなニュアンスなんですよ。虚淵さんと深見さんの物語は文学が入っていて、言葉にはぐらかされるような感覚があるんだけど、第2期はスタイリッシュで無駄がない。みなさんはどっちがお好みなんでしょうね。ワクワクしながら見ていました。

――第2期、劇場版と物語が続くことで、常守朱の成長が描かれていくのも面白いです。

▼本広　第1期では、最終話のラスト10分で彼女の成長した姿が描かれているんですが、第2期も劇場版もかなり優れた人にならないといけない。でも、あまり優れすぎるとドラマが起きない。あくまで彼女がシビュラシステムに仕えているのは「人間の可能性を信じたいから」なんですよね。シビュラに従いながらも、人を信じる矛盾を花澤さんが人間味のある感じで演じてくださっているところが良いなと思っています。

――本広さんは朱と狡噛の関係をどのようにとらえていますか。

▼本広　男と女はさまざまな経験をしていくうちに、愛情を超えた信頼関係のようなものが芽生えていくものだと思っているんです。たぶん朱と狡噛もそういう関係じゃないかと思います。信頼もあるし、尊敬もある。ただ2人の間にはラブはないけれど、見ている人はラブを想起してしまう関係ですね。たとえば『踊る大捜査線』でも、青島（俊作）と（恩田）すみれの関係がそれに近いですよね。やっぱり「恋愛」って成就してしまうと面白くないものですし、僕はそういう関係のほうが面白いと思うんですよね。アニメーション上でそういう関係性を作るために、塩谷監督と相当話をしましたよ。きっと塩谷監督も悩んだと思うんですけど、『PSYCHO-PASS サイコパス』のキャラクターは良い感じになりましたね。

――塩谷監督はそのデリケートな関係性を、劇場版と第2期の同時進行でお作りになっていたんですね。

▼本広　実は「ここは人生の勝負だよ」と言ったことがあるんです。以前、僕は『踊る大捜査線』の監督をしているときに、その感覚を味わったことがあるんですよね。塩谷監督も思うところがあったんでしょう。最初は劇場版で手いっぱいだから、第2期は監修的な立場になるんじゃないかなと思っていたんですが、結局、第2期も監督としてガッツリとやっていた。塩谷監督は『PSYCHO-PASS サイコパス』のキャラクターを愛していて、作品への愛もすごく大きい。だから、当然やるべきですよね。僕も監督ですから、塩谷監督の気持ちがわかるんです。だから、彼がやりたいようにできる場所を作ることが僕の仕事でした。

――『PSYCHO-PASS サイコパス』に関わられて、アニメーションの良さとはどんなところだと思っていますか？

▼本広　アニメーションって省略の美学なんです。たとえば人がしゃべるシーンを描くとき、しゃべっている人をずっとカメラがとらえていると、原動画の枚数がとてつもないことになる。それをどうやって省略するかが、アニメーションの芸なんですよね。おのずと脚本の文体も変わってきます。実写よりの脚本をそのままアニメーションにすると物足りなくなるんです。実写なら表情一発撮るだけで「悲しみ」がわかりますけど、アニメーションではそれは難しい。すご腕のアニメーターならできるかもしれないですけど、そこをいかにうまく少ない枚数で効率よく「悲しみ」を伝えるのかが大事なんです。そこを『PSYCHO-PASS サイコパス』では面白く描いているなと思います。

――本広総監督は『PSYCHO-PASS サイコパス』の今後をどう考えていますか？

▼本広　僕の構想では、まだまだ大きくなる予定なんですよ。第2期だけでなく、第3期も第4期も続いてほしいし、スピンオフももっと波状させてほしい。僕自身も実写版を撮ってみたい。まだまだやりたいことがあるんです。虚淵さんももっといろいろな方に参加してほしいとおっしゃっていて。自分の世界にこだわっていない、俯瞰視できる珍しいタイプの作家なんですよね。僕も『PSYCHO-PASS サイコパス』がもっと自由な作品作りの場になると良いなと思っています。

［もとひろ・かつゆき］
監督・演出家。Production I.G所属。TVドラマ、映画、演劇を幅広く手掛ける。代表作に『踊る大捜査線シリーズ』『サマータイムマシン・ブルース』など。新作となる、アイドルグループももいろクローバーZが主演の『幕が上がる』では映画版と演劇版の両方を手掛ける。

▼CAST
▼KANA HANAZAWA & KEIJI FUJIWARA & RYOHEI KIMURA

PSYCHO-PASS OFFICIAL PROFILING 2

▼常守朱役
花澤香菜
×
▼東金朔夜役
藤原啓治
×
▼鹿矛囲桐斗役
木村良平

KEY 1

仲間なのか敵なのか
東金朔夜とは何者か？

――『PSYCHO-PASS サイコパス』という作品にはどんな印象をお持ちでしたか。

▼藤原　深夜、家に帰ってきてTVをつけたら第1期が放送されていて。それをちょこちょこ見ていました。設定が複雑なのでわかりにくい物語なのかなという第一印象でしたね。

――出演が決まってから第1期をご覧になりましたか。

▼藤原　見ました！

▼木村　その返事、絶対見てないですよね(笑)。

▼藤原　いやいや。難しい設定が多いので収録がはじまってからは現場で沢城（みゆき・唐之杜志恩役）さんにちょこちょこ聞いています。

――木村さんはいかがでしたか。

▼木村　ドラマCD（『PSYCHO-PASSサイコパス／ゼロ 名前のない怪物』）に出演させていただいたので、もちろん物語は知っていました。人の犯罪係数を測定するドミネーターの設定が面白いですよね。『PSYCHO-PASS サイコパス 新編集版』を『PSYCHO-PASS サイコパス 2』収録前に見直しました。複雑な人間関係もあってドロドロした世の中の風刺みたいなものもある作品だなと思っています。

――今回、新たに登場した東金朔夜について、みなさんはどう捉えていましたか。

▼藤原　オリジナル作品で先の見えない話なので、あまり突出した性格にならないように、あまり色をつけないようにやっていましたね。淡々として、悪いようにも良いようにも見えるような感じでいこうかと。東金は声を荒らげたり、喜怒哀楽を外に出したりしないキャラクターだったのでやりやすかったですね。まあ、でもね……自分にオファーがある役が、普通の役なわけがないだろうなと一応用心していましたから（笑）。

▼花澤　そんな！

▼藤原　東金は意外と表情が動くので、あまりそこに近づけないように考えていましたね。

▼木村　東金はカッコイイですよね。なにか企んでいそうな感じが良かったです。

▼花澤　朱ちゃんは東金さんとバディになって行動することが多くて。狡噛さんと重なるところがあるなって思っていました。

▼藤原　音響監督から「朱は東金に狡噛の面影を重ねている」とは聞かされてはいましたけど、だからといって何かを変えることもなく。あれはきっと朱の中で生まれた何かが、そういうふうに見せているだけだと思っていました。ことさらに狡噛ふうにしようとも思ってはいませんでしたね。

▼花澤　東金さんがこの世界の常識とは違うことを言うときに「狡噛さんもそういうことを言うよな」って思っていました。あと……体型も似ていますよね（笑）。煙草の銘柄も同じだし。いろんなところから自然と狡噛さんを重ねてしまったんじゃないかなと思っています。

▼藤原　ほう。

▼花澤　最初、東金さんは朱を支えていることを大っぴらにすることなく、さりげなく助言をしてくれたり、身体を張って守ってくれたり、すごく頼りになるなと思っていたんです。それが、話数を重ねるごとにどんどん変わっていって。いつの間にか朱を誘導しているんじゃないの？という疑惑に変わっていきました。……仲間だけど謎が多くて、どういう人なんだろうと興味が湧きましたね。あと、啓治さんと私はいろいろな現場でご一緒してきたんですが、2人だけでお芝居をする機会がこれまでなかったので。今回、東金と朱のシーンがあるとすごくうれしかったです。

▼藤原　ははは。ありがとうございます。

KEY 2

悪人なのか善人なのか
鹿矛囲桐斗とは何者か？

――鹿矛囲桐斗については、みなさんどんな印象をお持ちでしたか？

▼木村　第1話の収録のときに「いくつもの人間をつなぎあわせた存在」だという話を聞いたんですが、先が読めなくてわからないところがあったんです。そもそも口数が少ないですし、見ている人に向けても「何色なのかわからない」ように、あえて没個性的にやっています。前半だけを見ると、第1期の槙島聖護のような立ち位置に近いのかなと思っていました。ただ、槙島は目的意識がはっきりしていたことに対して、鹿矛囲は目的が見えにくいんですよね。

▼藤原　まあ、序盤の鹿矛囲はよくわからない存在で良いんじゃないかと思うんですよ

ね。あと、ルックスが相当カッコイイじゃないですか。

▼花澤　そうですよね。

▼藤原　わりとおだやかにものをしゃべっているので、話数が進んでも悪人って感じがしないんですよ。どこか物悲しさが出ていて。単純な勧善懲悪とは違うところが面白さでもあるのかなと思っています。

▼木村　ご覧になればわかると思うんですが、『PSYCHO-PASS サイコパス 2』には僕（鹿矛囲）よりもよっぽど悪そうな人がいっぱい出てきていますからね。

▼花澤　いっぱいいますよ。本当に（笑）。

――藤原さんや木村さんから見て、常守朱はどんな存在ですか？

▼藤原　朱ですか……。なんとなく嫌いになれないんだよなあ（笑）。女性としての興味というよりも、人として興味を持っていますね。ただ、その気持ちを東金に重ねて良いものかどうか迷うところで。東金は「（朱を）黒く染めたい」と思っているみたいだけど、そういう執着心を駆り立てられる相手であることは間違いないですね。正しい解釈かどうかはわからないですけど、どこかに人を惹く要素がある存在じゃないかと思いますね。

▼木村　鹿矛囲としては、最初に公安を巻き込む事件を起こしたときに、朱なら同調してくれると信じていたんだと思うんですよ。きっとあいつならわかってくれると。だから「WC？」の文字を朱の部屋に残したんだろうなと思うんです。

▼花澤　たしかに朱ちゃんはずっと鹿矛囲にこだわっていて。早くから鹿矛囲の存在にも気づいていたし、ずっと鹿矛囲が何をしようとしているのかを考え続けているんです。

▼木村　そうなんだよね。でも鹿矛囲は自分の計画のために動かなくてはいけなくて。朱を意識しつつも、シビュラシステムを目指して行動をはじめてしまう。そうしたら今度は朱の側から鹿矛囲に向かってくる。そういう面白い関係なんですよ。もしかしたら鹿矛囲は朱のことを甘く見ていたのかもしれないですね。

▼花澤　たぶん朱は鹿矛囲に同調できる部分を持ちながらも、彼を法でなんとか裁かなければと思っているんです。

▼木村　鹿矛囲シンパになっちゃえば良いのに（笑）。

▼花澤　ダメです！　でも、この作品に登場する鹿矛囲とか禾生局長としゃべっていると自分を保つのが難しいんですよ。本当に大変でした。

▼木村　鹿矛囲も禾生局長も東金も、この世界に対して確信を持っているからね。朱はそれにひとつずつ立ち向かって、対応していかなくてはいけない。第2期の朱は本当にすごいなって思いますよ。

▼花澤　雑賀先生がいなかったら、乗り越えられませんでしたよ。雑賀先生がすごいんです（笑）。

【KEY 3】

セリフ以上のストレスがかかる油断できない作品

――収録現場の雰囲気を教えてください。

▼花澤　私はアフレコのスタジオでは、伊藤静さん（六合塚弥生役）と佐倉綾音ちゃん（霜月美佳役）の間の席に座らせていただいて、休憩時間に美味しいお菓子を食べています。みんながお菓子を綾音ちゃんにすすめるという光景を見ながら和んでいます。

▼木村　「なんで私にすすめるんですか？」と文句を言いながらも、食べるという。

▼花澤　それがかわいいんです。

――『PSYCHO-PASS サイコパス 2』と第1期の違いをどんなところに感じていましたか。

▼花澤　第1期のころから考えると、朱ちゃんの成長というか変わり様がすごいなって思っています。第2期からは自分が一係のトップにならなきゃいけなくて、しかも次から次へとわけのわからない大事件が起きて。自分を保ちながら、冷静さを装いながら、いっぱいいっぱいな朱ちゃんだったと思います。第1期のときは槙島と戦わなきゃいけなかったんだけど、第2期は鹿矛囲だけでなくシビュラシステムとも戦わなければいけないので第1期のときよりも辛いですね。叫びだしたくなるくらいの精神状態だと思います。

▼木村　第1期と違って、第2期はわりと思想・信念のぶつけ合いのような感じがありますね。それぞれの考え方に突き動かされているような作品だと思いました。だから、収録のときに、みんなの芝居を見ているのが楽しいんです。こんなことを考えているのかって。

▼藤原　話の複雑さもあって、なかなか油断できないアニメだね、というのが個人的な感想なんです。きっと、ちょこちょこしゃべっているセリフにもすべて意味があるんだろうなと。セリフの量ではなく、しゃべることにきっと意味がある。……かなり慎重にセリフをしゃべっていましたね。セリフの量以上の疲労感を与えてくれたような気がします。とても緊張感を強いられる作品でした。

［はなざわ・かな］
2月25日生まれ、東京都出身。大沢事務所所属。『物語』シリーズ・千石撫子役、『デュラララ!!』園原杏里役、『STEINS;GATE』椎名まゆり役などで活躍。

［ふじわら・けいじ］
10月5日生まれ、東京都出身。AIR AGENCY代表取締役。『クレヨンしんちゃん』野原ひろし役、『鋼の錬金術師』マース・ヒューズ役、『交響詩篇エウレカセブン』ホランド役などで活躍。

［きむら・りょうへい］
7月30日生まれ、東京都出身。劇団ひまわり所属。『東のエデン』滝沢朗役、『ROBOTICS;NOTES』八汐海翔役などで活躍。『PSYCHO-PASS サイコパス』シリーズでは、鹿矛囲のほか、神月凌吾役としても出演。

▼CAST
KANA HANAZAWA & TOMOKAZU SEKI

▼常守朱役 花澤香菜 × ▼狡噛慎也役 関智一

KEY 1

関智一のために空けてあったスタジオの座席

――『PSYCHO-PASS サイコパス』第1期で狡噛慎也は海外へ。常守朱は刑事課一係を率いるという立場に変わっていきます。お2人は次の展開をご存じでしたか？

▼関　いや、（第1期の終了直後は）特にはわかっていなかったです。

▼花澤　そうですよね。特に何かを教えていただくこともなくて。

▼関　その時点では劇場版の情報を教えていただいて。海外が舞台になっているよとか。

▼花澤　英語をしゃべるよとか。

▼関　そうそう。実は第2期の内容はまったく知らなかったのですが、収録スケジュールはずっとキープ（仮押さえ）されていたんです。だから、狡噛も出るんだろうなって思っていたら……。「出なくなりました」と。

▼花澤　そんなことがあったんですね。

▼関　野島（健児／宜野座伸元役）くんに別の現場で会ったときに「昨日『PSYCHO-PASS サイコパス 2』の現場で……」なんて話を聞いて。「あっ……もう録っているんだ……」って、寂しい気持ちになりました。

――第2期の話を先にお聞きしますが、狡噛なき収録現場はいかがでしたか？

▼花澤　もうホントに……（現場に）いてくださいよ～！

▼関　いや、俺もいたいんだけど（笑）。

▼花澤　関さんがいらっしゃらないと別作品の現場みたいな感じがありました。

▼関　へえ？　そうなの。第1期と同じメンバーもいるじゃない。違う役をやっている人（櫻井孝宏）もいるけど（笑）。

▼花澤　やっぱり、大黒柱が不在のような感覚があって。でも、それが狡噛さんのいなくなった朱ちゃんの心境と、私の心境が重なっていました。

▼関　朱ちゃんは狡噛のことが好きですからね……。

▼花澤　いやいや、朱ちゃんは狡噛さんのことを好きだとは言っていませんよ！　すごく信頼していて憧れているだけだと思います。

――妄想狡噛の収録のときは、関さんも第2期の現場に入っているんですよね。いかがでしたか？　第2期の現場は。

▼関　実は狡噛の気持ちになっておこうと思って、あえて第2期の放送はきちんとは見ていなかったんです。劇場版の狡噛は、第2期の事件をそれほど知ってはいないだろうと。その状況で第2期の現場にお邪魔したんですが、雰囲気は変わっていなかったですね。スタジオの中の、僕のための席も空けておいてくれて。

▼花澤　狡噛さんの席は空けておいたんです。

▼関　優しいなと思いました。でも収録を見ていたら、野島くん（宜野座）はどうも朱ちゃんに気があるみたいで（笑）。

▼花澤　違いますよ。狡噛さんがいなくなった朱ちゃんを、宜野座さんは支えてくださっているんです。

▼関　でも、そういうところから恋愛に発展するものじゃないですか。

▼花澤　宜野座さんは青柳監視官と良い感じだったんですよ。

▼関　青柳さんて、浅野真澄さんがやっている？　何があったの？

▼花澤　部屋で語っていたりして。そうしたら青柳さんがお亡くなりになってしまったんです。

▼関　えっ！　死んじゃったの？　……宜野座はお父さん（征陸智己）も亡くしているから、ショックは大きいだろうね。自分のまわりにいる大事なものはいなくなってしまう。それを繰り返さないためにも朱ちゃんを守らなきゃって気持ちになっているのかもしれないね。だから、あんなに第2期はマッシブ（筋肉質）になっていたのか。

▼花澤　第2期では監視官の霜月美佳ちゃんに「お嬢さん」と諭したりして。征陸さんみたいな感じがあるんです。以前だったら美佳ちゃんに叱りつけていたと思うんですけど、人間的に変わったなあって。

KEY 2

狡噛がいたら鹿矛囲の事件はすぐに解決していた!?

――第2期と第1期は、ストーリー面でどんなところが違うなとお感じになりましたか？

▼花澤　第1期のときは槙島を追っていましたが、第2期では鹿矛囲という……全然、槙島とは違うタイプでもっと得体の知れない存在を追っていることが一番大きな違いでしたね。今回は謎解きが多かったですね。

▼関　その鹿矛囲というのはどんな人？

▼花澤　それが……いろいろな人間の死体の寄せ集めなんです。

▼関　フランケンシュタインみたいな？

▼花澤　そうなんです。犯罪係数を計測できないんです。公安局の中にも、ホロで装って出入りしていて。

▼関　ああ、みんなは気づいていないけど、そばにいるってこと。

▼花澤　そうです。だから身内を疑いはじめたりして。

▼関　それでドミネーターを盗まれたりしているんだ。……ダメだなあ、みんな。

▼花澤　狡噛さんがいなくなって、朱ちゃんには雑賀先生しか相談する相手がいないので。「狡噛さんだったら、どう動くだろう」と自分で考えながら動くんです。鹿矛囲は本当に難しい相手でした。

▼関　ダメだなあ！　一係は。みんな各自で考えて行動できるようにならなきゃ。これは狡噛がいたら、速攻で鹿矛囲を逮捕していましたよ（笑）！　気づいちゃうんですよね、刑事の勘で。塩谷監督もおっしゃっていましたよ。「狡噛がいると、事件を発展させづらい」って。

KEY 3

狡噛と朱の再会は日本から遠く離れた地で

——劇場版の台本をご覧になった感想をお聞かせください。朱も変化をしていますね。

▼花澤　第1期、第2期の事件を経て。もっと成長した余裕のある朱ちゃんなんですよ、とうかがっていたので変化は感じましたね。

▼関　だって第1期から劇場版まで時系列的に考えると、もう約3年経っているわけでしょ？

▼花澤　朱も相当成長して凛々しくなっています。同級生と結婚話をしていたりして。そういうのを聞くとお年頃なんだなとは思いますけど。全然そういう縁はなさそうですね、朱ちゃんは。

——今回の劇場版では、舞台が海外になりましたね。

▼花澤　今回、私だけが外国に行ってしまうんですが、通信で唐之杜さんとやりとりをしているシーンがあって。誰も知らない人ばかりの現地でも、すごく安心できました。

▼関　劇場版では朱ちゃんとのシーンが多かったせいか、第1期よりも毒気が抜けたような印象がありました。第1期はずっと殺された部下の佐々山のことを気にして、復讐にとり憑かれていた印象がありましたけど。

▼花澤　そうなんですよね。第1期はずっと怖い顔をしていましたよね。

——劇場版で狡噛は槙島聖護の幻影にとり憑かれているようですが。

▼関　うーん。でも、目の前に幻影が現れたときは、槙島を秒殺していましたからね。もう槙島を克服したのかもしれません。

——狡噛と朱の再会はいかがでしたか。

▼関　個人的には、狡噛が煙草を吸おうとすると、朱ちゃんがずっと無言で煙草を出してくれるシーンがすごく好きでした。何も言わないところが良いんです。お互いの関係がわかって。

——劇場版の感想はいかがでしたか。

▼関　シビュラシステムはこれまで日本の中にだけあったのが、世界に広がるとなるとどこまでも世界観が広がっていくので。これは大きな話になるなと。『PSYCHO-PASS サイコパス』が自分にとってのライフワークになると良いなと思いました。

▼花澤　何よりも狡噛さんが生きていたことがうれしいです。

▼関　もう、煙草をお線香代わりにしなくてもいいからね（笑）。

▼花澤　同時に、朱ちゃんと宜野座さんの関係がより深まったような気がして。次の展開につながってほしいなと思うような作品でした。

KEY 4

身につまされるテーマが本作の魅力

——2012年のオンエアから『PSYCHO-PASS サイコパス』シリーズにお2人は長く関わってきましたが、この作品の魅力をどんなところに感じていますか？

▼花澤　キャラクターがどんどん変わっていくところが、演じていて楽しいですね。新キャラクターの登場も面白いんですけど、朱ちゃん自身も変わっていくので。

▼関　スケールもどんどん大きくなっているんですけど、基本は朱ちゃんをめぐるまわりの人々の関係性の変化になっているところが魅力ですね。あとテーマがわかりやすい。「君は自分の判断で物事を決めているのか？」という、いまの自分の身につまされるようなテーマになっていて。誰もが楽しめるんですよね。

▼花澤　たしかにそうなんです。『PSYCHO-PASS サイコパス』はお話が面白いんですよ。「精神が数値化されている」という設定も面白いですし。

［はなざわ・かな］

※プロフィールはP143参照

［せき・ともかず］

9月8日生まれ、東京都出身。アトミックモンキー所属。『Fate / stay night』ギルガメッシュ役、『妖怪ウォッチ』ウィスパー役、『ドラえもん』骨川スネ夫役などで活躍。

STAFF INTERVIE

▼Vocal & Guitar
▼TK [Ling tosite sigure]

▼Vocal & Guitar

TK（凛として時雨）

KEY 1

想いを込めるのではなく、自分がその世界に入り込むこと

――『PSYCHO-PASS サイコパス』の世界観は、「精神が数値化」されるというSF的なものですが、改めてこの世界観についてどんな感想をお持ちですか。

▼TK 『PSYCHO-PASS サイコパス』の世界に入り込めば入り込むほどそこには存在しない未来が描かれているはずなのに、ふと気付けば今、目の前にその入り口があるかの様な錯覚を引き起こします。「存在しない未来」であり、「すぐそこにある未来」のような。物語が進む中で複雑に多様化しても、完璧に見えるその社会の中で1人の人間が何を選択し、どう生きるかというシンプルな葛藤を常に考えさせられるから面白く、見る人の興味を惹き付けるのだと思います。

――そんな本作に提供された楽曲、『abnormalize』は2012年・第1期OP、さらに2014年・新編集版OPにもなっています。そもそも、この楽曲をつくるにあたり、どんなものを手掛かりにしましたか？

▼TK お話を頂いた時、異常なものが普通に見えたり、普通なものが異常に見えたり、全てのものが正義にも悪にも映ってしまうことが自分の頭の中でもありました。真実という名前を纏った何かに救いを求める様な、そういう感覚が凄くあったんです。見えないものを見ようとして、でもその先にあるのは虚無感だけだったりして。タイミングや作品の世界観を含めて、音楽を作っている中で感じていることや自分を惑わしているものと違う角度から作品を通してシンクロ出来た気がしました。シナリオがスッと体に入って来たのを覚えています。

――2014年・第2期OPとなった『Enigmatic Feeling』を聞いた塩谷直義監督が、「凛として時雨さんは作品を理解して、作品にぴったりの楽曲を書き下ろしてくださった」とお話しされていました。

▼TK ありがとうございます。

――この楽曲にはどんな想いを込められたのでしょうか？

▼TK 楽曲への想いを曲以外で伝えるのはとても難しいですね（笑）。具体的に言葉にすることは出来ないのですが、僕が音楽で表現したいものは始めた時からずっと一つです。目の前に『PSYCHO-PASS サイコパス』という作品があれば、自然に頭の中で音と世界が一つになっていきます。想いを込めるのではなく、自分自身がその世界に入り込むことが僕の楽曲制作にとって一番純粋な形だと思っています。完成してそこから抜け出してしまうと、見ていた景色が何色だったかさえも思い出せない位に記憶から消えていってしまいます。自分でも不思議ですが、全細胞を懸けて向き合ってるものほど言葉では説明できないものなんです。

――『PSYCHO-PASS サイコパス』という作品は、凛として時雨というバンドにとってどんな存在でしょうか。

▼TK 初めてのコラボレート作品でしたが、『PSYCHO-PASS サイコパス』は僕たちに新たな世界を見せてくれました。音楽と映像が共鳴し合うことで作品はどんな形にも生まれ変わりますが、光栄なことに直感がもたらす化学反応を作品を通して毎回体感させて頂きました。音楽において「続き」を描くというのも初めてでしたが、いつもそこには想像を超える刺激があったからこそ自分たちの新しい可能性を感じ、扉を開けることが出来ました。本当に素晴らしい作品に関わることが出来て嬉しかったです。

――アニメーション作品に参加することの面白さは、どんなところに感じますか？

▼TK 音楽は絵や写真と違って時間に区切りを打ってその中で空気を伝わって僕たちの耳に聞こえてきます。目にも見えないし、先ほどお伝えした様に作った感覚も自分の中には無いんです。そこにアニメーションは新しい命を吹き込んでくれる様な感覚で、自分たちの音楽が初めて目に見える形に生まれ変わります。アニメーションにとって音楽もそういった命を吹き込む様な存在でありたいです。

[てぃーけー（りんとしてしぐれ）]
ボーカル&ギター。2002年、埼玉にて結成。男女ツインボーカルから生まれるメロディと、鋭く変幻自在な曲展開は唯一無二のロックバンド。『PSYCHO-PASS サイコパス』シリーズには、『abnormalize』、『Enigmatic Feeling』、『Who What Who What』の3曲を提供している。

▼VOCAL

▼chelly［EGOIST］

▼Vocal

chelly (EGOIST)

KEY 1

新生EGOISTになるための「切り換え」のスイッチ

――『名前のない怪物』は2012年・第1期のEDのみならず、2014年・新編集版ED、2015年・劇場版EDになっていますね。

▼chelly　この曲は本当に長い間愛されていて嬉しく思います。ダークな世界観の中、鬱蒼とした森の中で孤独のようなものを叫ぶ、曲名通り名前のない怪物に実際になったような気持ちで歌わせていただきました。歌った当初は『PSYCHO-PASS サイコパス』の概要しか知らなかったので、作品を見た後から「ああ、こういうことか!」と気付かされた面も多くありました。

――そして第1期2クール目のEDも担当され、『All Alone With You』という楽曲が生まれました。

▼chelly　前の曲とは正反対のバラード曲ですし、歌詞も聴いている人の隣に寄り添い希望を照らすようなものになっているので曲のイメージから離れないように、今度は愛を叫ぶように歌わせていただきました。聴いてくださる人の道なき道を一緒に切り開いて歩いて行く、そんな繊細な想いのこもったロックバラードに仕上がったと思っています。

――2014年・第2期スタートのタイミングでは、パシフィコ横浜で「PSYCHO-FES サイコフェス」というイベントが開催され、ファンの方々の前で楽曲を披露されましたね。ちなみに「PSYCHO-FES サイコフェス」は4000人以上を動員したそうです。

▼chelly　すごい! そんなに多くの方々が生歌を聴いてくださっていたなんて。感激です。とても盛り上がっていただけたと思っていますし、生LIVEってやっぱり大事だな、楽しいなと思いました。4000人以上の方々とその場で、同じ空気を吸って、気持ちを共有できたことを誇りに思います。個人的には演者の方々や凛として時雨さんと同じパシフィコのステージに立てたことがとても嬉しかったです。また機会がありましたらよろしくお願いします!

――第2期のED、『Fallen』はどんな楽曲になったと思いますか?

▼chelly　個人的にも大好きな作品にまた関わらせていただくことができるということですごく嬉しかったのを覚えています。また監督をはじめ制作スタッフの皆さんや作品ファンの皆さんにもまたよろしくお願いしますという気持ちも込めつつ。『Fallen』は朱ちゃんと、いのりの気持ちを半分ずつに調整して歌ってみました。この曲はデモを聴いた時から「赤」のイメージが強くて、妖艶さと力強さに力を入れました。なので精神年齢でいうと高めの達観したような楽曲になったのかなと思います。

――楽曲の話からは外れますが、chellyさんが『PSYCHO-PASS サイコパス』の中で一番好きなキャラクターは誰でしょうか?

▼chelly　終始、朱ちゃんの凛々しい成長ぶりから目が離せませんでした。一本何か筋のようなものが通っていてとても好きなキャラクターです。最後の方は心も身体も強くて頼れる監視官という感じで惚れ惚れしてしまい、こっそり朱さまと呼ばせていただいてました(笑)。彼女のような芯の強い女性になれたらいいなあなんて思います。

――そんな朱がより成長した姿を見せたのが劇場版でしたが、本編をご覧になっていかがでしたか?

▼chelly　非常に完成度が高くてびっくりしました。画面の中で繰り広げられる登場人物達の心情や動いていく事態、シーンひとつひとつにどんどんのめり込んで移入していく感覚を味わいました。

――そして劇場版のラストで流れたのが、『名前のない怪物』。

▼chelly　最後の最後で自分の歌声が映画館の音響を通して聴こえてきた時にはすでに感動して泣いていました。劇場版の物語を締める大事なエンディングでこの曲を使っていただいたことに感謝の気持ちでいっぱいです。

――EGOISTにとって、『PSYCHO-PASS サイコパス』とはどんな意味のある作品になっているでしょうか?

▼chelly　EGOISTにとって『PSYCHO-PASS サイコパス』は進化するためのその一歩を踏み出す時に背中を押してくれた存在だと私は考えています。それまでのEGOISTというものを脱いで、新生EGOISTになるには必要不可欠な存在でした。『名前のない怪物』、『Fallen』などそれまでのEGOISTにはなかった曲調だったり、ボーカルであるわたしの気持ちの変化など様々な面で「切り換え」のスイッチを押してくれました。

［ちぇりー（えごいすと）］
ボーカル。2000人を超える応募者の中から選ばれ、ryo(supercell)がプロデュースを手掛ける架空のアーティスト・EGOISTのボーカルを務める。「PSYCHO-PASS サイコパス」シリーズには、『名前のない怪物』、『All Alone With You』、『Fallen』の3曲を提供している。

STAFF INTERVIEW

PSYCHO-PASS
OFFICIAL PROFILING 2

▼MUSIC
▼YUGO KANNO

▼音楽

菅野祐悟

[KEY 1]

100年後を感じられる耳に残る音楽

――まずは『PSYCHO-PASS サイコパス』に参加した経緯をお聞かせください。

▼菅野　本広克行総監督からお話をいただいたのが最初です。企画段階の頃から「今度はアニメをやるからよろしくね」と言われていて。でも、しばらく何の話もなかったので、どうなったんだろうなと思っていたときに具体的なお話を伺うことができました。

――『PSYCHO-PASS サイコパス』ではどんな劇伴を作ろうとお考えでしたか。

▼菅野　100年後の未来の話なので、音楽を聴いた人が100年後と感じられるような音楽を作らなくちゃいけないと思いました。意外性とか違和感、聴いたことのないような音色を入れないといけないんだろうなと。音楽の中にノイズやシンセサイザーの音を混ぜて、違和感が残るようにしました。最初に作った曲はギターが入っている『ドミネーター』(『Complete Original Soundtrack』収録)です。いつもはメインテーマを一番最後に作るんですが、『PSYCHO-PASS サイコパス』では宣伝の関係もあって2番目に作りました。

――『ドミネーター』もメインテーマも印象的な楽曲でした。

▼菅野　メインテーマのサビのフレーズは3音で構成されているんです。この3音のフレーズを上手くほかの楽曲に混ぜることで『PSYCHO-PASS サイコパス』らしさが出せるんですよね。あと、『ドミネーター』では「ハッハッハッ」という人間が息を吐く音を入れています。これは執行官が猟犬のような立場だということから入れたんですが、この音を入れると『PSYCHO-PASS サイコパス』っぽくなる。そういう部分を上手く使うことで、『PSYCHO-PASS サイコパス』の世界に浸っていただこうと考えていました。

――岩浪美和音響監督とのお仕事はいかがでしたか。

▼菅野　岩浪音響監督は「泳がせる」人なんですよ。大事なポイントだけ的確に指摘してくれる。打ち合わせの場でもあまり具体的な方向性を言わないんです。そのぶん作曲家は面白い仕事ができるし、責任も重いんです。作曲家が踊り子だったら、音響監督がステージを用意するプロデュース側ですね。『PSYCHO-PASS サイコパス』で岩浪音響監督と仕事ができたのは、すごくうれしいことでしたし、刺激的でもありました。

[KEY 2]

第1期が男性の音楽だとしたら第2期は女性の音楽

――今回、第2期の音楽はどれくらいお作りになりましたか?

▼菅野　本編では第1期の音楽も使用していますが、第2期の新曲数は21曲です。

――第2期では、どんな楽曲を新たにお作りになっているのでしょうか。

▼菅野　新キャラクターのテーマ曲をそれぞれつくっています。鹿矛囲ならば「頭が良いけれど、どこか気持ち悪さがある」というような楽曲の方向性を書いた音楽メニューを岩浪音響監督からいただきまして。塩谷(直義)監督に取材をして楽曲を作っていきました。

――取材をしたうえで楽曲を作っているんですね。

▼菅野　『PSYCHO-PASS サイコパス』に限らず、楽曲を作るときは取材をするんです。TVシリーズの劇伴は映像ができあがっていない段階で作曲を始めなければいけないので、情報があればあるほど良いですし、やはり作品については監督から直接話を聞くのが一番間違いがないですから。そのときは塩谷監督から「第2期は常守朱の物語である」という話があって。聴き方によっては女性っぽく聴こえるような曲にしようと。第1期のメロディラインが男性だとしたら、第2期のメロディラインは女性。ちょっとだけ涙が見えるような、女性の心情やせつなさを入れようと思いました。

――菅野さんの作曲作業はどのようなかた

ちで行われるのでしょうか。

▼菅野　いくつかパターンがあります。「メロディ」を最初に作る場合、ノイズやシンセサイザーのような「音色」で曲の印象をつける場合、または「リズム」を最初に組む場合。印象的な「リフ（繰り返しのフレーズ）」を中心に組み立てていく場合……。キャラクターのイメージをふくらまして、この曲はどこから組み立てていくのかを考えるんです。今回はゲームの音楽（第2期第6話、第7話に登場する携帯ゲーム『ハングリーチキン』）があったので、一聴してゲームとしてわかるように作らなければいけない、という特殊な例もありました。

――第2期のメインテーマはどのようにお作りになりましたか?

▼菅野　第1期のメインテーマは、なるべく感情を感じさせない楽曲にしていたんです。「何が正解かわからない」「誰が正義かわからない」音楽になっているんです。それに対して第2期のメインテーマは朱の心情に寄せています。シビュラシステムと戦っている朱の心情を描いているんですね。岩浪音響監督からは、第2期のメインテーマの中にちらっと第1期のテーマを混ぜてあるとイイよねと意見をいただいたので、第1期のメインテーマのシンボルである3音のフレーズを混ぜて、そのフレーズのあとに朱のテーマが出てくる……そういう構成になっています。

――今回の第2期の特徴である、鹿矛囲のテーマ曲はどんなものになったのでしょう?

▼菅野　鹿矛囲のテーマはスロー、ミディアム、アップとテンポを変えて3種類作っています。スローは暗躍している感じ。ミディアムは鹿矛囲が動きだす感じ。アップの曲はハリウッド映画に出てくる強い敵キャラを感じさせるようなアクションシーン。鹿矛囲のテーマは3音のフレーズが鍵になっていて。この3音が流れたときに鹿矛囲をイメージしてもらえると良いなと思っていました。

KEY 3

冒頭から12分間鳴り続ける壮大なる組曲

――続いて劇場版の楽曲制作があったと思いますが、TVシリーズとどんなところが違うのでしょうか。

▼菅野　TVシリーズは映像ができあがる前に音楽を作りますが、映画は映像にあわせて音楽を作ります。とはいえ、どんな音楽の方向性にするかについてはやはり塩谷監督に取材をしましたね。

――劇場版の劇伴の方向性はどのようにお考えでしたか? 劇場版の舞台は海外ですが意識はしましたか?

▼菅野　第2期よりもオーケストラの部分がゴージャスになっています。劇場版はせっかく大画面で上映するわけですから、音楽も第1期とも第2期とも違うスペシャル感を出したいなとは思っていました。今回の舞台は「海外」なので、あえて無国籍感を出そうと。日本とは全く違う感じにしようとしています。

――ずばり劇場版の聴きどころは?

▼菅野　最初のド頭から12分間ノンストップで強烈な音楽が流れるので、そこはぜひ聴いていただきたいですね。岩浪音響監督からは『M1』、『M2』という2曲だけのオーダーだったのですが、つなげてひとつなぎの楽曲にしました。『劇場版PSYCHO-PASS サイコパス』とタイトルが出るちょっと手前にメインテーマのフレーズを混ぜています。第1期のテーマも、第2期のテーマも、人の声も混ぜて。あれが入ると『PSYCHO-PASS サイコパス』っぽくなるんですよね。

――『PSYCHO-PASS サイコパス』シリーズがここまで人気を集めているのはなぜだと思いますか?

▼菅野　人気の出る作品というのは、ひとつの要素だけではないと思うんです。ただ絵がうまいとか、それだけではお客さんに響かなくて。本当にアニメを好きな人が、自分の一番見たいものをすごい熱量で作っていて、そのうえでちゃんと見やすいかたちで整理している。そのことがお客さんのツボにバシバシとハマっているんだろうなと。こんなに企画が良くて、設定が良くて、キャラクターが良くて、物語が良くて、スタッフが良くて。どこを見てもクオリティが高い作品ってあまりないと思うんですよ。それをまとめている本広総監督や塩谷監督は本当にすごいなと。自分がそんな作品に携われるのもうれしいし、熱の入った人たちと仕事をするのは楽しいですね。この作品を通じて音楽もハリウッド映画に負けていないぞというところを聴かせたいと思っています。

［かんの・ゆうご］
作曲家、音楽プロデューサー、ワンミュージック所属。TVドラマから映画まで幅広く作品に関わる。代表作に『SP 警視庁警備部警護課第四係』『踊る大捜査線 THE MOVIE3 ヤツらを解放せよ!』『MOZU』『ガリレオ』『ガンダム Gのレコンギスタ』『ジョジョの奇妙な冒険 スターダストクルセイダース』など。

▼ORIGINAL STORY CONCEPT & SCREENPLAY
▼GEN UROBUCHI
▼2ND SEASON STRUCTURE
▼TOW UBUKATA

▼ストーリー原案・第1期、劇場版脚本

虚淵玄（ニトロプラス）

×

▼第2期シリーズ構成

冲方丁

KEY 1

SFマインドを持っていて新しい切り口を用意できる人

――第2期について虚淵さんとしてはどのように考えていましたか？

▼虚淵　自分としては第1期と劇場版でやりたいことをやりつくしちゃったんで。だからといって、『PSYCHO-PASS サイコパス』はそれ以上の可能性がある企画だろうと思っていたんですね。そこで「がっつりSFマインドを持っていて、なおかつ新しい切り口を用意できる人はいませんかね」ってプロデューサーに話をしていたんです。そうしたら一番の大御所が来てしまった（笑）。

▼冲方　いえいえ（笑）。「僕!?」みたいな感じはありましたけどね。『PSYCHO-PASS サイコパス』という作品は「これはできません」という縛りがほとんどないんです。「このアイデアだったら、こういう切り口があるんじゃないか」と前向きな話し合いで内容をふくらませていくことができる。それがうれしかったですね。

――お2人がお会いしたのは、どんなタイミングですか？

▼虚淵　シリーズ構成の会議ですよね。お互いにネタ出しをしたんですが、まあ黒いネタが出てくる出てくる（笑）。

▼冲方　あれ？　白いネタもあったはずなのになあ（笑）。

▼虚淵　でもやっぱり全11話だと全部入れるのは厳しかったですね。

▼冲方　まあ、キャラクターも人数が多かったので全11話で捌くには限界がありました。とにかく事件に特化して、常守朱が次々とハードルを越えていく短距離走のつもりでやろうと思っていました。

▼虚淵　ですね。でも、現場を知っている立場からするともったいないなって気がします。まあ、毎度のことなんですけど。料理としては美味しいところだけを切り取った贅沢なものになったのかもしれません。

▼冲方　事件の中核を描写して、あとは視聴者の想像に任せるような構成で良いのかなと。

▼虚淵　結果的に第2期は続編とはいえクリティカルなところまで踏み込んだ内容になりましたね。

▼冲方　劇場版を制作している最中にTVシリーズ第2期をやることに決めて。さらに第1期の新編集版もやろうとするわけだから、ひとつひとつの順番が逆だろうって（笑）。まあ、すごく熱い現場は往々にしてそうなるもんですよね。

▼虚淵　刺激的ではありましたね。

KEY 2

虚淵・深見が発案し、冲方・熊谷が肉付けした新キャラ

――虚淵さんが深見真さんとお書きになった劇場版の脚本は、第2期の製作開始よりも早く脱稿していたんですよね。

▼虚淵　ホン（脚本）としてはそうですね。第2期の企画の段階で劇場版の脚本決定稿は上がっていました。

▼冲方　それもあるから第2期はクロスワードパズルになるなって思ったんです。時系列的には第1期、第2期、劇場版という順番ですが、第2期よりも先に劇場版ができている。つまり、第2期は第1期と劇場版の間をつなげる話になるわけですから。

▼虚淵　劇場版で出した新キャラクターを第2期で掘り下げてくださって、こちらからしてみれば「瓢箪から駒」でした。新キャラがせっかく良いキャラクターデザインをいただいたのに、モブのような扱いではもったいないなと思っていたんです。このままだと、だしっぱになりそうで、しょんぼりしていたところを救っていただけて良かった。

▼冲方　たどり着かなければいけないゴール（劇場版）が決まっていたので、それぞれのキャラを再解釈していきました。バックグラウンドに縛りがなかったのでやりやすかったですね。

――新キャラクターのベースは虚淵さんと深見さんが考えているんですか。

▼虚淵　正直、名前を考えただけみたいなもんですよ。キャラとしてしっかり成立したのは第2期のおかげですね。

▼冲方　キャラの原型があったので、それをどう第2期で活かすか……っていうことから考えはじめましたね。虚淵さんも参加した第2期の構成会議でだいたいキャラの方向性を決めました。僕としては、とにかく霜月がきちんと劇場版に着地するかどうかにハラハラしていたんですよ。

▼虚淵　第1期では、宜野座伸元が「イヤな監視官」として登場したんですが、彼は根っこでは憎めないヤツだったんですよね。

その反動もあって、劇場版の霜月は「本当にイヤな監視官」にしようというコンセプトがありました。シビュラシステム下の「本来の監視官」はそういう立ち回りなんですよ。朱や宜野座がイレギュラーなだけで。劇場版の霜月は第2期で空中一回転を綺麗に決めて着地したという感じでしたね。

▼冲方　霜月は僕的に結構気に入っていて。こいつ良いヤツだなと思っているんです。

▼虚淵　構成会議のときは、あの子は本当に愛されていましたね。スタッフ一同「良いキャラになった！」と。

▼冲方　官僚ってこういう人のことを言うんだよなと。いかにもイヤらしい官僚らしいキャラクターになりました。

▼虚淵　しかもそれが女の子ですからね。

▼冲方　第2期で、彼女はシビュラシステムの全てを知りながらも、それを忘れる、という精神構造が素晴らしいなと。朱と対極のキャラクターになりました。良いコンビですよね。ダークダーティーペア（笑）。

――ほかの新キャラクターについてはいかがでしたか？

▼冲方　雛河翔はどうにでもいじれるキャラクターだったので、構成会議のときにいろいろな意見が投入されました。東金朔夜がマザコンだとしたら、雛河はシスコン。東金が朱を追い込むキャラだとしたら、雛河は朱を支えるキャラ。宜野座がオカンみたいな立場だとしたら、雛河は弟。クスリ中毒者という設定がどこかで誕生して、虚淵さんが「カプセルどんぶり飯」のアイデアを出したんですよ。「ご飯の上にカプセルをかけて食べる」って。

▼虚淵　あれ……俺でしたっけ？　オンエアを見ていて、「誰だ、これ思いついたの？」ってゲラゲラ笑っていたのに（笑）。

▼冲方　雛河は裏でドラッグディーラーをやっていて、本来は自分を癒すためにドラッグを飲んでいたんだけど、善意で誰かを癒そうと思ったら、殺してしまって執行官になったというバックグラウンドになりました。朱を精神的に支えるのではなく、テクニカルに支えるということで、ホロデザイナーの設定が加わって。鹿矛囲桐斗と対比させる存在になったんです。

▼虚淵　鹿矛囲の強みを見破る存在になったわけですね。

▼冲方　ところで「お姉ちゃん」っていう雛河の台詞はどこから出てきたんだろう？

▼虚淵　あのアイデアは塩谷監督らしいですよ（笑）。

▼冲方　そうだったのか。本当にみんなで作ったキャラクターですね。

――この流れで第2期オリジナルのキャラクターについてもお聞きします。東金朔夜はどんなキャラクターとして作ったのでしょうか。

▼冲方　シビュラシステムのレプリカが鹿矛囲だとしたら、免罪体質者のレプリカの失敗作が朔夜という設定です。免罪体質がひっくり返って真っ黒になってしまった。このひっくり返り方については虚淵さんがすごいアイデアを……（笑）。

▼虚淵　そうでしたっけ？　結局、同性愛設定は闇に葬られちゃったんですよね？

▼冲方　そうそう。最初、三島由紀夫の『仮面の告白』をやろうという話があったんです。初期のキャラクターデザインがゲイ的なイメージがあったらしくて。試験管ベイビーで、マザコンで。ゲイで、免罪体質者で、サイコパスが真っ黒なストーカー。雑賀譲二にやきもきしたり、宜野座を襲おうとしたり、そういう黒さもあるキャラクターにするという話もあったんです。でも、いかんせん全11話に収まりそうもなかった。それで一番突出したマザコン要素をクローズアップして、聖母（免罪体質者の東金美沙子）に憧れたあまりに、ひっくり返ったキャラクターになりました。

▼虚淵　朔夜は朱の相棒になると見せかけて、実は違うというパターンですね。

――鹿矛囲桐斗についてはいかがでしたか？

▼冲方　第1期の槙島聖護って天使や堕天使的なイメージがあったんです。天使の一番の特徴は無計画なことだと思っていて。神様が綿密に計画を立てているから、天使はなるようになるとふるまう。そして責任を取らない（笑）。対して悪魔は神様と対立するためにコツコツと計画を立てていくんですね。そこで槙島と対のイメージを出すために、鹿矛囲はコツコツと計画を積み重ねていく悪魔的なキャラクターにしようと。あと、槙島が陽気な吸血鬼っぽいところがあったので、鹿矛囲はフランケンシュタインをイメージしました（笑）。

▼虚淵　なるほど！　吸血鬼、フランケンとなると……次回作の犯罪者は狼男ですね！

▼冲方　いやいや、そもそも狡噛のイメージが名前からウルフでしょ。自分の中の野生に従って人里から離れちゃうし……。槙島が吸血鬼で、鹿矛囲がフランケンシュタインで、狡噛が狼男。ということは……朱が怪物くん!?

▼虚淵　ははは（笑）。

▼冲方　構成会議の前に、塩谷監督と飲みながら、朱とシビュラシステムを中心にした人物構成を色彩で決めたことがあるんです。白が霜月、黒が東金、じゃあ鹿矛囲は透明にしようと。

▼虚淵　第2期の企画書の一行目にそれが書いてありましたよね。「白、黒、透明」って。

▼冲方　最終的に黒は白に吸収されて、透明は朱に吸収される。そういう図式にすれば劇場版にうまくつながるなと思っていました。

――そんな構造があったんですね。

▼冲方　そこから鹿矛囲の行動の目的を考えたんですが、やはり全11話で新しい要素を

作るのは難しいんですね。そこで現状にあるシビュラシステムそのものへの反抗にしようと。そこから「シビュラVSシビュラ」という対立構造を考えて、鹿矛囲を実験体にしようと決めたんです。

▼虚淵　「つぎはぎの脳みそ対つぎはぎの肉体」という対比は美しかったですね。

▼冲方　多重人格表現をアニメーションでやろうとすると、かなりの尺（時間）を食うので、最終話で全部をやろうと思ったんです。……というか、最後までやれるかどうかわからなかった。そうしたら第9話のアフレコのときに、塩谷監督がやってきて。「やっぱり多重人格表現を見せよう」と。あわてて最終話の脚本を変更したんです。ちょうど塩谷監督が最終話の絵コンテのAパートを描き終った直後だったので、Bパートに全部をツッコミました。

▼虚淵　塩谷監督は無茶をしますよねえ(笑)。

▼冲方　本当ですよ。最後の最後までヘビーなものを作ることができました。

[KEY 3]

今まで描かれていなかった海外に挑んだ劇場版

――劇場版の舞台を海外にしたのには、どんな理由があったのでしょうか。

▼虚淵　第1期の段階で海外をまったく描写していなかったからですね。第1期でシビュラシステムに管理された日本がかなり殺伐とした感じに描かれていたので、これでもまだマシなんだよと。海外のメチャクチャぶりを絵で見せたかったんです。

――モデルにした東南アジアの国はありましたか？

▼虚淵　ビジュアル的に、遺跡を出したいという話はあったんですけど、ぶっちゃけどこでも良いと思っていました。古い遺跡とハイテクのメガフロート、その対比が面白く描ければいいなと。

▼冲方　東南アジアのあの空気が良いですよね。カンボジアのクメール・ルージュ政権とか、独裁政権を思わせて……いや、良くないんですけど（笑）。

▼虚淵　SFメカと遺跡の組み合わせって映えるんですよね。個人的にそれを感じたのが『機動警察パトレイバー 2 the Movie』と『装甲騎兵ボトムズ』なんですよ。『ボトムズ』ではオープニングの最初のカットが、遺跡の石像の前にATが立っているものでしたよね。『パトレイバー』は冒頭が東南アジアの遺跡で部下が全員死んでしまったあとに、男が石像を見たことで目覚めてしまうという……おっかないシーンがありました。

――第2期と劇場版を見比べると、第2期はドミネーターで撃ち合うシーンが中心で、劇場版は実銃で撃ち合うシーンが中心。アクションが対照的でしたね。

▼冲方　第2期が続編である以上、第1期とは違うことをやらなきゃいけないし、第1期がありとあらゆることをやっているので、かなり考えました。結果的に、第1期では描かれていなかった「ドミネーター同士を向け合うシーン」をやってみたら良いかなと。

▼虚淵　第1期のころは凶器が存在しない世界を描写したかったので、武器になるものを探すのが大変だったんですよ。結果的に、昔の銃や手製のパイプ爆弾で戦うという展開になりました。

▼冲方　そういう意味で言うと「第1期はドミネーターVS日用品」、「第2期はドミネーターVSドミネーター」、「劇場版はドミネーターVS兵器」という住み分けがあるんですね。

▼虚淵　そうそう。第1期は殴り合いばかりだったんですけど、本当は塩谷監督はアクションの人なので、そのあたりのうっぷんを晴らしましょうと。劇場版はアクションを増し増しで！というつもりでした。そうしたら、増し増しどころじゃないボリュームになっていますけど（笑）。

[KEY 4]

シビュラシステムの進化と変わらない朱の本質

――第2期でシビュラシステムは集合的サイコパスを認め、そのシビュラシステムが劇場版で輸出される……冲方さんと虚淵さんのタッグにより、シビュラシステムは恐ろしい進化を遂げているのではないかと思うのですが。

▼冲方　イヤな意味で「世界がひとつ」になる時代の始まりですよね。ひとつになることを拒む人間は皆殺しにあう……かもしれない。第2期の構成を考えるときに、劇場版の脚本を読んだら「シビュラシステムの輸出」というフレーズが気になって。シビュラシステムが複数存在することが許されるんだと思ったんですね。じゃあ、そこを攻めてみました。しかし、輸出するというアイデアは面白かったですね。どんだけシビュラはドヤ顔なんだよと。

▼虚淵　私たちが絶対正しいから、私たちと組めば絶対正しいはずと、すごい自信なんですよ（笑）。

▼冲方　シビュラって、完全性だけど、完璧性ではないんです。100%よくできたシステムではなく、100%正しいシステム。このモチーフがとても面白い。

▼虚淵　欠点をなかったことにするシステムですからね。

▼冲方　そう。無謬性っていうやつですね。SFでこれをやれるのがうれしかったです。

――第2期ではシビュラシステムが導入される前の過去の歴史も更新されていますよね。

▼虚淵　そうですね。過去が明らかになった

のは面白かったです。各省庁がディストピアをつくろうと躍起になっていたという。

▼冲方　厚生省と経済省の喧嘩ですよね。おそらく社会秩序が最優先課題になったときに、各省庁が「これが次の世代の利権だ！」って社会秩序システムに群がったはずなんですよ……。そうやって世界の歴史を第2期で更新するということを許してもらえたのはうれしかったです。

▼虚淵　第1期ではいきなり100年後の未来から話を始めていたので、現代から100年後までの歴史はいかようにもなる状態だったんです。本当は第1期の舞台が「100年後」と、具体的な数字を決めるのもイヤだったんですけど。

▼冲方　昔、昔、はるか未来で……。というやつですね。

▼虚淵　『PSYCHO-PASS サイコパス』はスピンオフの小説や漫画もたくさん出ているので、もはやシリーズと言ってもいいだろうと思うんですが、ネタとネタの結びつきについては視聴者や読者さんにお任せしたいと思っていたんです。この作品は世界観だけを見せておく。そういう作品もあって良いんじゃないかと。

▼冲方　「ワールド設定」があって「プレイヤー代表」である常守朱がいる、みたいな。

▼虚淵　そうですね。テーブルトークRPGの世界観だけがまとまっているような感じ。自分ひとりでは世界は変わらない「逆セカイ系」なんですよ。

――そんな過酷な世界観で、翻弄される常守朱と狡噛慎也というキャラクターをお2人はどのように捉えていましたか。

▼冲方　第1期で一番重要だったのは、朱と狡噛が槙島聖護にそれぞれ親友を殺され、ある種の同じ立場になるという展開でした。そのとき狡噛はすべてのルールから外れて槙島に復讐をしようとし、朱は刑事として槙島を法で裁こうとする。2人とも自分なりの正義を貫こうとしていたんですよね。それが面白かったし、朱の選択は主人公としてふさわしいものだと思いました。

▼虚淵　もしかしたら、朱って、自分が作ってきたキャラで一番ヒロイックな存在かもしれませんね。たいてい主人公にはもっと弱点を持たせたりするんですが。朱は逆境に陥っても、その都度、前向きに立ち向かっていきますから。……自分らしからぬキャラになったと思います。

▼冲方　自分で言いますか（笑）。

▼虚淵　普通はこうはなりませんよ。男性キャラだったら、もっとモロい一面を作ったはずです。女性キャラだから、こうなった……というのもあるかもしれません。

▼冲方　心が壊れにくいキャラですからね。朱がブレずにいてくれたおかげで、第2期は全11話の中にストーリーを詰め込むことができました。

――さて最後の質問です。『PSYCHO-PASS サイコパス』シリーズは幅広いファンから支持されています。この作品に関わった感想をお聞かせください。

▼虚淵　今だから言えることですけど、『PSYCHO-PASS サイコパス』は正直、当たる企画だと思っていませんでした。

▼冲方　（笑）。

▼虚淵　最近はよく「当たるための公式がある」とか、「売れるにはポイント制がある。……良い声優さんが参加すると1ポイント増加」とか言うじゃないですか。『PSYCHO-PASS サイコパス』はそういうものを考えずに作った作品で。これだけとんがった企画がいろいろな方から評価していただけるということは、自分たちにとっても福音だと思うんです。この先、捨てたもんじゃない。冒険しても良いんだなって。

▼冲方　おっしゃる通りです。正義って、ある一方から見るとすごく不愉快なものなんです。『PSYCHO-PASS サイコパス』はその不愉快さを武器にしている作品なんですよね。悪だったものが、いつの間にか正義になっているという、価値観が二転三転する物語なんです。これは今後の物語作りにも大きな手掛かりになるんじゃないかと思っています。

▼虚淵　今後もこの作品が、縛られることなくチャレンジャブルに広げていってもらえると、第一歩を踏み出した人間としてはうれしいですね。

▼冲方　次は僕が第2期で味わったのと、同じ目にあう人を見てみたい（笑）。『PSYCHO-PASS サイコパス』のような同時代の作家同士がリアルタイムでパスを出していく、リレー形式の物語作りはひとつの可能性になるなと思いました。普通、この手の作品はスタッフ側に精神的既得権益が出てきて、ルールががんじがらめに決まっていくものなんです。「このキャラクターだけはイジってくれるな！」とか。でも、この作品は純粋に物語のため、世界観のために存在している。今後も新しい方が参加して、作品を進化させていくことを楽しみにしています。

［うろぶち・げん］
脚本家・ゲームライター・小説家。ニトロプラス所属。小説家として『Fate/Zero』『鬼哭街』、脚本家として『魔法少女まどか☆マギカ』『楽園追放 -Expelled from Paradise-』などを手掛ける。

［うぶかた・とう］
脚本家・小説家。小説家として『マルドゥック・スクランブル』『天地明察』『はなとゆめ』、脚本家としてアニメ『蒼穹のファフナー EXODUS』『攻殻機動隊 ARISE』シリーズなどを手掛ける。

STAFF INTERVIEW

PSYCHO-PASS
OFFICIAL PROFILING 2

▼DIRECTOR
▼NAOYOSHI SHIOTANI

▼監督

塩谷直義

PSYCHO-PASS
OFFICIAL PROFILING 2

KEY 1

作品が完成するまで監督は孤独を味わう

——企画から第1期、新編集版、第2期、劇場版まで『PSYCHO-PASS サイコパス』シリーズの制作お疲れさまでした。

▼塩谷　数年間ずっと『PSYCHO-PASS サイコパス』を作ってきたのでちょっと寂しいですね。一時期は1日にちょっとの休憩時間すらとれないくらい忙しかったので、1回休ませてほしいと思っていた時期もありましたけど。

——劇場版の打ち合わせが始まったのはいつぐらいからですか。

▼塩谷　たしか第1期のアフレコ終盤戦の頃、音響スタジオの会議室で打ち合わせをした記憶があります。その少し前に劇場版をやる話になって、そこから動きだした感じですね。その時点で本広克行総監督や虚淵玄(ニトロプラス)さんから、舞台を海外にして、朱が狡噛を探しに行く……というアイディアがありました。本広総監督は『地獄の黙示録』なんだよ！」とおっしゃっていましたね。『地獄の黙示録』は主人公が東南アジアの国に行き、味方だったカーツ大佐を殺すかどうかを決断するという話なんですが。敵か味方かわからないカーツ大佐が狡噛慎也に思えたんです。その部分は制作の最後まで意識していましたね。

——その時点でTVシリーズ第2期のイメージはあったんですか？

▼塩谷　まったくないです。第2期の企画が立ち上がったのは、その年（２０１３年）の夏くらいで。新編集版の企画が決まったのは２０１４年の春前くらい。あくまでその時点までは劇場版に専念するつもりでしたね。

——劇場版の脚本は虚淵玄さん、深見真さんの第1期コンビですね。

▼塩谷　プロットがフィックスした段階で、深見さんが草稿を書き、それを虚淵さんが初稿にしていく。その初稿をもとにホン読み（脚本打ち合わせ）をする。第1期と同じ流れですね。

——当時の内容は今の脚本とどれくらい違うのでしょう。

▼塩谷　根本的なところは変わっていないのですが、本広総監督から冒頭に爆発を入れてほしいというリクエストがあり、僕からは雑賀譲二や槙島聖護の登場や、SEAUnの首輪のアイディアを出したりしました。狡噛とルタガンダの会話の中で、本を引用することも僕からお願いしましたね。

——劇場版の方向性は、その時点で決まっていたんですね。

▼塩谷　劇場版は映画でしかできない話にしようと思っていました。TVシリーズは群像劇であり警察ものですが、劇場版は朱が1人で海外に行く話なので、TVシリーズとは違う、映画尺できちんと完結するものにしないといけないなと思っていました。

——脚本が脱稿されたあと、次のお仕事は何でしたか。

▼塩谷　まず絵コンテを描く前に、すべてをひととおり字コンテで起こしてシーンごとの演出のプランニングをし、SEAUnのモデルになったカンボジアへロケハンに行き、具体的な舞台設定を考えたりしました。第2期のシナリオ作業を進める内にキャラクターの整合性をとるため、並行で劇場版の方も字コンテ上で霜月、雛河、須郷についてや、朱の成長の度合いをバランス調整しました。

——字コンテが最後まで脱稿したときは、どんなお気持ちでしたか。

▼塩谷　「映画になったな」と思いましたね。「あ、化けたな」って。ただ周囲とはその思いは共有しきれなくて……。作品ができあがるまで監督は孤独なんですよ（笑）。

KEY 2

どんな作品でもスタッフに新しいことへ挑戦してほしい

——劇場版はアクションの要素もすごく多いですね。

▼塩谷　エンタメ作品としてのケレン味が欲しいなと思っていたんです。まず基本を知

らなきゃいけないので、田村装備開発さんという元自衛隊・元特殊部隊の方がいらっしゃる会社に学びに行きました。基本的な銃器の取り扱い方法や「CQB」という狭い空間を制圧するときの動き方、ロープ降下や、アバンでの狡噛とセムが行っていた狙撃方法、ユーリャのナイフアクション、あとライト（懐中電灯）を使ったアクションなどを教えてもらっています。劇場版の冒頭の地下駐車場の銃撃シーンは、田村装備さんが実際に再現してアドバイスをしてくださいました。あとメディック（応急治療）ですね。狡噛がゲリラ兵を治療するシーンは最初、脚本にはなかったんです。田村装備さんに「今まで映画で描写されたことのない要素はありますか？」と尋ねたら「メディックのシーンだろう」と教えていただいて、劇場版の狡噛を表現するために追加しました。それから狡噛や朱が駆使する格闘技のシラットは、第1期のときと同じく、日本プンチャック・シラット協会に御協力をお願いしました。来日していたチャンピオンのBang Bang Trisna IrawanさんやErik Rukmanaさん、そして会長の早田恭子さんに実際にその場でアクションを作っていただいて、朱のスパーリングシーンや狡噛とルタガンダの格闘シーンなど、各シーンの参考映像を撮影しています。田村装備開発さんとシラット協会さんは今回の劇場版の功労者ですね。

――アクションのリアリティを追求したわけですね。

▼塩谷　（田村装備さんから学んだ）ライトのアクションは、実は第2期の最終回でも使っているんですよ。ほかにも劇場版の冒頭で外国人テロリストが港から侵入してくる段取りを第2期の第5、6話に流用しようとしたんですけど、実際にはそのままは使えなくて。第2期用に作り直すことになったのですが、そうやって劇場版でトライしたことは、なるべく第2期に活かそうとしていますね。劇場版に登場するスカンダのプロトタイプを第2期に登場させたり……。あれはメカデザイナーさんが描いたスカンダのラフデザインをプロトタイプとして採用しているんです。

――劇場版では狡噛と朱が再会しますが、そこについてはどうお考えでしたか。

▼塩谷　大人になったらもう大きく変わることはないじゃないですか。でも、経験を積んだり、心境の変化で見え方が変わることがあると思うんです。朱と狡噛が最初は「逮捕します」という距離感で再会し、そこから徐々に近づいていき、最後にはバディとしてそれぞれ対峙すべきものに向かっていく。そういう距離感の変化は丁寧に描こうと思っていました。第1期はどちらかというと狡噛主導で動いていて、朱はそれに意見するような関係性でしたが、今回の劇場版は同じ目線で会話を交わす。2人の関係性が一歩進んだような感じにしたいと思っていました。

――劇場版の大きなトライのひとつが英語収録だと思うのですが。

▼塩谷　きっかけは本広総監督が「なんでアニメは外国人も日本語でしゃべるんだろう」と何気なく言ったひとことだったんです。その疑問は僕も同意していたので、デバイスが同時翻訳していないときは、基本的に現地の言葉（英語）でしゃべることにしました。音響チームもキャストさんも大変だったと思います。ただ、僕はどんな作品をやるときも「スタッフが挑戦すること」が何かあると良いなと思っているんです。そういう意味ではキャストさんにも、今回は大きな挑戦をしていただきました。ちなみに劇中の字幕は、大ベテラン戸田奈津子さんにお願いしています。これも実現したときは、驚きましたね。

KEY 3

常守朱の成長を促すために とことん追い込んだ第2期

――では第2期についても伺います。劇場版の制作中に立ちあがった第2期ですが、監督としてはどんな立ち位置の作品にしたいとお考えでしたか。

▼塩谷　劇場版はちょっと異質な内容だったので、（第2期では）群像劇の警察ものとしての『PSYCHO-PASS サイコパス』を作るべきだと思っていました。

――劇場版とTVシリーズ（第2期）をどのように同時並行で作っていったんですか？

▼塩谷　第2期のストーリーが固まったところでProduction I.Gとタツノコプロさんの両現場で話をしてもらって、月・水・土曜日はIG、火・金曜日がタツノコ、木曜日が折半で、日曜日はそのときの判断で……と1週間の僕の作業日を分割したんです。この状況でなんとか『PSYCHO-PASS サイコパス 2』を動かせたのは、シリーズディレクターの鈴木清崇さんやチーフ演出のサトウユーゾーさんが立ってくださったからできたことだと、本当に感謝しています。

――冲方丁さんの参戦は、監督としてはどのようにお考えでしたか。

▼塩谷　引き受けてくださったときはうれしかったですね。打ち合わせの時には『PSYCHO-PASS サイコパス』を完全に理解していらっしゃいました。「SFというジャンルをもっと盛り上げたい」という冲方さんの意識の高さをいつも感じています。

――第2期の内容は、冲方さんと話し合いながら固めていったんですよね。

▼塩谷　2回目に会ったときに、飲みながら構成の話をしたんです。シビュラ対シビュ

ラとか、ドミネーター対ドミネーターとか、白黒透明のキャラクターなど、コンセプトになるような話がその時点で出ました。

――第2期をどんな作品にしようとお考えでしたか。

▼塩谷　第1期は群像劇の中でバディ(相棒)ものの要素が強かったんです。第2期ではそのバディが敵だったらどうなるだろうと。常守朱のドラマを描くためには、内部に敵がいる展開が良いだろうと考えました。朱は精神が本当に強い子だし、シビュラシステムの内情も知っていて、いざとなったシビュラシステムと直接交渉することだってできる。そんな子を追いつめるにはどうしたらいいのか、とにかくいろいろな方法を考えましたね。そうやって追い込まれた結果、彼女が決断を下し、もう一段上に成長したラストを描きたいと考えていたんです。

――その内側の敵の代表格が霜月美佳と東金朔夜ですね。

▼塩谷　霜月の考え方や発言はシビュラシステムが管理している世界では、すごく真っ当なんです。むしろ、あの世界では、朱の方がイレギュラーなんですよね。霜月はどうしても作品上は嫌われてしまう立ち位置でかわいそうでしたね。東金は前半は相棒になるのかと思わせておいて、後半にその正体を明かすようなキャラクターとして登場しました。こちらも朱にとっての敵として、良いキャラクターになったと思います。

――そのほかのキャラクターの変化や成長はどのように考えていましたか？

▼塩谷　宜野座伸元は第1期でほぼ素性も明らかになっているし、大きな変化を遂げていますからね。ただ劇場版で宜野座は朱のことを「あなた」と呼んでいるんですよ。第1期は「常守」だったのが「あなた」と呼ぶ関係に成熟していく過程は描けたら良いなと思っていました。六合塚弥生や唐之杜志恩との関係性も同様です。ただし、劇場版にも登場する須郷徹平だけは二係から一係へ異動になった経緯をきちんと描きたいと思っていました。真面目で堅物でネガティブなヤツとして見せたかったですね。

――第2期におきた事件の犯人である鹿矛囲桐斗について、監督はどのようにお考えでしたか？

▼塩谷　今回は「集合体対集合体」「シビュラシステム対シビュラシステム」というテーマにしようと話していたので、いろいろな個性の集合体として鹿矛囲を描きたいと思っていました。設定としては8人の脳で出来ている存在なので、それぞれの人格に喜怒哀楽の感情を振り分けて、ホロをまとったときに人格が変わる、というキャラクターにしました。ただし、鹿矛囲の正体は第2期のスタッフには隠していたんです。スタッフ全員にその説明をすると現場が混乱すると思ったので、シリーズディレクターの鈴木さんとだけ共有して。レイアウトチェック時に「顔の右側は笑っているけど、左側は笑っていない」とか、そういう修正を入れていました。実際の見た目の部分でも、後半の鹿矛囲は片目に酒々井の目を入れたので、右目と左目の虹彩が変わっています。そうやって多重人格の表現を作っていきました。

――なるほど。多重人格だから、突然涙を流したり、激昂したり、感情が極端に動くキャラクターのように見えていたんですね。

▼塩谷　序盤は「不思議なキャラクター」に見えていいかなと思っていました。最終回に全部のネタが明らかになった後、鹿矛囲視点で第1話を見直すと全然違うキャラクターに見えると思いますよ。言ってしまえば、鹿矛囲は敵組織に改造された改造人間なんですよ。それで敵組織を壊滅させるために動き始める。まさにダークヒーローですよね。

――先ほど第2期では「朱の成長を促すために、とにかく追い込む」とおっしゃっていましたが、朱の成長はいかがでしたか。

▼塩谷　実は後半の脚本が決定稿になったとき、朱のお婆ちゃんは死んでいなかったんです。朱を追い詰める最後の布石として、身近な人の死があるべきなんじゃないかと思いました。それで冲方さんと相談して「お婆ちゃんを殺す」ことにしたんです。

――なんと……！

▼塩谷　朱はお婆ちゃん子なので、お婆ちゃんが殺されることで立ち上がるんじゃないかと。鹿矛囲と決着をつけ、東金と対峙するときに後ろに下がることなく前にでるはずだと思ったんです。

――第2期のクライマックスでは、シビュラシステムが「集合的サイコパスの測定」を認めるという結末を迎えます。これはすごく大きな選択だったと思うのですが、これについて塩谷監督はどうお考えでしたか。

▼塩谷　第1期の頃から、非現実的な話じゃないものを作りたいと思っていたんです。シビュラシステムが人の集合体を善か悪か判断することは、例えるならばある国を悪と判断したとして、その国民は全員悪なのかということになってしまう。それをシステムが判断するというのは面白いなと感じていました。

――シビュラシステムは大量虐殺兵器になる可能性もありますよね。

▼塩谷　どうなんですかね。そんな大規模な計算をしたら脳の数が足りなくなるかもしれないです(笑)。こればかりはわからないですね。

KEY 4

ギリギリまで作品を作りこんでたどり着いた場所

――第2期の制作を進める中で、第1期の新編集版の企画が立ち上がるわけですね。

▼塩谷　2話分を1本（1時間番組）にすることになり、話数と話数をつなぐ新規カットを作りました。新規カットについては、最初に深見さんから構成案を出していただき、プロデュースサイドからの槙島聖護をフィーチャーしてほしいというリクエストも含めて、こちらで調整しました。新編集版の制作はタツノコプロさんだったんですが、『PSYCHO-PASS サイコパス 2』の制作前に新編集版をやる事で制作フローを確立することができたのは良かったですね。

――新編集版にあたり、音楽もつけ直しているんですよね。

▼塩谷　1時間番組になることでTVCMの入る場所も変わりますし、音響を再ダビングしなくてはいけなかったんです。結局、音はかなり直す事になり大変でしたね。

――第2期が最終回を迎え、それから約3週間後に劇場版が公開になりました。すべてをやり終えたお気持ちはいかがでしたか。

▼塩谷　公開されて、見た方がみんな喜んでいると聞くとホッとします。本当にギリギリのギリギリまで終わらなかったですね。

――『PSYCHO-PASS サイコパス』という作品で今後やってみたいことはありますか？

▼塩谷　個人的には『PSYCHO-PASS サイコパス』をやるならのんびりしたエピソードをやってみたいですね。一係の面々が日常の何気ない事件をこなすものとか。キャラクター同士の関係性を描いたものとか。ぜひ、そんな新作を作ることができるときを楽しみにしています。

［しおたに・なおよし］
監督・演出家。Production I.G所属。アニメーターとしてIGに入社。『BLOOD+』（第3期）のオープニング映像の演出を担当し、注目を集める。監督作に『東京マーブルチョコレート』『劇場版 BLOOD-C The Last Dark』などがある。

WHAT
IS
JUSTICE?

PSYCHO-PASS 2
PSYCHO-PASS THE MOVIE

INSPECTOR
00475-AECJ-30157-1 / 00475-AECL-55262-1

ENFORCER
00475-AEST-17855-2 / 00475-AEAJ-39875-2
00475-AEAE-00381-2 / 00475-AEAK-40772-2

SIBYL SYSTEM

PSYCHO-PASS EXTENDED EDITION

PSYCHO-PASS EXTENDED EDITION

追加パート　MAIN STAFF

監督・演出：塩谷直義
脚本：深見真
総作画監督：浅野恭司
作画監督：田辺謙司
色彩設計：永井留美子
美術監督：松浦隆弘
モーショングラフィックス：山田可奈子
3D監督：笠永祥文
撮影監督：中村俊介
編集：村上義典
音楽：菅野祐悟
音響監督：岩浪美和
アニメーションプロデューサー：石川学・金苗将宏
制作デスク：江波和樹
設定制作：渡邊葉
制作協力：スタジオ アド
アニメーション制作：タツノコプロ
制作：サイコパス製作委員会

PSYCHO-PASS 2

PSYCHO-PASS 2

MAIN STAFF

監督：塩谷直義
シリーズ構成：冲方丁
脚本：熊谷純
シリーズディレクター：鈴木清崇
企画監修：本広克行・虚淵玄（ニトロプラス）
キャラクター原案：天野明
キャラクターデザイン：浅野恭司
ドミネーターデザイン：石渡マコト（ニトロプラス）
メカデザイン：常木志伸
モーショングラフィックス：山田可奈子
プロップデザイン：中武学・松山正彦
色彩設計：永井留美子
美術監督：松浦隆弘
美術設定：森岡賢一・比留間崇
3D監督：笠永祥文
撮影監督：中村俊介
編集：村上義典
音楽：菅野祐悟
音響監督：岩浪美和
チーフプロデューサー：山本幸治
プロデューサー：森彬俊・齋藤雅哉・森廣扶美・戸堀賢治・和田丈嗣
アニメーションプロデューサー：石川学・金苗将宏
アニメーション制作：タツノコプロ
制作：サイコパス製作委員会